2021 敦煌學國際聯絡委員會通訊

2021 Newsletter of International Liaison Committee for Dunhuang Studies

高田時雄 柴劍虹

策 劃

郝春文

主 編

陳大爲

副主編

敦煌學國際聯絡委員會

中國敦煌吐魯番學會

首都師範大學古文獻研究中心

主 辦

上海古籍出版社

2021.8.上海

2021

敦煌學國際聯絡委員會通訊

目　録

論著目録

學會信息

2020 年敦煌學研究綜述

張瀛之　陶志瑩(上海師範大學)

據不完全統計,2020 年度中國大陸地區出版的與敦煌學相關的學術專著 40 餘部,公開發表的研究論文近 400 多篇。兹分概説、歷史地理、社會文化、宗教、語言文字、文學、藝術、考古與文物保護、少數民族歷史語言、古籍、科技、書評與學術動態等十二個專題擇要介紹如下。

一、概　　説

本年度,敦煌學概説性研究主要涉及敦煌學術史、敦煌文獻的刊佈與整理、敦煌學數字化等方面,其中關於敦煌學術史的研究成果較爲突出。

敦煌學術史的整體考察方面,郝春文、宋雪春、武紹衛撰寫的《當代中國敦煌學研究(1949—2019)》(中國社會科學出版社)按時間綫索分爲三個部分,從四個階段回顧了中國敦煌學研究的發展歷程,著重介紹改革開放後中國敦煌學的研究領域、視角與方法,全書分析了涉及論著的成就、特點與不足,試圖勾勒出它們在研究歷程與學術脈絡中的地位。郝春文還對敦煌學未來的發展提出一些看法與期待,其《用新範式和新視角開闢敦煌學的新領域》(《敦煌研究》2020 年 6 期)認爲敦煌遺書的圖版和釋文等都需要用新的編纂和印製範式升級换代,同時應積極採用新的範式與視角開闢敦煌學的新領域,從而促進敦煌學的發展。榮新江《迎接敦煌學的新時代,讓敦煌學規範健康地發展》(《敦煌研究》2020 年 6 期)認爲敦煌學進入新時代對敦煌學研究者和工作者而言,既是機遇也是挑戰,應該努力提高敦煌學中的跨學科交流,擴大敦煌學的内涵,同時建立學術規範,令敦煌學健康發展。張涌泉《更全·更精·更清晰邁入新時代的敦煌語言文學研究》(《敦煌研究》2020 年 6 期)在敦煌語言學研究方面提出了三點努力的方向,一爲資料更全,二爲研究更精,三爲圖版更清晰,希望新時代的敦煌語言學研究在高質量的全集基礎之上進一步走向深入。劉進寶以國立敦煌藝術研究所爲中心,對其地位、前瞻性的國際視野以及國家的重視等方面進行了介紹,祝願研究所擁有更美好的未來(《敦煌研究》2020 年 6 期)。《中國社會科學報》上也有多名學者發表敦煌學術史文章,如:郝春文《改革開放後的敦煌遺書整理研究》、劉波《敦煌學學術史邁入綜合性研究階段》、馮培紅《"眼光向下"看敦煌民衆情感世界》、朱羿《著力打造敦煌學研究高地》及《敦煌學研究走過 120 年》,還有黃正建

《彰顯敦煌學研究成就與當代學術史地位》等等,對敦煌學的發展過程與未來方向進行展望。此外,〔日〕赤木崇敏撰,馮培紅編譯《二十年來的日本敦煌學》(《中國史研究動態》2020 年 2 期)分"何謂敦煌學""敦煌文書與石窟世界""敦煌的歷史""敦煌粟特人""民眾的生活與信仰""敦煌女性""草原與綠洲的關係"七個專題,對近二十年間日本出版的敦煌學論著進行了綜合梳理,增進了讀者對日本敦煌學現狀的瞭解。

敦煌文獻刊佈與整理方面,〔英〕F.W.托馬斯著,劉忠、楊銘譯《敦煌西域古藏文社會歷史文獻》(商務印書館),此書曾由民族出版社於 2003 年出版,此次爲增訂版,其中刊佈和譯著古藏文紙本 120 餘件,簡牘近 400 枚,分五個專題,探討與中國西域古藏文文書相關問題。劉顯《〈敦煌遺書總目索引新編〉商補》(《遼東學院學報》2020 年 2 期)參照敦煌寫本真跡圖版和前人的研究成果,對《敦煌遺書總目索引新編》錄文中存在的訛、脫、衍、倒之處進行了訂補。西北民族大學、上海古籍出版社與英國國家圖書館聯合編撰《英國國家圖書館藏敦煌西域藏文文獻》(上海古籍出版社)出版了第十二冊、第十三冊與第十四冊。郝春文、游自勇等編著《英藏敦煌社會歷史文獻釋錄》(社會科學文獻出版社)出版到第十六卷,其中包括斯 3332 至斯 3663 之間數百件社會歷史文書。

敦煌學的數字化正不斷受到學界的關注。俞天秀、吳健等撰的《"數字敦煌"資源庫架構設計與實現》(《敦煌研究》2020 年 2 期)主要闡述了"數字敦煌"資源庫的架構設計與特點,並對此資源庫未來的發展方向進行展望。盛潔臨、李曉霞《"數字敦煌"與我國文化遺產檔案數字化開發研究》(《哈爾濱師範大學社會科學學報》2020 年 5 期)以"數字敦煌"項目爲代表,探討數字人文與我國文化遺產檔案開發的關係,認爲數字人文項目的實施有利於推進我國文化遺產的保護和開發。于天歌《文化遺產的數字化保護利用研究——以敦煌莫高窟爲例》(《文化產業》2020 年 27 期)對莫高窟數字化的宏觀環境進行分析,提出對莫高窟數字化保護利用的主要途徑的思考,認爲莫高窟的數字化具有文物保護、資源利用多種意義。師俊傑《二十六年來敦煌學研究的圖書情報學分析——以中文核心期刊庫與 CSSCI 庫爲數據源》(《敦煌研究》2020 年 4 期)運用 Citespace 這一科學計量學軟件,對 CNKI 數據庫收錄的核心期刊庫和 CSSCI 庫中敦煌學文獻做了詳細的可視化分析,繪製出了 26 年來敦煌學研究的趨勢圖、學者關係知識圖譜、關鍵詞知識圖譜、熱點演進知識圖譜等;通過圖形分析,總結了敦煌學發展趨勢和學者研究團隊之間的關係,指出了敦煌學研究的演進軌跡和熱點,並對發文機構和發文刊物做了詳細梳理。這在一定程度上廓清了敦煌學研究的整體狀態、主題結構及歷史演變等特徵,對敦煌學研究有良好的參考借鑒作用。

二、歷 史 地 理

本年度有關敦煌歷史地理的成果主要集中於政治史、家族史、軍事史、經濟史、西北史地等研究領域。

政治史方面。楊立凡《敦煌歸義軍接待天使儀禮初探》(《敦煌研究》2020年4期)考證了敦煌寫本 P.3773V 的內容,將其與《張議潮統軍出行圖》進行對比,歸納歸義軍接待天使的基本過程,並探究其背後的政治意義。何美峰、陸離《敦煌歸義軍進奏院考》(《敦煌學輯刊》2020年4期)探究歸義軍進奏院的設立時間、職能及特色,認爲地理方面的特殊性導致了它與其他藩鎮的進奏院有著不同的特色。屈直敏《敦煌伎術院考略》(《敦煌學輯刊》2020年2期)通過考證,反駁了以往多被學界認可的張承奉在建立金山國時設立伎術院的觀點,認爲張氏、曹氏歸義軍時期皆設有伎術院,並推測其可能具有管理與教育雙重職能。鄭炳林、黄瑞娜《唐敦煌米欽道墓誌與嶲州都督張審素冤案》(《蘭州大學學報》2020年1期)將洛陽新出土的唐敦煌米欽道墓誌與傳世文獻相結合,考證張審素冤案的發生過程以及米欽道在此案中的作用。王使臻《敦煌文獻 P.3730V 書信與出土〈唐張淮澄墓誌〉的聯繫》(《西華師範大學學報》2020年1期)利用新出土的《張淮澄墓誌》探究 P.3730V 書信間的聯繫,認爲唐中央派出太府少卿李行素出使西涼州以和斷、調停歸義軍與嗢末羌之間的矛盾是張議潮"束身歸闕"的直接原因。陸離《關於敦煌本吐蕃〈大事紀年〉中所記唐蕃關係的幾個問題》(《歷史文獻研究》2020年1期)結合漢藏資料,認爲"野狐河"爲《大事紀年》中記載的錫古金之沃果,並對吐蕃青海道將軍和東道節度使的設立時間、職能以及任職人員等進行考證與分析。于博《歸義軍時期政治身份的圖像表達:敦煌壁畫出行圖再議》(《美術學報》2020年4期)梳理了敦煌莫高窟壁畫中的出行圖,結合相關文獻探究圖像背後的政治内涵,認爲歸義軍政權通過石窟藝術的形式來建構民衆的身份、文化認同感,以此鞏固統治。胡可先、虞越溪《由〈悟真受牒及兩街大德贈答詩合鈔〉論歸義軍建立初期與唐中央的宗教交往》(《敦煌學輯刊》2020年3期)根據贈答詩考察歸義軍與唐中央交往的歷史,探究悟真使團的進貢行爲以及雙方的宗教交往活動。黄京《敦煌文獻〈贊六宅王坐化詩〉寫作時間與相關史事初探》(《歷史文獻研究》2020年1期)推測《贊六宅王坐化詩》的寫作時間可能在唐懿宗至唐昭宗景福二年之間,並對詩中所體現的唐十六王宅諸王的生活境遇進行考察。羅世平以敦煌壁畫中三個不同時期的《維摩變》爲研究對象,探究其包含的圖像要素以及背後反映的歷史信息(《長江學術》2020年

1 期)。

家族史方面,陳菊霞《敦煌莫高窟第 217 窟營建家族新探》(《故宮博物院院刊》2020 年 8 期)對第 217 窟的供養人關係進行了重新梳理,認爲此窟非"陰家窟",而應爲劉氏家窟。程嘉静《唐末五代宋初慕容家族對玉門地區的管控——以敦煌文獻和壁畫爲中心》(《敦煌學輯刊》2020 年 2 期)簡單介紹了晚唐五代宋初的玉門關情況,並從政治、經濟、軍事等方面來探討慕容家族對玉門地區的管控能力,認爲慕容家族在瓜州乃至玉門地區都有著相當大的影響力。

軍事史方面。努力牙·克熱木、楊富學等撰《高昌回鶻取伊州及與沙州歸義軍政權之關係》(《敦煌研究》2020 年 2 期)探討了高昌回鶻奪取伊州的過程,認爲高昌回鶻與歸義軍政權保持著密切的關係,而其所控制的伊州地區是從納職回鶻手中奪取的。趙世金、馬振穎《新刊〈康太和墓誌〉考釋——兼論敦煌文書 P.3885 中的唐蕃之戰》(《西夏研究》2020 年 1 期)通過《康太和墓誌》考察其人生經歷,並結合敦煌文書 P.3885 進一步探究唐蕃關係以及康太和的邊防策略。魏迎春、鄭炳林《唐河西節度使西遷和吐蕃對敦煌西域的佔領》(《敦煌學輯刊》2020 年 1 期)結合史籍記載和出土碑銘,探討楊志烈、楊休明、周鼎、閻朝這四位河西節度使的任職時間與經歷,以及吐蕃對敦煌和西域地區的佔領經過。馬智全《漢代敦煌郡庫與西域戍卒兵物管理》(《敦煌研究》2020 年 1 期)通過考察相關簡牘文書,認爲敦煌郡庫在行政方面有著重要地位,它是敦煌郡的重要管理機構,具有管理西域兵物的重要職能。劉嘯虎《唐代前期軍中肉食供給初探——以敦煌吐魯番軍事文書爲中心》(《敦煌研究》2020 年 3 期)認爲軍中按雙軌標準處理死亡的牲畜,同時存在隨軍商人從事商業活動的現象,更重要的是唐代前期西州地區的商品貨幣經濟已經發展到相當水平,在軍隊內部形成了一種自我運轉的循環。

經濟史方面。李并成《敦煌文獻中所見唐五代時期的水利官吏》(《歷史地理研究》2020 年 1 期)介紹了唐五代時期敦煌地區水利官吏系統的設置和運作情況,指出"渠人社"是地方政府水利管理體系的有益補充。李并成還根據敦煌文獻對"平水"一詞進行考證,認爲其爲郡縣級水官的胥吏,主要職掌在於"平水相量""務使普均",大多由帶有勛銜且年歲較大具有一定聲望和經驗的百姓擔任,在我國古代基層社會的水利管理體系中具有重要地位(《西北師大學報》2020 年 3 期)。周明帥《敦煌、吐魯番文書所見"舍"之記載差異及其用途探微》(《中國史研究》2020 年 1 期)認爲由於居住形態與田地經營方式的不同,導致兩地文書中"舍"的記載存在差異,並對敦煌文書中"舍"的用途進行探究。袁雅潔討論了《懸泉漢簡(壹)》中和出入符相關的 10 枚簡文,認爲其爲"田關外以符出者"簡,並推測此類簡與史及家屬出入符有很大的聯繫(《敦煌研究》2020 年 5 期)。鄔文玲《敦煌漢簡中的一件買賣契約》(《文物》2020 年 12 期)對敦煌漢簡 846 的釋文進行校訂並重新討論其内容,進而闡述其作爲買賣契約的性質及意義。陳繼宏《吐蕃統治時期敦煌畜牧業管窺》(《敦煌學輯刊》2020 年 4 期)考察吐蕃統治時期敦煌的畜牧業經營模式與特點,認爲這個時期畜牧業的發展爲未來歸義軍時期敦煌畜牧業的繁榮奠定了基礎。陳光文《清代敦煌農業問題研究》(《敦煌學輯刊》2020 年 1 期)介紹了清代官方爲恢復敦煌地區的農業水平做出的努力,指出敦煌在清代成爲關西地區重要的産糧基地,具有重要的戰略意義。馬智全《漢代敦煌苜蓿種植與絲綢之路物種傳播》(《甘肅廣播電視大學學報》2020 年 4 期)認爲甘肅敦煌出土的漢簡文書反映了西漢後期敦煌地區已經廣泛種植和使用苜蓿,而這種植物的種植正是漢代絲綢之路上物種傳播的典型反映。

西北史地方面。賈小軍《漢代酒泉郡驛置道里新考》(《敦煌研究》2020 年 1 期)對酒泉郡下的驛置進行了考證,探究其現代所在地。王建新、王茜《"敦煌、祁連間"究竟在何處?》(《西域研究》2020 年 4 期)結合傳世文獻與出土資料,認爲漢祁連山爲東天山,而古代月氏人西遷前的故鄉並非學界主流認爲的河西走廊西部,而是處於以東天山爲中心的區域。杜海對魏晉南北朝時期晉昌郡的建制沿革進行探究(《敦煌學輯刊》2020 年 4 期)。陳光文則討論了蒙元時期敦煌的地理特點與驛站交通,認爲這個時期敦煌仍然是東西方往來的重要通道,在元代站赤體系中具有重要的地位(《敦煌學輯刊》2020 年 4 期)。鄭炳林、黄瑞娜《敦煌寫本〈都僧統康賢照和尚邈真讚并序〉與石城鎮粟特部落徙居敦煌考論》(《敦煌學輯刊》2020 年 3 期)認爲粟特人康艷典部落於貞觀四年遷至石城鎮,後隨著唐與西突厥突騎施娑葛交惡,娑葛佔領羅布泊等地,康艷典部落便跟隨鎮守播仙鎮等地的兵士弃鎮歸敦煌,被安置在從化鄉中。劉振剛《雜花生樹,群鶯亂飛:唐代敦煌郡的水環境》(《中國地方志》2020 年 3 期)介紹了唐代敦煌地區的水環境,認爲雖然當地民衆珍惜水資源,但現實生産活動有著很强的政治性,不爲民衆所控,從而導致綠洲的沙漠化。

三、社 會 文 化

本年度有關社會文化的成果涉及童蒙教育、婚俗、社會生活等多個方面。

童蒙教育方面。王三慶《敦煌辭典類書研究:從〈語對〉到〈文場秀句〉》(《廈門大學學報》2020 年 4 期)以《語對》和《文場秀句》爲研究範本,探究其對於中唐時期兒童教育的意義。黄正建《蒙書與童蒙書——敦煌寫本蒙書研究芻議》(《敦煌研究》2020 年 1 期)對蒙書的定義與性質進行討論,提出要根據作者的意見來判定書籍是否爲蒙書或童蒙書。金瀅坤《論蒙書的起源及其與家訓、類書的關係——以敦煌蒙書爲中心》(《人文雜誌》2020 年 12 期)明確了蒙書、家訓、類書的概念,探討三者之間的交叉性與異同,從而爲正確判定蒙書的性質提供幫助。鄭阿財《〈開蒙要訓〉的語文教育與知識積纍》(《浙江師範大學學報》2020 年 1 期)對敦煌寫本《開蒙要訓》進行介紹,探究其在唐五代民間盛行的原因,認爲其内容是研究中古時期百姓社會生活的重要資料。任占鵬《姓氏教材〈敦煌百家姓〉與晚唐五代的敦煌社會》(《敦煌吐魯番研究(第 19 卷)》)探究《敦煌百家姓》中體現的社會現象,認爲晚唐五代時期敦煌的姓氏教育具有實用性,同時也反映了時代和地域特徵。

婚俗方面。楊爲剛《禮制與情欲:唐代婚禮的儀式書寫與文學表達》(《中華文史論叢》2020 年 3 期)對唐代的婚禮書儀進行源頭追溯,並從官方和民間兩個角度探究唐代婚儀書寫與文學創作,認爲其書寫方式的轉變正是唐代社會與文學變革的縮影。巨虹《敦煌放妻書反映唐宋社會生活》(《中國社會科學報》2020 年 2 月 18 日)對敦煌放妻書中所體現的離婚程序進行介紹。楊梅《從敦煌放妻書淺窺》(《今古文創》2020 年 15 期)認爲放妻書依然是男子掌握離婚主動權的一種方式,只不過是雙方家庭博弈中緩和雙方關係的一種妥協,離婚依舊不易。

社會生活方面,李并成利用反映漢唐時期民眾動物保護行爲的敦煌資料,强調當今社會應人與自然和諧相處(《中國社會科學報》2020 年 2 月 16 日)。李氏還以敦煌文獻和壁畫爲研究對象,關注其中講衛生、愛護環境的内容,探討其背後所體現的敦煌地區的社會生活與習俗,爲現代人提供積極的史鑑意義(《中國歷史地理論叢》2020 年 2 期)。朱國立《唐宋敦煌節日研究的價值與意義》(《敦煌學輯刊》2020 年 4 期)考察敦煌文獻中反映的節日與民俗,探究唐宋敦煌地區的節日特徵以及它們的研究價值。劉玉梅則對敦煌寫本 P.2641 的物質形態與抄寫内容進行考察分析,認爲此寫本是研究唐五代時期西北地區政治、經濟發展與百姓禮佛風俗等問題的重要史料(《寧夏師範學院學報》2020 年 12 期)。楊森《敦煌壁畫僧人所坐榻形高座和椅形高座》(《敦煌研究》2020 年 2 期)著重分析榻形、椅形高座位的産生與演化過程,並以此同佛教的中國化相聯繫。邵曉峰、李匯龍《敦煌壁畫與中國本土家俱圖式的拓展》(《美術與設計》2020 年 2 期)以榻、几、屏風等家俱圖式爲代表,探尋其演變過程,進而肯定敦煌壁畫的重要文化價值。游自勇《敦煌寫本〈百怪圖〉續綴》(《敦煌吐魯番研究》19 卷)結合《百怪圖》的内容,對黃正建檢出的BD15432、BD15774、BD16359、BD10791 殘片進行考察分析,復原出《百怪圖》

中的部分内容。

四、宗　　教

本年度宗教研究的相關成果主要涉及佛教、道教和祆教。

佛教歷史與儀式方面。朱義德根據 P.2041 題記探討道宣律宗在長安、吐魯番、敦煌三地流傳的狀況，並提出道宣高超的著述水平是其律學思想能夠跨越地區廣泛流傳的原因(《敦煌研究》2020 年 1 期)。魏郭輝《敦煌寫本佛經題記研究——以唐宋寫經爲中心》(甘肅文化出版社)以唐宋時期敦煌寫本佛經題記爲主要材料，採取專題的形式分析敦煌各階層人士信仰的漸次變化與唐宋敦煌佛教文化交流史。楊寶玉《後唐時期途經敦煌的赴印求法僧及相關史事》(《敦煌研究》2020 年 5 期)對 S.5981《同光貳年鄜州開元寺僧智嚴巡禮聖跡後記》和 S.529 抄存的六件書狀進行重新校錄，並探討這些和智嚴、歸文相關的文書的獨特之處。余欣《聖域製造與守護：敦煌安傘旋城儀式中幢傘的功能》(《歷史研究》2020 年 5 期)根據漢藏資料，對晚唐五代時期的白傘蓋陀羅尼信仰與安傘旋城儀式進行探究，認爲安傘旋城儀式中的幢傘是白傘蓋信仰的具象化象徵，是製造"聖域"的核心法器，有著深刻的宗教和社會功能。劉林魁對唐五代時期的佛教論議進行探究，分析唐代佛教論議程式的繼承與變革，認爲其具有表演性、儀式化、世俗化的特點(《唐史論叢》2020 年 1 期)。崔星則根據敦煌文獻與壁畫，探究其中所體現的晚唐五代時期的佛教供養形式以及其背後的意義(《圖書與情報》2020 年 2 期)。湛如《唐代長安西明寺與仁王會——以敦煌寫本 P.3808 長興四年中興殿應聖節講經文爲綫索》(《世界宗教研究》2020 年 4 期)以《長興四年中興殿應聖節講經文》爲綫索，探究唐代重要法會——仁王會的儀軌過程，認爲此法會既是一種祭祀，又是一種廟會，還是一場政治宣傳大會。

佛教經典的詮釋與新解方面。許瀟《英藏敦煌文獻 S.2313 研究——兼論唐代毗曇學的發展及其特點》(《宗教研究》2020 年 1 期)對 S.2313 中涉及的内容、時間、人物關係進行考證，認爲它是魏晉南北朝後中國毗曇學僅存的著作，也是圓測之後唯識西明系的重要文獻。董大學《般若與禪：敦煌寫本〈金剛經〉注疏研究——以北敦 15403 號背與〈晉魏隋唐殘墨〉第 36 號爲中心》(《敦煌研究》2020 年 5 期)介紹了相關文書的大致狀況，並進行對比分析，認爲兩件文書的内容與六祖惠能的《金剛經解義》有一定的相似性，推測此類《夾注金剛經》的作者可能爲中晚唐時期某位禪宗僧人。王娟以經中長行爲中心，對敦煌本《十王經》進行考察，以列名菩薩數的多少作爲文本分類的標準，認爲三菩薩本最早，而有讚本後出但不一定最晚(《世界宗教研究》2020

年 1 期）。范瑜容《敦煌本〈善道禪師勸善文〉探賾》（《中國佛學》2020 年 2 期）以 P.2130 爲底本，對《善道禪師勸善文》進行重新整理，認爲其產生於唐中後期，作者很可能爲法照門徒，並對比不同寫本的異同，以及其中反映的思想。吳建偉《上海圖書館藏 183（827457）A 號敦煌文獻定名小考》（《中國典籍與文化》2020 年 1 期）通過與《大正藏》中的《玄讚》進行對比，認爲此文獻爲唐代唯識宗實際創始人窺基《妙法蓮華經玄讚》的再注釋，應該被定名爲《妙法蓮華經玄讚疏釋抄》。張遠《敦煌遺書〈法句經〉略考》（《世界宗教文化》2020 年 5 期）從經名與作者、現存抄本與疏本、內容與結構、學術價值幾個方面對敦煌本《法句經》進行研究。袁貝貝、李萬營對日本杏雨書屋藏敦煌寫本《修禪要訣》進行考證，認爲此書在唐代已經流傳，並在北宋熙寧九年前後傳入日本，並非僞作（《敦煌研究》2020 年 3 期）。張焕玲、趙望秦《敦煌遺書斯二九二六〈佛説校量數珠功德經題記〉的史料學價值考述》（《唐史論叢》2020 年 1 期）對 S.2926 背面抄寫的《佛説校量數珠功德經題記》進行考察與研究。〔日〕平井俊榮著，李銘佳譯《智顗〈金剛經般若經疏〉疑僞研究——以與吉藏〈金剛般若疏〉的比較研究爲中心》（《佛學研究》2020 年 1 期）通過分析考證，認爲是天台後人依據吉藏《金剛般若疏》僞托智顗而作了《金剛般若經疏》。張開媛分析了六種版本的《金剛經》以及敦煌本《金剛經》的衍生文本與版本，認爲唐人官方抄經繁複，而民間寫經則更具有功利化的特點（《邯鄲學院學報》2020 年 6 月）。王子鑫、張涌泉《敦煌寫本〈佛説諸經雜緣喻因由記〉校注》（《敦煌吐魯番研究（第 19 卷）》）介紹了與《因由記》相關的幾種敦煌寫卷的寫本形態，並對其內容進行了校注，爲學界相關研究提供資料。何劍平《〈妙法蓮華經講經文（四）〉校注》（《中國俗文化研究》2020 年 1 期）在各家成果的基礎上，對俄藏符盧格編 365 號背的《妙法蓮華經講經文（四）》進行重新校錄與注釋，是對前人成果的補充。馬德、都惜青《敦煌本"八味藥"芻識》（《敦煌研究》第 3 期）對遼寧博物館藏的敦煌遺書"八味藥"進行研究，認爲此件作品將佛教術語用中醫藥方的形式整合在一起，運用人民喜聞樂見的方式來弘揚佛教禪學、教化衆生。簡佩琦介紹並評述了前人對維摩詰經變的研究，並對未來研究的方向提出構想（《絲綢之路研究集刊》第 5 輯）。

佛教文獻綴合方面。張涌泉、方曉迪《敦煌本〈觀無量壽經〉及其注疏殘卷綴合研究》（《中國典籍與文化》2020 年 2 期）從不同角度進行對比分析，將 16 號《觀無量壽經》及其注疏殘卷或殘片綴合爲六組，利於分析寫卷性質。張涌泉、沈秋之《敦煌本〈七階禮〉殘卷綴合研究》（《敦煌學輯刊》2020 年 3 期）在前人研究的基礎上對敦煌本《七階禮》進行綴合，將其中 30 號殘卷或殘片綴合爲 12 組，便於後續編目、斷代與整理工作的進行。馮國棟、秦龍泉從多個角度出發,將敦煌本 23 號《妙法蓮華經》綴合爲六組(《敦煌學輯刊》2020 年 3 期)。劉顯《敦煌本〈大智度論〉殘卷綴合八則》(《社科縱橫》2020 年 3 期)對敦煌文獻中發現的《大智度論》的殘卷或殘片進行對比分析,將其中的 19 號殘卷或殘片綴合成 8 組。劉氏又將 21 號《大智度論》殘卷或殘片綴合爲 5 組,並對定名、斷代、用字等相關問題進行研究(《歷史文獻研究》2020 年 1 期)。王曉燕《Q.M.62558+S.3878〈維摩經義記〉考辨》(《敦煌吐魯番研究(第 19 卷)》)介紹了 Q.M.62558 與 S.3878 兩件文書的寫本形態,認爲二者可直接綴合,其内容對慧遠本多有借鑒,並有所發展。

寺院經濟方面。明成滿《唐五代時期敦煌寺院經濟管理的民主色彩》(《敦煌研究》2020 年 4 期)通過對敦煌寺院經濟文書的考察,認爲敦煌寺院管理中表現出普通僧衆有經濟管理權、財産實行集體管理、僧官任免需僧衆同意等特點,體現了民主色彩。王祥偉《敦煌寺院經濟文書考證十一則》(《敦煌研究》2020 年 2 期)將一批相關聯的寺院經濟文書綴合整理爲 11 件,並對其内容進行釋録與考證。徐秀玲通過對敦煌文獻的考證,探究中唐時期吐蕃治下敦煌寺院的賦稅和徭役狀況,認爲由於敦煌寺院擁有數量龐大的人口,爲了統治者政權的穩固,僧人成爲稅役的重要承擔者(《安徽廣播電視大學學報》2020 年 3 期)。徐氏對敦煌寺院的主要園圃種植基地進行探究,認爲它們不僅是人事來往的場地,還是衆僧的勞動場地,更是衆僧筵設時的集會地(《蘭臺世界》2020 年 1 期)。徐氏對唐宋之際敦煌寺院院子的薪酬也進行了研究,認爲寺院給予院子的低廉薪酬不足以成爲院子的唯一生活來源(《現代交際》2020 年 16 期)。同時,徐秀玲還以 S.3724 和 S.2575 爲對象,研究唐宋之際敦煌寺院的小食,認爲寺院通過小食這種活動加强了僧俗兩界的交往(《現代交際》2020 年 12 期)。

敦煌僧團方面。武紹衛《中古時期敦煌漢傳佛教僧團的宗派意識》(《敦煌吐魯番研究(第 19 卷)》)根據敦煌文獻,從教典、閱讀、時人評價、祖師意識等角度出發,按照個人與教團兩個層次探討敦煌地區佛教界的宗派觀念,認爲至少在唐末五代宋初以前,大多數僧人在日常修習中並没有明顯的宗派意識,但他們知曉諸宗派的區別。裴長春、沈壽程《古代僧人的知識結構——以敦煌僧人習字文書 P.2129V〈僧善惠習字文書〉爲例》(《殷都學刊》2020 年 3 期)認爲僧人善惠主要學習字書韻書、儒家經典、佛典、佛教儀式以及社邑文書等内容,其學習内容同世俗人員有交集,並肯定了武紹衛所説的"僧人不僅僅是宗教人士,也是一位中國話語背景下成長起來的文化精英"這一觀點。魏睿驚根據敦煌遺書,對 10 世紀前期敦煌歸義軍政權下的諸位都僧統的交替年代進行了考察(《敦煌學輯刊》2020 年 3 期)。

道教研究包括道教經典、道教儀式等方面。劉永明、程思尹《敦煌道經〈洞淵神咒經〉再考》(《敦煌學輯刊》2020 年 2 期)認爲《洞淵神咒經》至遲於梁末形成十卷本,而杜光庭所作的《太上洞淵神咒經序》是基於十卷本寫成的,其中涉及的經文降世的關鍵人物"王纂"確有其人,並提出此經典的流行與當時的社會狀況有關。曹凌《敦煌本〈元陽經〉研究——佛道經典比勘研究之一例》(《文史》2020 年 2 期)將敦煌本《元陽經》與道藏本《元陽經》進行對照研究,探究敦煌本《元陽經》的内容、性質、文本演變與成立背景,認爲其主旨在於宣揚元陽净土的信仰與往生净土的實踐。劉屹《敦煌本"靈寶經目録"新見問題釋疑——以"第五篇目"與"未出一卷"爲中心》(《宗教學研究》2020 年 4 期)重新對"第五篇目"進行復原,並對其中"未出一卷"問題進行考察,反駁了兩位年輕學者關於"靈寶經目録"的某些觀點,堅持自己原本的看法。伏俊璉、龔心怡則對《老子變化經》進行介紹,闡述學界對此經的研究狀況,認爲此經有著獨特的價值,其内容還有尚未成定論之説,值得研究者繼續挖掘(《寧夏師範學院學報》2020 年 6 期)。郜同麟《英藏敦煌道教文獻拾補》(《敦煌吐魯番研究(第 19 卷)》)介紹了一系列可與現已公佈的寫卷進行綴合的道經碎片,具有較大的文獻參考價值。劉志《唐玄宗與〈一切道經〉——以敦煌道教寫經爲例》(《世界宗教文化》2020 年 4 期)以敦煌本《太上正一閲紫録儀》爲研究對象,考察其寫本狀況,並推測當時的崇道活動以及《一切道經》的寫作狀況,探究唐玄宗推崇《一切道經》的原因。李國《榆林窟道教遊人題記芻議》(《敦煌研究》2020 年 3 期)對榆林窟道教遊人題記的概況、内容進行分析,針對題記雜亂的情況,指出應該對其進行系統的分類,關注其具有的宗教史研究價值以及對於史書和方志的補充作用,擴大研究範圍與視角。路旻《敦煌歸義軍時期道教厨供研究》(《宗教學研究》2020 年 2 期)分析了敦煌文獻 P.3562V 中的厨供内容,認爲道教具有貼近民衆生活的屬性,而官方的祭祀方式對當地的宗教活動儀式産生影響。

祆教方面,張小貴、劉振《敦煌祆廟淵源考》(《敦煌研究》2020 年 3 期)介紹了瑣羅亞斯德教的祭祀傳統與祆廟形制,並對敦煌地區的祆廟進行溯源考察,認爲其取法於中亞或波斯祠廟的建制,採取偶像崇拜與聖火崇拜兩種形式。

五、語言文字

本年度有關敦煌語言文字研究的成果主要集中在音韻和字詞校釋方面。

音韻方面。韓丹、許建平《敦煌寫本 P.2833〈文選音〉重字反切考》(《敦煌研究》2020 年 2 期)對敦煌《文選音》進行了深入考察,發現這種反切是專門用於標記多音字異讀的特殊類型,並對其特點進行分析,認爲增進對 P.2833《文選音》的認識與研究具有豐富的音韻文獻與版本學價值。黎新第《唐五代西北方音全濁清化程度再探討——四種敦煌寫本別字異文所見》(《語言科學》2020 年 4 期)通過對四種敦煌寫本中的別字異文的對比與分析,認爲五代時期漢語西北方音雖尚未完成全濁清化,但其進程已過大半。鄧強《晚唐五代西北方音的輕唇音聲母再論——基於〈敦煌變文校注〉〈英藏敦煌社會歷史文獻釋錄〉的量化考察》(《語文研究》2020 年 1 期)認爲晚唐五代西北方音中非、敷二母已合併,奉母一部分字已清化且與非、敷合流讀 f,一部分字仍保留濁音 v,還有一些字有清、濁兩讀的現象,同時微母只有少數字發展到了讀 v 的階段,這些字與奉母的舊讀有相混的現象,但不影響二母整體上的分立。鄧強《〈英藏敦煌社會歷史文獻釋錄〉在唐五代西北方音研究中的重要價值——以異文別字爲例》(《西華師範大學學報》2020 年 3 期)認爲《英藏敦煌社會歷史文獻釋錄》中披露的大量新材料推動了唐五代西北方音的研究,從語言學角度贊揚了《釋錄》的價值。鄧文寬《敦煌本〈字寶〉中的活俚語(平聲)》(《敦煌學輯刊》2020 年 3 期)通過考察《字寶》中某些俚語的現代語義,並結合自身經歷和對晉南方言俚語的瞭解,探究《字寶》中某些俚語的確切含義。鄧氏還對敦煌小說中的幾個活俚語進行解釋,試圖用方言俚語解決疑難問題(《敦煌吐魯番研究(第 19 卷)》)。

　　字詞校釋方面。張涌泉《敦煌文獻字詞例釋》(《漢語史學報》2020 年 1 期)擇取了即將出版的《敦煌文獻語言大詞典》中 H 部的部分條目進行刊佈。劉丹、張涌泉《説"草捌(八)"》(《中國語文》2020 年 1 期)介紹了前人對"草捌(八)"的研究,結合漢藏語知識,認爲"草捌(八)"中的"捌(八)"可能是藏語 ba(母黃牛)的記音字。張小艷《敦煌變文疑難字詞校釋》(《中國語文》2020 年 6 期)對變文中常人不易理解或者前人校正有誤中的十則字詞做了較爲詳盡的校釋。余堅《敦煌社邑文書疑難字詞辨釋》(《漢語史學報》2020 年 1 期)對《敦煌社邑文書輯校》中涉及的文書進行了重新校讀,選擇其中七則可商榷之處進行了考證與辨析。胡伊麗、王一帆《敦煌寫本〈略出籯金〉俗字個案補錄研究》(《漢字文化》2020 年 21 期)對《略出籯金》中部分未收錄的俗字進行補錄與考證。姬慧《語義演變視角下敦煌文獻詞語"枝羅"再析》(《敦煌學輯刊》2020 年 2 期)對"枝羅"的語義内涵進行考辨,並介紹了與其相關的其他詞語。姬氏還對敦煌碑銘讚中涉及的有待商榷的詞語進行了考釋(《甘肅廣播電視大學學報》2020 年 2 期)。劉火《敦煌"變文"數量詞的文化效應——從純語言學角度看外來文化對本土文化的積極影響》(《文史雜誌》2020 年 5 期)對敦煌變文中涉及的數詞與量詞進行釋義,並探討其背後的文化内涵。

金雙平《敦煌寫本〈四分律〉與字書編纂》(《現代語文》2020 年 9 期)認爲敦煌文獻《四分律》中的用字情況真實而豐富,對字書編纂有著重要的價值。劉曉興根據敦煌原卷,在對比前人研究成果的基礎上,從語言學角度對《敦煌歌辭總編》中八則校錄可商的内容進行再探討(《中國詩歌研究》2020 年 1 期)。張瑩瑩則在核對敦煌原卷的基礎上,從語言學和訓詁學的角度出發,對張錫厚先生整理出版的《全敦煌詩》的校錄進行了一定的商補(《中國詩歌研究》2020 年 1 期)。邱震强、羅華英《〈長興四年中興殿應聖節講經文〉"年□□日"校詁》(《湘南學院學報》2020 年 4 期)從語言學角度進行分析,認爲《講經文》中的"年□□日"應爲"年年九日"。彭慧、蘇子惠《〈大目乾連冥間救母變文〉校注拾遺》(《古籍整理研究學刊》2020 年 2 期)對《大目乾連冥間救母變文》中的 20 處文字的形義問題進行了探討。彭慧《〈伍子胥變文〉校注拾遺》(《古籍整理研究學刊》2020 年 5 期)參照寫卷 S.328 與 P.2794V,分析研究了《伍子胥變文》中 21 處文字的形義問題。鄭阿財《敦煌蒙書的語言形式與熟語運用析論》(《厦門大學學報》2020 年 4 期)分析了在歷史演變過程中蒙書編撰的變化,認爲具有逐漸朝生活化、實用化、通俗化方向發展的特點。

六、文　　學

本年度有關敦煌文學研究的成果較爲豐富,主要集中於變文、詩歌、詞、賦、小説等方面。

敦煌變文方面。王樹平、包得義《敦煌變文〈四獸因緣〉考論》(《中華文化論壇》2020 年 3 期)對敦煌漢文寫本《四獸因緣》進行考證,認爲其故事題材來源於印度,而變文承自藏文佛典,在 9 世紀下半葉已流傳於敦煌地區,是古代漢藏文學交融的結晶。李玉林《敦煌〈降魔變文〉與〈西遊記〉中鬥法的比較》(《絲綢之路》2020 年 3 期)將敦煌《降魔變文》與《西遊記》中的鬥法情節進行比較,認爲鬥法這一情節在中唐時期變文與後世神話小説中存在繼承關係。王偉琴《試論敦煌本〈孟姜女變文〉的河隴地域特徵》(《中州學刊》2020 年 12 期)認爲《孟姜女變文》與杞梁妻故事存在聯繫,它反映了河隴陷蕃的史實。馮和一《敦煌文獻"董仲尋母"與"目連救母"情節内涵比較》(《中北大學學報》2020 年 4 期)對"董仲尋母"與"目連救母"的故事情節進行比較,認爲"董仲尋母"故事是中國原生的,與我國遠古時代的民間習俗、祖先信仰、孝親文化有著淵源關係。竺洪波《敦煌變文與〈西遊記〉的互文性考察——以〈降魔變文〉和〈唐太宗入冥記〉爲中心》(《平頂山學院學報》2020 年 3 期)以《降魔變文》與《唐太宗入冥記》爲研究對象,探究敦煌變文與《西遊記》間的

關係,認爲可能存在《西遊記變文》。楊勇《〈王昭君變文〉之新變及其影響》
(《語文學刊》2020 年 6 期)分析敦煌寫卷《王昭君變文》的特點,並探究其在
文學史上的影響。喻忠傑《"説經"文體的發生及其遺傳因子溯源——日本藏
〈佛説目連救母經〉再探》(《敦煌學輯刊》2020 年 4 期)以日本藏《佛説目連救
母經》爲例,對"説經"文體進行溯源,認爲此文體的産生直接受到變文類講唱
文學的影響,且與佛教教義、經典有著密切聯繫。喻氏還按時間綫索對敦煌
所見的目連寫本進行追溯,探究目連形象進入戲劇藝術的演變過程(《學術研
究》2020 年 11 期)。

詩歌方面。賈晉華《〈瑤池新詠集〉:8 至 9 世紀中國女詩人研究》(《江
海學刊》2020 年 1 期)探究《瑤池集》詩人的歷史背景、社會階層與生活經歷,
並對《瑤池集》的特色與成就進行解讀,認爲此詩集標志著中國女性文學、文
化發展的一個重要階段。龍成松《敦煌寫卷安雅〈王昭君〉考論》(《敦煌研
究》2020 年 2 期)探究五言詩《王昭君》的作者生平及此詩的創作背景與特
色,認爲安雅的粟特族身份不自覺地影響了此詩的文學風格。伏俊璉、龔心
怡《敦煌佛教詩偈〈心海集〉孤本研究綜述》(《法音論壇》2020 年 5 期)介紹了
《心海集》的寫本情況、內容與學界的相關研究狀況,認爲其創作時間不明,抄
寫年代應爲敦煌陷蕃後。郭殿忱《敦煌唐賢令狐楚事蹟考辨及其詩考異——
以〈唐詩品匯〉爲中心》(《河西學院學報》2020 年 4 期)根據《唐詩品匯》以及
相關文獻,對存在爭議的令狐楚的表字、疏漏的籍貫、年壽以及著述等方面進
行考證。陶新昊、冷江山《敦煌詩歌寫本唐人組詩的文獻價值》(《西華師範大
學學報》2020 年 1 期)認爲敦煌詩歌寫本唐人組詩不僅具有校勘輯佚等文獻
價值,其作爲寫本時代書寫活動的產物,還隱含著傳世文獻佚失的學術信息。
殷國明《關於敦煌文化與唐代詩歌的藝術姻緣——從飛天到霓裳的交接與嬗
變説起》(《新疆大學學報》2020 年 6 期)以唐詩中的歌舞意象爲出發點,以敦
煌飛天意象爲研究對象,探究敦煌文化與唐代詩歌的聯繫。李文艷《李白〈將
進酒〉考索——基於敦煌唐寫本與傳世文獻的比較》(《文史雜誌》2020 年 5
期)認爲敦煌寫本 P.2567 中的《惜罇空》最接近李白此詩的原貌,並提出詩題
的改易與詩文的增竄是同時進行的,而今人所見的李白所作的《將進酒》至少
在北宋初年已經定型。

詞、賦、小説方面。馬玲玲《〈云謠集〉內容分析研究》(《品味經典》2020
年 9 期)對《云謠集》進行綜合性的分析與研究,認爲《云謠集》中除《拜新月》
兩首詞外,其餘二十八首詞爲同一曲調的再詠唱,構成了一個相對完整的故
事。王柳芳《敦煌曲子詞與商業文化》(《甘肅廣播電視大學學報》2020 年 5
期)以敦煌曲子詞爲研究對象,認爲其具有通俗性、民間性、敘事性、娛樂性的

特點,是城市商業文化的產物。孟凡玉《敦煌驅儺詞"趕五句"民歌的地方屬性考察》(《中國音樂學》2020 年 3 期)介紹了敦煌遺書 P.2569V 中的兩首唐代"趕五句"民歌,依據相關史料以及當代同類型民歌進行考察與溯源,認爲其延續了魏晉南北朝以來西曲歌的歌唱傳統,體現了中原文化與西域文化的交流。韋正春《敦煌儺詞的寫本情境》(《遼東學院學報》2020 年 5 期)通過考察儺詞的寫本特徵與應用情境,推斷同一抄本的不同使用目的,從而探究唐五代敦煌驅儺詞與歲末驅儺活動的流行程度。馮和一《法藏 P.3883、P.2653 對傳統化生復仇觀念的文學演繹》(《中国俗文化研究》2020 年 1 期)以法藏 P.3883 與 P.2653 爲例,探討敦煌苦兒文獻中"復仇化生"情節的來源,認爲其主要取材於我國先秦歷史故事,並受到我國傳統化生信仰、精魂復仇觀念的影響。邵文彬《論敦煌寫本中的五臺山書寫》(《忻州師範學院學報》2020 年 3 期)通過解讀《五臺山讚》《五臺山曲子》《五臺山行紀》三類寫卷,探究其中所體現的文化意義以及學術價值。孫偉鑫《略論敦煌俗賦人物形象塑造》(《湖南人文科技學院學報》2020 年 3 期)探究敦煌俗賦如何通過語言、肖像、動作描寫來塑造人物形象。王惠、納姍《敦煌本〈韓朋賦〉寫卷綴合及叙錄》(《絲綢之路》2020 年 3 期)對敦煌本《韓朋賦》進行綴合研究,並對其寫本形態與内容進行介紹。陳衛星《敦煌本〈搜神記〉"王景伯事"考論》(《重慶三峽學院學報》2020 年 5 期)認爲"王景伯事"最初見於《續齊諧記》,而現在所見的敦煌本《搜神記》爲宋代抄本,並探究此故事題材對後世文學的影響。

七、藝　　術

　　本年度有關敦煌藝術的成果較爲豐碩,主要涉及石窟壁畫、造像藝術、敦煌書法等方面。

　　石窟壁畫總論方面。葉素《佛教的本土化:儒家思想對敦煌壁畫的影響》(《孔子研究》2020 年 6 期)從造型特色、壁畫題材、繪畫風格等方面探討了儒家思想對敦煌壁畫的影響,認爲這種儒家化的壁畫風格在客觀上對敦煌地區儒家思想的"建制化"進行了補充。王曦《論秩序感在敦煌壁畫中的體現》(《美術大觀》2020 年 8 期)以藻井圖、經變歌舞圖與説法圖爲研究對象,探究其中所體現的秩序感及其產生原因。尚菡雪《中國敦煌石窟寺壁畫與英國中世紀教堂壁畫的對比與分析》(《天津城建大學學報》2020 年 6 期)從壁畫題材、捐助者與工匠、製作工藝與原材料三個方面進行對比分析,探究敦煌石窟寺與英國中世紀教堂壁畫的異同點以及產生差異的社會背景。黃世晴《北魏敦煌壁畫文化探析》(《邊疆經濟與文化》2020 年 7 期)對北魏時期敦煌壁畫的題材與内容進行簡單介紹,探究其中的歷史因素與文化内涵。

壁畫圖像方面。陳振旺、郭美娟、王愛婷《隋代中期莫高窟藻井圖案研究》(《敦煌研究》2020 年 1 期)探究隋代中期藻井圖案的特點,認爲此時的藻井圖案體現了對本土文化的繼承與創新以及對異域文化的吸收。汪雪、魏文斌《莫高窟第 322 窟"樂器樹"圖像研究》(《敦煌學輯刊》2020 年 4 期)結合相關佛教文獻,認爲莫高窟第 322 窟"樂器樹"圖像是佛經中"多羅樹"與"樂器樹"相結合的産物,其樹上懸佈樂器的類型與《大方廣佛華嚴經》等佛經有密切聯繫。張春佳《莫高窟唐代團花紋樣造型演變研究》(《敦煌研究》2020 年 5 期)對收集的近千個唐代團花紋樣進行分類和對比,探究其結構特徵與演變路綫,並探討其中所體現的唐代整體裝飾風貌的變化。夏琳瑜《從考古學角度看尸毗王本生圖像》(《中原文物》2020 年 5 期)對與尸毗王本生故事相關的佛教經典進行梳理,並對比分析各地區的尸毗王本生圖像,認爲新疆、敦煌地區此圖像的繪製多依據《大智度論·初品菩薩試論》和《賢愚經·梵天請法六事品》中的内容。宋若谷、沙武田《敦煌壁畫中女性外道表現手法發覆》(《敦煌研究》2020 年 1 期)介紹了不同時期壁畫中的女性形象,認爲壁畫中外道女性的形象總體上是不斷漢化的,同時漢人社會存在著對胡女的文化歧視,從而導致了藝術表達上的偏見。馬莉《榆林 39 窟"儒童本生"中的菩薩及持"拂"天王身份考——兼論其"合併敘述"的構圖形式及内涵》(《南京藝術學院學報》2020 年 4 期)介紹了各種"儒童本生"的表現形式,並對榆林窟第 39 窟"儒童本生"中的菩薩及天王形象進行考證,認爲此窟的構圖方式與觀念,具有"合併敘述"的特點,亦體現了回鶻人的民族特色。馬氏還對莫高窟第 285 窟南壁故事畫中的兩處扇狀持物進行考察,認爲其在形制上屬於比翼扇,但從故事内容上看,具有羽扇或麈尾的作用,體現了佛教漢化進程中圖像"明晰"與"含混"并存的特點(《敦煌研究》2020 年 5 期)。史忠平《莫高窟壁畫中的手持寶珠蓮花圖像研究》(《南京藝術學院學報》2020 年 4 期)關注并介紹了莫高窟壁畫中手持寶珠蓮花的供養圖像,探究其形成因素,認爲唐以後此地區多種多樣的手持花卉造型反映了佛教繪畫的開放性、包容性與多元性。樊雪崧《莫高窟第 419 窟薩埵太子本生圖補考》(《敦煌研究》2020 年 1 期)對莫高窟第 419 窟主室窟頂描繪的"薩埵太子捨生飼虎本生"的圖像内容進行考究,並對某些獨特的内容進行補充研究,認爲此畫面前所未有地繪製出故事的序分與結分的内容,使畫面完整性大爲增加。樊氏還從細節入手,對莫高窟第 257 窟的圖像進行考證研究,認爲其反映的内容並非是"沙彌均提品",也非"弊狗因緣",而是"提婆達多破僧事"(《敦煌研究》2020 年 6 期)。鍾妍《莫高窟壁畫中的象輿圖像研究》(《中國美術研究》2020 年)通過文獻與圖像的相互對比考證,從紋樣和底座方面將窟中的象輿圖像分爲五類,認爲其體現了敦煌與中原内地乃至西域地區的文化交融。

經變圖方面。顧淑彦《模仿與引導——敦煌石窟牢度叉鬥聖變和維摩詰經變關係探討》(《蘭州大學學報》2020 年 6 期)認爲牢度叉鬥聖變與維摩詰經變存在密切的聯繫,前者出現在敦煌石窟時就開始了對後者的模仿,之所以產生這種現象,最深層次的原因是出於佛教義理上的需要。郭子叡、沙武田《樣式溯源與圖像思想——敦煌石窟彌勒經變老人入墓圖塔墓考》(《文博》2020 年 3 期)對老人入墓圖的圖像流變進行探討,並探究其背後隱藏的喪葬習俗與文化内涵。龍忠、陳麗娟《敦煌遺書 S.011 彌勒經變圖研究》(《中國美術研究》2020 年 2 期)對絹本 S.011 的榜題、内容與作畫年代進行分析,認爲其榜題經文内容全部出自鳩摩羅什所譯的《佛説彌勒下生成佛經》,繪畫内容爲彌勒上生經變與下生經變的結合,而絹畫繪製的年代大致爲公元 9 世紀末至 10 世紀初。宋艷玉、王宏彦《敦煌石窟福田經變的出現與消失——兼論與三階教的關係》(《美術大觀》2020 年 10 期)對敦煌石窟中的福田經變圖像進行考察,認爲北朝以來崇福思想的興盛導致了福田經變流行,隨著净土思想的流行,福田經變的宗教功能被取代是導致其消失的主要原因,而其產生和消失與三階教並無直接關聯。于向東《敦煌石窟經變組合與佛教體相用觀念的關聯——以莫高窟第 76 窟南北壁的觀音題材經變爲中心》(《絲綢之路研究集刊》第 5 輯)對莫高窟第 76 窟南北壁觀音題材經變的形式與内容進行分析,認爲佛教"體相用"的概念造成觀音圖像、造像的千變萬化,而在定名問題上,第 76 窟的兩鋪經變均可稱爲"觀音經變"。陳培麗《莫高窟北周第 428 窟降魔圖解析》(《敦煌學輯刊》2020 年 4 期)介紹了釋迦降魔的故事與相關典籍,以及降魔圖像的發展演變過程,認爲莫高窟北周第 428 窟的降魔圖反映了北周時期的佛道之爭,具有現實意義。張聰《敦煌石窟密教經變功德天與辯才天圖像初步探究》(《南京藝術學院學報》2020 年 5 期)對功德天與辯才天的形象特徵及來源進行考證,同時對學界主張的"經變—眷屬"專屬對應關係進行研究,認爲這種關係並非完全絕對的。沙武田通過對比考證,認爲敦煌莫高窟第 217、103 窟佛頂尊勝陀羅尼經變、第 103 窟維摩詰經變中勾勒的婆羅門人物畫像爲罽賓人,從圖像角度確認了罽賓人的形象(《考古與文物》2020 年 6 期)。

供養人研究方面。沙武田《佛教供養與政治宣傳——敦煌莫高窟第 156 窟供養人畫像研究》(《中原文物》2020 年 5 期)認爲莫高窟 156 窟的畫像造型是張議潮通過佛教手段進行個人政治宣傳的方式,其圖像亦證明了張議潮在離開敦煌後依舊對歸義軍政權有著重要影響力。張琳艷《敦煌壁畫中的形與像》(《演藝科技》2020 年 9 期)以敦煌壁畫中的供養人與世俗人物的服飾爲研究對象,探究當時的服裝風尚與審美風格。岳鍵、李國對莫高窟第 130 窟的題記進行再解讀,認爲窟中供養人實際應爲"竭誠歸化功臣"張議潮,另一供養人爲張議潮夫人宋氏,而該窟表層壁畫則爲西夏早期繪製(《西夏學》2020 年 2 期)。魏健鵬對莫高窟第 249 窟進行研究,認爲其覆斗頂西披的圖像應爲維摩詰經變,與元榮抄經事件相呼應,是同一時間在文本與圖像上的兩種表達方式(《敦煌學輯刊》2020 年 1 期)。

山水畫方面。于安記《從敦煌壁畫看"水墨山水"圖像之變》(《敦煌學輯刊》2020 年 4 期)以敦煌壁畫中水墨山水的變化爲主線,並結合相關畫卷、墓室壁畫進行對比分析,以此探究水墨山水畫的演變過程。馮安寧《重讀敦煌莫高窟第 209 窟山水與未生怨圖像》(《絲綢之路研究集刊》第 5 輯)將莫高窟209 窟中的山水與未生怨圖像結合進行考察,認爲這種山水圖像有著深刻的空間意義,對它的研究將有利於進一步探討初唐山水繪畫思想。趙熠錦《敦煌壁畫對當代山水畫設色技法的影響》(《戲劇之家》2020 年 17 期)簡單介紹了敦煌壁畫中的山水畫,認爲當代山水畫創作應該借鑒學習敦煌壁畫的色彩運用。

壁畫樂舞方面。葛承雍《"反彈琵琶":敦煌壁畫舞姿藝術形象來源考》(《敦煌研究》2020 年 1 期)提出"反彈琵琶"的形象最早的來源爲開元二十五年男性胡人的藝術造型,並根據長安刻畫、吐蕃銀壺、敦煌壁畫三處"反彈琵琶"的藝術形象進行相互對比論證,認爲來自異域的繪畫粉本是敦煌地區"反彈琵琶"造型的傳播來源。陳燕婷《南音歷史源流考釋漫談——從南音與敦煌史料之關聯談起》(《人民音樂》2020 年 4 期)從敦煌壁畫與文獻出發,認爲南音在樂器構成、曲詞淵源等方面與敦煌史料有一定關聯,並提出學者應關注南音同五代、宋的關聯這一研究方向。溫和《從敦煌壁畫中的彎琴形象看鳳首箜篌的傳播》(《藝術評論》2020 年 1 期)以榆林窟 25 窟壁畫中的彎琴形象爲例,認爲這種樂器是虛構的,其源頭是一種流行於古印度的彎形豎琴,即唐代文獻所稱的"鳳首箜篌",並提出它的傳播僅止步於河西走廊的歷史判斷。朱曉峰對敦煌樂舞的概念進行了界定,探討了敦煌樂舞的研究方法與研究理念,闡述了研究中應關注的難點,認爲在研究中不能將圖像與文獻分離,也不能將圖像與石窟分離(《藝術評論》2020 年 1 期)。

造像藝術方面,沙武田《敦煌西夏藏傳佛教洞窟及其圖像屬性探析——以西夏官方佛教系統爲視角》(《中國藏學》2020 年 3 期)根據相關藏傳文獻,對敦煌西夏藏傳佛教洞窟進行探究,認爲這類洞窟及其圖像具有"官方佛教"系統的屬性。沙氏還對莫高窟第 158 窟的整體與局部特徵進行探究,認爲其體現了唐、吐蕃、粟特的多元文化藝術的互動,是多元文化交流的典型實例

(《敦煌研究》2020 年 3 期)。他還對西夏時期的敦煌石窟進行研究,認爲此時流行的"簡略之凈土變"看似簡單,實際上依舊體現了西夏佛教的獨特性與複雜性,這種壁畫選擇的背後有著深刻的文化内涵(《西夏學》2020 年 2 期)。沙武田、李志軍《莫高窟第 353 窟西夏重修新樣三世佛的思想内涵》(《敦煌學輯刊》2020 年 4 期)對莫高窟第 353 窟的三面佛龕中主尊的身份及窟内佛教圖像相互間的組合關係進行考釋,認爲其中所展現的新樣三世佛造型正是西夏人爲了應對末法危機而産生的有意識的選擇,是西夏佛教藝術創造力與獨特性的體現。沙武田《西夏儀式佛教的圖像——莫高窟第 61 窟熾盛光佛巡行圖的幾點思考》(《四川文物》2020 年 3 期)贊同莫高窟第 61 窟甬道壁畫爲西夏時期作品,但認爲"元代西夏遺民説"與"速來蠻爲功德主"的推測難以成立;壁畫體現了西夏佛教重實踐、重儀軌的特徵,其重繪活動是地方官府和佛教界對消災祈福願望的强烈表達。劉禕《論"秀骨清像"在莫高窟北朝石窟中的影響》(《中國美術研究》2020 年 1 期)梳理了受"秀骨清像"風格影響的莫高窟北朝石窟壁畫的演變過程,認爲對此風格的吸收推進了敦煌地區佛教藝術的中國化,也體現了南朝佛教藝術在當時社會中的魅力。

書法方面。毛秋瑾《敦煌本〈其書帖〉考》(《中國書法》2020 年 9 期)追蹤了該書帖的刊佈歷史,對其書寫年代進行了討論,並與藏經洞發現的另外三件王羲之草書尺牘臨本墨跡及其他王書刻本進行對比,從書法形態的角度總結出此帖被歸入王羲之書跡的原因。許雅婷以樓蘭、敦煌區域出土的魏晉時期書法爲例,從筆法、結構、章法三個方面將其與王羲之書法進行比較,發現王羲之書法與西北地區書法有著相似之處,認爲西北地區書法或對王羲之書法産生了一定的影響(《思維與智慧》2020 年 14 期)。周侃《唐代寫本書手及其書寫價值——以敦煌唐代寫本書跡爲例》(《智慧中國》2020 年 1 期)研究了書手群體内在的共通性、穩定性和個體差異性,揭示了唐代書法的原生狀態和時代脈絡。

八、考古與文物保護

本年度有關考古與文物保護的文章涉及石窟考古、敦煌漢簡以及壁畫修復三個方面。

石窟考古方面。張寶洲《敦煌莫高窟編號的考古文獻研究》(甘肅文化出版社)一書,立足大量考古文獻資料,對原始文獻進行整理、分析、對比和校勘,解決了敦煌莫高窟"諸家編號"各自獨立,錯亂訛誤之處較多以及"諸家編號對照表"關係錯綜複雜的問題。鄧虎斌、方喜濤《瓜州東千佛洞第 5 窟佛臺遺跡考古清理簡報》(《敦煌研究》2020 年 1 期)是敦煌研究院考古研究所對東千佛洞第 5 窟佛臺遺跡清理成果的簡報。本次清理,從佛臺堆積中出土了較多的塑像殘塊以及大量的壁畫殘片,爲今後研究洞窟營建的主要思想和題材提供了新的資料。王慧慧《莫高窟第 464 窟被盜史實及被盜壁畫的學術價值——莫高窟第 464 窟研究之一》(《敦煌研究》2020 年 4 期)利用近現代資料闡述了第 464 窟被盜的歷史,並結合 20 世紀初伯希和、奧登堡拍攝的照片,對被盜壁畫的内容與價值進行討論,認爲第 464 窟内容雖簡單但卻有其極大的特殊性,因此第 464 窟具有很大的研究空間。劉永增從"西夏石窟的分期"這一難題入手,藉助洞窟題記對莫高窟第 409 窟、65 窟和榆林窟第 39 窟的開鑿年代提出新的看法,認爲第 409 窟是西州回鶻阿斯蘭汗在敦煌重修的洞窟,而榆林 39 窟是西州回鶻皇室成員或達官顯貴在敦煌開鑿的洞窟,開鑿年代均爲北宋末年。同時,他還根據莫高窟第 65 窟存留的西夏文題記及與重修壁畫間的層位關係等,提出了該窟重修年代不是西夏初年而是北宋末年這一新觀點(《故宫博物院院刊》2020 年 3 期)。楊富學《敦煌晚期石窟研究的若干思考》(《天水師範學院學報》2020 年 1 期)認爲要從敦煌民族史入手,關注歷史演變進程因素與民族因素的存在,借助裕固族初世史的研究成果並將其與石窟仔細比對,纔有望將晚期敦煌石窟的分期斷代建立在扎實可靠的基礎之上。

敦煌漢簡研究方面。魏丹、梁旭澍《敦煌研究院藏漢代簡牘》(《敦煌研究》2020 年 4 期)對敦煌研究院所藏的三組漢代簡牘的圖版和釋文信息進行集中的發佈,並初步判斷其含有簡、牘、觚、楬、削衣等,涉及常見的簿籍、曆日、品約、私記(私信)等文書内容;敦煌研究院所藏漢簡雖然雜亂且數量少,但對於漢代簡牘和早期敦煌史研究而言都是重要的史料。鄧天珍、張俊民《敦煌市博物館藏漢晉簡牘解要》(《敦煌學輯刊》2020 年 2 期)提出敦煌博物館收藏的全部漢晉簡牘以《玉門關漢簡》之名的出版,爲研究漢代敦煌與西北史地提供了重要資料,也是敦煌漢簡與中外關係史料的重要組成部分,爲我們全面掌握漢代敦煌郡出土的簡牘文書提供了可能。同時作者指出書中關於簡牘文字釋讀的部分存在些許不完美之處,本文對於其中幾處進行了重新整理,以期引起學界同仁對此問題的重視。

壁畫修復方面。陳永、艾亞鵬等《改進曲率驅動模型的敦煌壁畫修復演算法》(《計算機輔助設計與圖形學學報》2020 年 5 期)針對敦煌壁畫裂紋形狀複雜、劃痕不規則、採用 CDD 曲率擴散演算法修復時易出現假邊緣、階梯效應以及修復時間長的問題,提出一種改進曲率驅動模型的自適應敦煌壁畫修復演算法,這種新的修復演算法有效地解決了修復後圖像模糊的問題,但此方法並非盡善盡美,存在對於大面積的破損、酥堿、起甲脱落等破損問題仍無法很好地修復的情況。楊韜、張亞旭等《甘肅瓜州東千佛洞壁畫材質分析及保護修復思考》(《文博》2020 年 6 期)立足於東千佛洞壁畫保護修復工作,使用一系列數字技術對東千佛洞壁畫材質及製作工藝進行研究。作者針對壁畫存在的大面積脫落區域早期修復、空鼓壁畫早期錨固的現象,借鑒第 2 窟壁畫製作時爲防止壁畫脫落現象採用鉚釘的方式,提出對空鼓壁畫進行點狀灌漿的新思路,補充了壁畫修復的技術與方法。趙袖榮則指出對於敦煌壁畫的保護已經進入了"數字敦煌"的時代,在敦煌壁畫的複製與保護中,珂羅版技術作爲新的技術手段已被提出和應用。但趙氏認爲對於珂羅版技術的應用仍應打破傳統工藝程式,不斷創新,使其能最大程度地復原壁畫原色、原貌,留住壁畫依附於"壁"的物質性特點(《藝術評鑒》2020 年 19 期)。趙袖榮的另一篇文章《流失海外敦煌壁畫珂羅版技術複製方法的建構》(《文物鑒定與鑒賞》2020 年 19 期)主張建構流失海外敦煌壁畫珂羅版技術復原範式,改善目前敦煌壁畫臨摹中存在的問題與偏差,這是對敦煌文物"數字化回歸"精神的回應,也拓寬了文化遺存的保護與研究新途徑。

九、少數民族歷史語言

本年度少數民族歷史語言研究的成果涉及多個方面,其中仍以古藏文文獻研究所佔比重較大,另外還包括西夏文、回鶻文方面的成果。

古藏文契約文書方面。高蓮芳、貢保扎西《論敦煌西域出土古藏文契約文書的結構格式與語言風格》(《西藏大學學報》2020 年 2 期)以敦煌和西域出土的一系列古藏文契約文書爲依據,通過對這些契約文書的分類和比較,著重分析其文體格式和語言風格,認爲其具有嚴謹性、嚴肅性、專業性以及民族性和地方性的特點,同時這些契約文書也從另一方面反映了吐蕃的社會經濟發展狀況、藏語文書的使用情況和契約這一文體格式的形成和發展過程。楊銘、貢保扎西《敦煌所出藏漢兩種雇工收麥契比較研究》(《西藏大學學報》2020 年 4 期)對古藏文和漢文兩種不同語言的雇工收麥契分別進行了釋讀,對其寫成時間、術語和涉及的部落與人物進行了考證,特別是對漢、藏兩種雇工收麥契的雇值進行了比較研究,發現它們在書寫格式的排序和契約要素上基本相同,認爲古藏文契約的書寫格式和語言風格是受漢文契約文書的影響而形成的。

古藏文經典釋讀方面。林梅村記述了敦煌古藏文殘卷《松贊干布本紀》的發現,並對殘卷內容進行了疏證,否定了目前學界普遍把其當作 706—715 年吐谷渾大事紀年的認知,肯定了此抄本對於進一步揭示青海唐代王侯墓主之謎的價值(《敦煌研究》2020 年 6 期)。夏吾拉旦《交流與共生:敦煌藏文寫本 I.O.32〈無著世親傳略〉考釋》(《敦煌研究》2020 年 6 期)對《無著世親傳略》進行了録文與漢譯,並分析其内容,認爲它是寫在《五蘊論》末尾的跋文;其後又對無著、世親相關問題進行辨析,總結出該文本不僅是最早記載無著、世親事蹟的藏文文獻,也是後世藏族史學家塑造無著、世親二人形象的主要來源,體現了敦煌多元文化交流與共生之特徵。張延清對敦煌藏文文獻《牛角山授記》進行了録文以及漢譯工作,並分析其史料價值,認爲該寫卷的意義在於抄經尾題中記録了完整的經名及抄經題記,對研究牛角山的取名以及于闐歷史、宗教的研究具有多方面的價值(《中國藏學》2020 年 3 期)。新巴·達娃扎西《新見四川大學博物館藏敦煌古藏文寫經〈十萬頌大聖般若波羅密多經〉考論》(《西藏研究》2020 年 1 期)對敦煌古藏文寫經《十萬頌大聖般若波羅密多經》進行了系統的整理與研究,探明其源流與傳承,填補對此寫經研究上的空白,指出其作爲四川地區首次被發現的敦煌古藏文文獻,具有很高的史料價值和學術研究價值。

單個古藏文文本考索方面。楊春《法藏敦煌藏文寫卷 P.t.1042 定名考述》(《敦煌學輯刊》2020 年 3 期)主要聚焦在 P.t.1042 寫卷的定名考證上,認爲對喪葬儀軌中的特定用詞與敬語,逝者及主持參加喪葬儀式者身份特殊性的考論是本篇寫卷定名的關鍵,擬將 P.t.1042 寫卷定名爲"吐蕃王室苯教喪葬儀軌",同時也肯定了此寫卷記述吐蕃苯教喪葬儀軌流程的特殊史料價值。謝後芳概述了 P.t.1285 號寫卷的内容,分析寫卷中提到的 18 個小邦地區名及其王名,發現其中 6 個是其他有關寫卷中未見的;同時對藏文進行了校録和譯注,認爲該寫卷記録的是有關各小邦王因天災人禍生病遭受災難,由苯波治癒的故事(《中國藏學》2020 年 S1 期)。

利用古藏文文獻研究吐蕃政治制度方面。崔星、王東《吐蕃大蟲皮制度芻議》(《敦煌學輯刊》2020 年 1 期)利用古藏文文獻及敦煌壁畫、題記等對吐蕃大蟲皮制度作進一步補充考釋,指出吐蕃大蟲皮制度產生的時間不晚於赤德祖贊時期,並對大蟲皮的來源、規格類別及其與告身的關聯進行探析。陸離《再論吐蕃告身制度和大蟲皮制度的兩個問題》(《西藏研究》2020 年 4 期)利用敦煌藏文文獻和其他傳世藏文文獻,就吐蕃征服賜予僧人的告身與大蟲皮製品的品級賜授兩大問題提出自己的見解,認爲吐蕃政權從未取消給宗教人士授予告身的規定,吐蕃授予立功者不同規格的虎豹皮製品及相應稱號。朱麗雙綜合前賢經驗將 P.t.1089 分成不同部分,進行新的譯注,討論了文書的結構以及定名問題,並提出沙州官員對官秩品階意見不一的問題,其中主要是關於漢人擔任的都督、千户佐副與吐蕃人擔任的軍千户千户長、千户小長之間的爭執(《中國藏學》2020 年 4 期)。

西夏文方面。史金波《俄藏 5147 號文書 10 件西夏文貸糧契譯考》(《中國經濟史研究》2020 年 3 期)對藏於俄羅斯的 5147 號 10 件西夏文草書契約進行了譯文説明,並對契約内容進行解析,探明契約所反映的西夏借貸方式的多樣性、複雜性以及婦女經濟地位較高等社會問題,指出此文書具有重要的學術價值和文獻價值。同時史金波還對藏於俄國的 5949—28 號乾祐子年貸糧雇畜抵押契的内容進行解析,論述了契約在立契時間、雇租牲畜、利息計算和草書書寫方面的特殊性,並分析契約所反映出的黑水城地區社會經濟真實而複雜的狀況,表現出西夏契約文書的多樣性和靈活性,展現了此契約的特殊文獻價值(《西夏學》2020 年 2 期)。田曉霈從黑水城出土的以牲畜爲質物的典畜貸糧契入手,又借助《天盛律令》與唐代敦煌契進行對比,總結出西夏民間典當借貸的程式規範,提出其具有官府參與度加強的特點,補充了對於西夏的典借制度的認識(《敦煌研究》2020 年 2 期)。張九玲對俄藏西夏文《大寶積經》卷九八進行了録文、翻譯和校注,側重對西夏原件所缺文字進行擬補,同時簡要總結了本卷中一些值得注意的西夏詞彙和句子,並補充説明了經文中一例此前未見的通假現象(《寧夏師範學院學報》2020 年 9 期)。

回鶻文方面。阿依達爾·米爾卡馬力《中國國家圖書館藏一葉回鶻文〈增壹阿含經〉研究》(《敦煌研究》2020 年 6 期)研究了現藏中國國家圖書館編號爲 GT15－61 的一葉回鶻文《增壹阿含經》,認爲其屬於《增壹阿含經》第 41 卷,與其他回鶻文阿含類文獻一樣,GT15－61 節選翻譯,回鶻文中夾寫大量漢字,正字法具有元代特徵。阿依達爾·米爾卡馬力、薩仁高娃《國家圖書館藏三件回鶻文〈華嚴經〉殘葉研究》(《河西學院學報》2020 年 6 期)從語文學角度對中國國家圖書館藏三件回鶻文文獻進行研究,發現其中兩件屬於《華嚴經》,應是來自敦煌,另一件則是《大方廣佛華嚴經海印道場十重行願常徧禮懺義》,屬該文獻的首次發現刊佈。同時,阿依達爾·米爾卡馬力又從語文學角度對國家圖書館藏三件回鶻文《阿含經》殘葉進行了研究,認爲它們皆來自敦煌(《西域研究》2020 年 4 期)。

少數民族歷史與民族關係方面。史金波《絲綢之路出土的少數民族文字文獻與東西方文化交流》(《敦煌研究》2020 年 5 期)對絲綢之路上出土的多種民族文字文獻進行整理説明,並列舉出絲綢之路文化發展交流的部分代表人物,總結出絲綢之路沿綫民族文化的特點,展現了絲綢之路是各民族共同開闢的貿易交往和文化交流通道,以及絲綢之路上多民族、多語言、多文種、多宗教的現象,促進了東西方文化大交流。楊富學《北國石刻與華夷史蹟》(光明日報出版社)以我國北方地區發現的各種石刻爲研究對象,爲研究唐代歷史文化與北方民族,如回鶻、僕固、葛邏禄、薛延陀、党項等民族歷史提供了重要資料,其中有的墓誌則對探討唐代西域、敦煌歷史及中西關係具有重要意義。何志文從古藏文訴訟文書著手,對訴狀中提到的身份、契約、債務的三個争論點進行分析,以唐律與吐蕃律的認知與契合爲角度,探討漢人與吐蕃人存在的文化差異和民族融合狀況,從而考察陷蕃唐人的生活實態,並由此窺探吐蕃統治時期沙州地區的民族關係(《西北民族大學學報》2020 年6 期)。

十、古　　籍

本年度古籍的整理與研究涵蓋《孝經注》《論語疏》《爾雅注》《文選》等典籍。

呂冠南《敦煌〈孝經注〉殘卷的文獻價值》(《西南交通大學學報》2020 年4 期)通過比較研究,發現敦煌《孝經注》殘卷在還原鄭注的錯簡、辨析誤輯的鄭注和驗證前賢對注文的校勘這三個方面均有重要的文獻價值,指出敦煌藏經洞出土的唐寫本鄭氏《孝經注》彌補了《孝經》鄭氏注和古文《孝經》孔氏傳兩種主要注本亡佚的遺憾,是重新認識鄭注本的重要文獻,也是對於前代研究的檢驗。同時作者提出對於鄭氏《孝經注》的研究仍需兼顧傳世文獻與出土材料,使傳世文獻能反哺敦煌本《孝經注》,爲其進一步完善提供文獻材料。丁紅旗《再論伯 3573 號〈論語疏〉殘卷的性質》(《經學文獻研究集刊》2020 年1 期)介紹了寫本的特色、抄寫時間以及出現的時代背景,並對其在皇侃《論語義疏》的基礎上,進行了增添、删減等較大的改編進行説明,認爲這種改編活動是在明經科考試經義推動下產生的。許建平、王鶴《敦煌〈爾雅注〉寫本相關問題研究》(《敦煌學輯刊》2020 年 3 期)對一百年來敦煌《爾雅》寫本的研究狀況作了一個學術史梳理,認爲其是在唐天寶元年到貞元元年《爾雅》成爲明經、進士考試必考科目時,被舉子重新揀起來以供閱讀應試的抄於六朝時期的一件寫本,並對寫卷旁的注音進行了研究,認爲其音與《經典釋文·爾雅音義》《爾雅音釋》《爾雅音圖》的相同注音有共同來源,並對其中三條特殊注音作了詳細考辨,同時校録了前人考證未精的異文,以便更進一步證明此寫卷的重要校勘價值。王涵《敦煌書鈔寫本 P.3890 文本形態考論》(《敦煌研究》2020 年 1 期)將敦煌寫本 P.3890 歸納爲箋注性質的書鈔,梳理了文本的研究概況、結構與内容,認爲 P.3890 的文本形態當追溯到先秦西漢之際的《爾雅》前三篇,贊同將書鈔寫本也納入類書研究視野的觀點,認爲書鈔之學本身或是類書的前身和原始狀態,或是類書的異名,通過書鈔寫本的形式、結構和内容,亦能夠考察古人的學術特徵和文化觀念。劉明《敦煌〈文選〉寫本物質性研究謭議——以敘録範式學術史梳理和物質性要素積纍爲視角》(《國學學刊》2020 年 3 期)認爲《文選》寫本敘録的撰寫存在實物屬性和文獻屬性兩個層面,其通過清末以來諸學人《文選》寫本敘録範式中的實物形態描述,總結出實物屬性層面的物質性要素的内涵,認爲此類物質性要素,是歷代學人不斷深化認識《文選》寫本實物形態過程的體現;其對於《文選》寫本敘録範式中物質性要素的爬梳,是古典文獻學中敘録範式的物質性取徑的印證,也爲新的百年《文選》學研究提供了方法論啓示。高天霞《敦煌寫本〈籯金〉系類書整理與研究》(中國社會科學出版社),以録文和校記相結合的形式,對敦煌寫本《籯金》系類書進行了點校,考證了《籯金》系類書寫本的改編者與傳抄改編經過,揭示了《籯金》系類書寫本在文獻學、漢語言文字學以及訓蒙教育等方面的價值。

十一、科　　技

敦煌科技研究的成果主要集中在敦煌醫學和天文曆法方面。

李金田主編《敦煌醫學研究大成》(中國中醫藥出版社)系列叢書,運用敦煌藏經洞出土的文獻資料以及敦煌石窟壁畫圖像資料對本草、養生、針灸等諸多方面的内容進行了研究,全面總結了一百多年來敦煌醫學文獻研究的成果,挖掘、拓寬了研究空間與領域,具有非常重要的學術價值與實用價值。王杏林著《敦煌針灸文獻研究》(天津古籍出版社)從浩瀚的文獻資料中爬梳萃取,又汲取了現代敦煌學研究的豐富成果,輯録出敦煌藏經洞的漢文針灸文獻,並注重對文獻的發掘、考釋和比對,資料詳實准確,内容豐富充實,對於研究敦煌針灸發展具有重要意義。

于業禮《敦煌〈新修本草〉殘卷概説》(《南京中醫藥大學學報》2020 年 1期)收集了敦煌《新修本草》的 6 個殘卷,對殘卷的收藏情況以及内容進行了詳細梳理,取得了較多的研究成果。李廷保、楊鵬斐《敦煌〈輔行訣臟腑用藥法要〉醫方中辨治脾胃病藥對探析》(《中醫學報》2020 年 10 期)對《輔行訣臟腑用藥法要》中治療脾胃病常用對藥包括緩急滋陰藥對、理氣止嘔藥對等進行探析,認爲這些藥對既是辨治脾胃病藥對,也是治療各種脾胃病的通用藥對,具有組方結構精煉、配伍簡單有效的特點,傳承了唐代以前辨治脾胃疾病的臨床經驗,也同時爲辨治脾胃疾病提供重要的醫學價值。吳新鳳、李文達等在其文章《敦煌遺書脈象描述特點分析》(《中醫雜誌》2020 年 24 期)對於敦煌遺書中涉及脈象描述的《平脈略例》《玄感脈經》《亡名氏脈經第二種》三篇卷子進行分析,探明了其抄寫年代,認爲其具有脈象比喻生動、脈位描述到位、脈象表達準確的描述特點,使不同脈象更容易被理解與區分;同時在脈位、脈率、脈勢、脈感等方面表達更加完善,可爲現代臨床脈診提供參考。周艷、魏玉婷等《敦煌針灸醫學文獻中刺血療法的發展與應用》(《中國中醫基礎醫學雜誌》2020 年 11 期)歸納整理了敦煌醫學文獻中刺血療法的分類與應用,梳理總結該療法的證治與特點,同時發現關於放血工具,漢醫以針具爲主,藏醫以刀具爲主,放血部位漢醫通過對疾病症狀的分析,辨其屬於何臟何經進而指導選穴。文章深入探討了敦煌刺血古方的現代研究及應用,爲進一步研究刺血療法提供參考,提出在文獻研究基礎上,開展敦煌刺血原方多中心、大樣本的隨機對照研究是今後的趨勢。王明強認爲敦煌出土的醫籍文獻雖然只是所有敦煌出土文獻中的一小部分,但亦是獨特區域性歷史文化的産物,必須將其放在整個歷史文化場域中予以整理與研究,而這種敦煌多元醫學文化的融通得益於獨特歷史場域下形成的開放、多元的文化氛圍,呈現出宗教性和世俗性的特質,當前敦煌醫籍文獻研究的必然趨勢應從注重文本整理轉向對文本的學術性、思想性、文化性和社會性進行解讀(《西部中醫藥》2020 年 12 期)。

天文曆法方面,馬洪連、張俊民《敦煌祁家灣新出魏晉式盤研究》(《敦煌研究》2020 年 2 期)以祁家灣出土式盤爲契機,就文獻記載、傳世品和出土所能見到的式盤或式圖進行簡單梳理,總結出各地出土的式盤有文字、構圖的差異,而天盤的北斗七星圖、十二月將(神)和地盤的八干、十二支、二十八宿、四斗是其核心,對學界關於占測日時吉凶器具方面的研究,補充了占卜器具的使用方式以及古代天文知識。

十二、書評與學術動態

書評方面。榮新江《三升齋隨筆》(鳳凰出版社)彙集了作者近年來發表的書評、講演,内容涉及中外關係史、西域史、敦煌學、吐魯番學、中古史等諸方面,既持論嚴謹,又高屋建瓴,既有宏闊廣大的學術視野,又不乏精闢中肯的學術論斷,展現了作者嚴謹的治學思想和開拓創新的學術追求。馮培紅《劉進寶〈敦煌文書與中古社會經濟〉》(《敦煌吐魯番研究》2020 年 7 月)詳細介紹了《敦煌文書與中古社會經濟》一書的内容,對該書進行了細緻中肯的評價,認爲此書既展現了作者從隋唐史到敦煌學的研究歷程,又是利用敦煌文書研究中國社會經濟史的力作。蓋佳擇《古代維吾爾人與裕固族的佛教書寫——楊富學〈回鶻文佛教文獻研究〉讀後》(《河西學院學報》2020 年 4 期)評價此書爲回鶻學研究之典範,是一部全面研究回鶻佛教文獻的力作,材料詳實,論證周密,書中彙集了各種載體的回鶻文佛教文獻,考析了回鶻文化對多元宗教文化的接納吸收及其對北方少數民族的巨大影響,對今天研究維吾爾族、蒙古族及裕固族之關聯亦有幫助。陳正正、賀柳對高天霞新著《敦煌寫本〈俗務要名林〉語言文字研究》的特點進行分析總結,認爲其研究全面、前後關聯性强、考證嚴密且材料豐富,評價此書是研究敦煌文獻的重要成果,也是敦煌字書整理與研究的重要著作(《寧夏師範學院學報》2020 年第 12 期)。何和平對《敦煌經部文獻合集・四・群經類爾雅之屬》進行了專門評議,肯定了張氏敦煌《爾雅》的白文及其校注,認爲其方法得當、成果顯著,雖存在不足也無愧於此書惠及學林的美譽(《漢字文化》2020 年第 15 期)。劉進寶《敦煌學通論》(增訂本)出版,引起諸多學者的注意,多位學者對此書發表評論,如:趙貞《與時俱進,精益求精——劉進寶〈敦煌學通論〉(增訂本)評介》(《敦煌研究》2020 年 3 期),趙大旺《幾經打磨的敦煌學精品著作——讀劉進寶〈敦煌學通論(增訂本)〉》(《敦煌學輯刊》2020 年 4 期),潘晟《讀〈敦煌學通論〉(增訂本)》(《中國史研究動態》2020 年 1 期)。

　　研究綜述方面。郝春文主編《2020 年敦煌學國際聯絡委員會通訊》(上海古籍出版社)刊佈多篇敦煌學研究綜述,例如:劉婷《敦煌類書研究綜述》、焦響樂《〈睒子本生故事畫〉研究綜述》等。楊婕通過對 20 世紀上半葉西千佛洞考察史進行整理回顧,分析關於此地史地交通、石窟結構、風格斷代和内容題記等的原始考察記録,在此基礎上,嘗試進一步復原西千佛洞的石窟原貌,也對西千佛洞的未來研究提出新的綫索和思路(《敦煌研究》2020 年第 4 期)。張涌泉《七十年來變文整理研究的回顧與展望》(《文化遺產》2020 年 3 期)回顧了敦煌變文一百多年的研究歷程,指出新中國成立七十年的變文研究側重於定名、分類、綜合研究和整理刊佈,提出了發展過程中存在全集不全、校注頗有疏失等問題,闡發了未來將推出一部集大成而且圖文對照的敦煌變文全集的設想。伏俊璉《敦煌文學寫本研究的回顧與展望》(《西華師範大學學報》2020 年 1 期)以相關的論著爲切入點,對前人的研究成果進行了整理與分析,從而闡發自身對於文學寫本研究的看法,提出敦煌寫本群研究是當代敦煌寫本學的新切入點。李小榮《敦煌佛教邈真讚研究的回顧與展望》(《石河子大學學報》2020 年 5 期)總結了前人的研究成果,重點關注敦煌佛教邈真讚研究的新動態以及存在的某些問題,並對未來的研究提出了幾點初步設想。羅將《二十年來敦煌契約文書研究述評與展望》(《河西學院學報》2020 年 4 期)闡述了近二十年來敦煌契約文書的研究成果,認爲現有研究中依舊存在著些許不足,並提出了改進的方向。鄭阿財《學科交融:以敦煌文獻爲基礎的"中國俗文學研究"》(《四川大學學報》2020 年 3 期)對俗文學與俗文化的關係與發展以及敦煌俗文學研究進行介紹,認爲俗文學研究中應關注口語白話的研究,並增進對其學術史脈絡的瞭解。鄭阿財《敦煌僧傳文學的發展與演變》(《敦煌吐魯番研究》19 卷)從宏觀角度分析了中國僧傳文學的發展演變及其特性,認爲僧傳文學是中國佛教弘傳文學重要的組成部分,也是唐代佛教中國化、世俗化的自然産物。苗懷明《日本敦煌説唱文學研究的歷程與特色探析》(《天中學刊》2020 年 5 期)介紹並分析了研究敦煌説唱文學的日本學者及成果。楊瑾《新全球史視角下的"長安與敦煌"研究現狀與展望》(《石河子大學學報》2020 年 5 期)認爲長安與敦煌研究應採用全球視野,進行聯動,並重視早期考察史及研究的學術史,關注物質層面的匠作及工程問題。

學術會議方面。2020 年 10 月 10 日至 12 日,"第二屆敦煌與絲路文明專題論壇暨敦煌學視閾下的東北西北對話"在敦煌研究院舉行。會議由中國宗教學會、中國中外關係史學會、中國社會科學院世界宗教研究所、敦煌研究院等單位聯合主辦。會議圍繞"敦煌學視閾下的東北西北對話"展開了深入與細緻的討論,促進了敦煌學的發展,加强對敦煌與周邊關係、絲路宗教等問題的研究與認識。2020 年又恰逢敦煌藏經洞文物出土 120 周年,爲紀念這一重要文化遺產的發現,同時總結百餘年來敦煌學的研究成果,2020 年 11 月 7 日至 8 日,由敦煌研究院與中國敦煌吐魯番學會共同主辦的"2020 敦煌論壇:紀念藏經洞發現 120 周年學術研討會暨中國敦煌吐魯番學會會員代表大會"在敦煌莫高窟召開。此次會議邀請了 150 多位資深敦煌學專家學者,聚焦於敦煌藏經洞出土文物研究、流失海外敦煌藏經洞文物數字化回歸模式研究、絲綢之路多宗教多民族文明交融與文化互鑒研究、絲綢之路藝術與考古研究等議題,並展開專題發言和研討。2020 年 11 月 9 日至 11 日,由敦煌研究院主辦、《敦煌研究》編輯部承辦的"2020 敦煌研究發展研討會"在敦煌莫高窟召開,郝春文、榮新江、趙聲良等敦煌學界專家、甘肅省委宣傳部領導以及編輯部工作人員近 40 人參加會議,會議的核心內容是《敦煌研究》的辦刊建議、敦煌學學科發展方向和研究內容、期刊審稿與編輯校對等問題,並由孔令梅撰寫《"2020 敦煌研究發展研討會"綜述》(《敦煌研究》2020 年 6 期)。

紀念文方面。榮新江《從學與追念:榮新江師友雜記》(中華書局)追念了饒宗頤、季羨林、鄧廣銘、宿白等老一輩中外學者,講述了這些學者豐富的人生經歷和自己與其交往中的一些軼事,表達了作者的追思。書中介紹了老一輩學人在西域敦煌研究方面的學術成就,有助於讀者瞭解敦煌學、吐魯番學等方面的成果;同時介紹了老一輩學者的一些治學方法以及作者自身的一些治學經驗,對於後學不無裨益。《敦煌吐魯番研究》第十九卷也刊載了榮新江紀念耿昇先生的文章,總結了耿昇先生在敦煌論著翻譯、藏學及突厥學各方面的獨特貢獻,爲 20 世紀中國敦煌學的發展提供了强大的動力。葉文鈴《此生只爲守敦煌:常書鴻傳》(浙江人民出版社)運用了大量的一手資料,描繪常書鴻在動蕩的時局中,守護敦煌的坎坷一生。柴劍虹在其文章《慶龍飛鴻——嚴慶龍先生關涉編撰〈敦煌學大辭典〉事宜的來函選錄》(《敦煌學輯刊》2020 年 3 期）選取在編撰《敦煌學大辭典》過程中與嚴先生的 13 封信件，從中可以看到嚴先生工作的嚴謹認真，表達了對嚴先生逝世的悼念。汪毅《張大千：大寫的敦煌人》（《文史雜誌》2020 年 5 期）從張大千的人生經歷以宏觀的角度認識張大千對於敦煌藝術的貢獻，肯定了張大千保護與傳承敦煌莫高窟的堅守，爲其正名。方鴻琴《李雲鶴："面壁"敦煌六十載，壁畫修復一生情》（《文化月刊》2020 年 10 期）是對兢兢業業守護文物的"敦煌人"的致敬。還有紀念傅斯年、葉恭綽、張錫厚等先生的文章，分別見於呂德廷《新見傅斯年〈巴黎燉煌寫本集讀記〉考述》（《敦煌研究》2020 年 4 期），趙大旺《葉恭綽與中國近代敦煌學》（《中華文史論叢》2020 年 2 期），尹秋月《張錫厚敦煌研究述評》（《斯佳木大學社會科學學報》2020 年 1 期）。前人堅守在自己的領域中，不斷創新，推動著敦煌學全方位、多層次的發展。他們爲學術貢獻一生留下的諸多成就是不能被遺忘的，我們要梳理總結，從中汲取智慧，更好地推動敦煌學的發展。

2020 年吐魯番學研究綜述

常詩曼　杜修慶　薛曉瀾(上海師範大學)

本年度中國大陸地區的吐魯番學研究成果頗爲豐碩。據不完全統計,吐魯番學研究專著及相關圖文集出版(含再版與譯著)近 40 部,公開發表的相關研究論文達 400 餘篇。以下將 2020 年中國大陸地區的吐魯番學相關研究成果分爲概説、歷史地理、社會文化、宗教、語言文字、文學、藝術、考古與文物保護、少數民族歷史語言、古籍、科技、書評與學術動態等十二類專題擇要介紹如下。

一、概　　説

本年度總括性研究成果涉及絲綢之路的概念及其研究意義,吐魯番學術史研究,新疆地區石窟題記和墓誌資料整理與刊佈等。

孟憲實《張騫的"不得要領"與絲綢之路的開通》(《西域研究》4 期)從張騫出使西域這一歷史事實著手,指出張騫之行雖然"不得要領",但其出使西域仍是中國與西域正式接觸往來的開端,具有"鑿空"的偉大意義。徐朗《"絲綢之路"概念的提出與拓展》(《西域研究》1 期)和劉再聰《"絲綢之路"得名依據及"絲綢之路學"體系構建》(《西北師大學報》6 期)同樣對"絲綢之路"這一名稱及交通路綫的歷史淵源進行討論,指出這條路綫在中西交通史上具有重要意義,從而成爲全球化背景下人類文明相互交融的代名詞。不同的是,後者還對"絲綢之路"的學科建立歷程進行梳理,指出仍需展開外交方面的研究。祁曉慶、楊富學《西北地區絲綢之路與中外關係研究四十年》(《石河子大學學報》6 期)對改革開放四十多年來西北絲綢之路與中外關係的研究進行列舉介紹,包括中古中原與西域政治經濟交流、新疆石窟藝術與中外關係、敦煌石窟藝術與中外關係以及入華粟特人在絲綢之路上的活動等,並强調西北地區在絲綢之路研究中不可代替的重要地位。張成渝、張乃翥《龍門地區出土文物與絲綢之路上的人文交流》(《石河子大學學報》6 期)以洛陽龍門地區出土的粟特人佛塔遺存、當地優婆夷在家念誦于闐高僧實叉難陀所譯《楞伽經》的墓碑敍事,以及龍門石窟造像遺跡中出現的"希臘鼻"美術樣式、"濕衣"半裸式的佛像特徵等爲研究對象,揭示出絲綢之路上不同民族之間的文化交流。

[德]卡恩德雷爾著,陳婷婷譯《絲路探險:1902—1914 年德國考察隊吐

魯番行記》(上海古籍出版社)大致集結了 1902 年格倫威德爾率領的考察隊和 1902—1904 年德國吐魯番探險隊對吐峪溝石窟寺的考察内容以及作者的相關研究,書中大量使用當時的照片作爲插圖,其内容對研究新疆佛教、摩尼教、回鶻文化、石窟考古以及近代中西關係的學者們都大有裨益。[俄]謝爾蓋·奧登堡著,楊軍濤譯,趙莉校《1898 年 Д.А.克列緬茨的吐魯番探險考察》(《吐魯番研究》1 期)以 Д.А.克列緬茨的筆記本、會議記録等爲文獻資料,對吐魯番探險的歷史背景、考察具體經歷、考察所得進行列舉整理。

趙莉、榮新江《龜兹石窟題記》(中西書局)對古代龜兹國範圍内現藏所有婆羅謎文字資料,包含木簡、陶片、經葉殘片、壁畫題記等,尤其是後者,予以認讀並統計,進行詳細釋讀及研究;出版了具有國際學術水平的針對現存吐火羅語文獻及相關研究的學術專著,内容包含文物圖版、出土信息、字樣摹寫、内容轉寫、翻譯、注釋、綜合研究、詞彙索引及文物編號索引,並附有吐火羅語文獻相關的研究論文。張銘心《吐魯番出土墓誌匯考》(廣西師範大學出版社)分"高昌郡·高昌國時期墓磚""唐西州時期墓磚""附屬資料"三部分,每部分按照墓誌紀年先後爲序排列。墓誌先列録文,後附考釋與參考文獻的出處,並著録人名、墓誌紀年、磚質、書寫形式、尺寸、出土年代、出土地及收藏地,另附有銘文内容的人名、地名、官名官號、墓葬編號等項索引。

二、歷 史 地 理

歷史地理的研究成果包含政治、經濟、軍事、法律和史地等方面。

綜合性研究成果涵蓋歷史地理研究範圍内的各個方面,其範圍較廣。孟凡人《北庭和高昌研究》(商務印書館)主要研究了北庭和高昌地區從漢至回鶻時期的歷史、史地和考古,亦對一些相關文字和實物史料進行了討論,從考古角度對該段歷史做出了補足,其將政治文化關聯密切的北庭與高昌共舉,兩部分研究的内涵也遥相呼應。李宗俊《敦煌吐魯番文書與唐代西北史研究》(中國社會科學出版社)由敦煌吐魯番文書入手,涉及西北邊疆史地、民族關係、歸義軍史等領域,使用了一些前人較少注意到的材料。謝振華《樓蘭簡紙文書西晉紀年中斷始末》(《中國邊疆史地研究》1 期)重新論證了樓蘭文書紀年中斷的主要原因,對學界原有的樹機能叛亂使紀年中斷的觀點提出了不同意見,認爲在當時嚴重的糧食危機下西域長史府節省糧食自救的需求和諸胡的涌入及北綫戰事的頻發纔是西域長史府放棄樓蘭的真正原因。李大龍《如何詮釋邊疆——從僮僕都尉和西域都護説起》(《西南民族大學學報》7 期)認爲詮釋西域納入中國版圖歷史之標誌是僮僕都尉還是西域都護的選擇,體現著話語體系的區別,而"自古以來"的説法更符合多民族國家中國是由中華大地上諸多政權和族群共同締造的這一主流看法。

政治方面的成果主要集中於中央政權對西域的經營、地方行政制度和地方政權與民族關係等方面。

中央政權對西域的經營，尤其漢王朝對西域的經營，一直以來都是學界重點關注的方向。陳雙印《漢匈利用質子在西域的爭奪及其影響》（《敦煌學輯刊》2 期）整理了漢匈博弈過程中對質子的利用策略，並闡述了其特殊作用和納質活動在穩固西北邊疆問題上多層次的影響。李曉斌、王興宇《東漢王朝對西北邊疆治理策略研究》（《思想戰綫》5 期）關注漢王朝統治者在"守中治邊"和"守中棄邊"邊疆治理戰略思想上的交替變化，認爲東漢王朝不時利用西北邊疆民族的政治和軍事力量抵禦匈奴的滲透與攻擊，是"華夷一體""守在四夷"邊疆治理思想在西北邊疆的實踐。劉宇辰《西漢前期漢匈間和親政治的衰落——對文帝十四年前後漢匈關係階段性變化的分析》（《西域研究》4 期）突破了以往將高祖至武帝間漢匈約六十年的相對和平作爲一體進行研究的慣例，認爲以文帝十四年爲界，西漢前期的漢匈關係可以分爲兩個不同的階段，並分析了兩階段間的形勢區別及其內在原因，強調西漢前期和親建立是基於匈奴的軍事優勢而非漢王朝的生産力優勢，其本身不能起到緩和漢匈矛盾的作用。

關注到唐王朝中央政府經略西域問題的文章亦爲數不少。榮新江《唐貞觀初年張弼出使西域與絲路交通》（《北京大學學報》1 期）介紹和使用了新發現的《張弼墓誌》，打破了既往研究過程中玄奘等代表性史料對唐王朝與西域關係問題的壟斷，通過深度剖析新材料，補充了絲綢之路史上唐太宗曾經派遣張弼出使西域三十國的重要史實，並梳理了該事件的作用和歷史意義。孟獻志《李淵稱臣突厥的"名實"之辨——基於歷史語境的考察》（《烟臺大學學報》3 期）從當事人李淵的認識出發，利用其旗幟選擇等一系列策略分析其政策取向，認爲在其勢力擴張並取得中國北方領導權的過程中，中原割據政權向異族妥協等行爲根源於遊牧部落的政權組織形式，但這在隋末到唐朝時只是外交形式，並非意味著稱臣之實。馮培紅、殷盼盼《唐代"安門物事變"史實考辨》（《敦煌研究》6 期）研究了河西武威在安史之亂爆發後發生的以九姓商胡安門物爲首的粟特人反唐鬥爭的兩個階段，闡述分處在東北與西北的兩位粟特安氏豎起反唐旗幟，東西呼應，對唐帝國的統治造成了極大威脅的史實。田海峰《唐代于闐經略研究》（《唐史論叢》1 期）探討了長期以來于闐作爲中原解決北方遊牧邊患並經略西域的戰略要地和東西方文化交流的重要樞紐的地位，及其所經歷的數次唐廷政策轉換的過程和影響。王慶昱《魚行贇墓誌與唐初經營西域史事考》（《石河子大學學報》3 期）以見於西安坊間的魚行贇墓誌爲基礎材料,考證了魚行贇的家族仕宦,並對其墓誌所涉唐初經營于闐情況進行了考述。黃子珍《唐蕃和親、戰爭與會盟——以"唐代涉蕃詩"爲中心》(《絲綢之路》2 期)從唐代涉蕃詩對唐王朝和吐蕃交往過程中的戰爭、會盟、和親等的描述中,揭示了雙方交往二百年間的歷史。

漢唐以外還有王啓明《清代西北邊疆廳的歷史嬗變——以吐魯番爲例》(《中國邊疆史地研究》2 期)考辨了清代吐魯番直隸廳的設置時間,認爲傳統文獻及檔案記載中的"吐魯番廳"爲一種特殊形態的邊疆直隸廳,論述了光緒三年清軍收復吐魯番後,善後局與吐魯番廳兩個並行權力機構的情況及其關係。趙毅《清政府對新疆土爾扈特部高層的安置及相關問題》(《新疆大學學報》4 期)關注到清政府在土爾扈特部東歸後對其進行安置所使用的手法,最初清廷試圖直接將該部納入扎薩克管理體制之內的做法引起了其部落高層的不滿,隨後清政府趁其部落内部汗王爭奪之機對他們進行了分散安置,並借勢消除了可能出現的割據隱患,加强了對部落的管理。

地方行政制度亦是政治方面的熱門研究方向。馬俊傑《西涼秀才策試制度研究——以〈建初四年(408)秀才對策文〉爲中心》(《西域研究》2 期)關注到了學界以往在使用《建初四年秀才對策文》時注意較少的秀才策試制度的程式、公文體式等方面的信息,從該文獻的書寫形態出發,對漢晉以來的察舉制度進行了較爲直觀具體的考察。趙曉芳、郭振《唐前期西州鄰保組織與基層社會研究——以吐魯番出土文書與磚誌爲中心》(《敦煌學輯刊》2 期)討論了在 6 世紀初期"内徙斷念"後吐魯番地域認同增强的背景下,以地緣關係爲基礎的西州鄰保組織在維護西州地區有效治理的諸多方面起到的各種積極作用。梁振濤《百姓與部落:唐代北庭地區的人群管理》(《文史》4 期)介紹了唐王朝在北庭地區所實行的二元行政管理體制及其具體的確立過程,分析了在當時的歷史環境下這種體制的政治作用和歷史意義。肖龍祥《吐魯番所出〈唐景龍三至四年西州高昌縣處分田畝案卷〉復原研究(上)》(《吐魯番學研究》1 期)及《吐魯番所出〈唐景龍三至四年西州高昌縣處分田畝案卷〉復原研究(下)》(《吐魯番學研究》2 期)參據吐魯番出土文書對唐代前期州縣案卷的特點及相關文書運作流程進行了探討,並討論了官文書的復原原則,分析了《田畝案卷》諸件文書在公文運作中的關係和高昌縣處理田畝事務的公文運作流程。潘威《清前中期伊犁錫伯營水利營建與旗屯社會》(《西北民族論叢》1 期)選取伊犁八旗軍獨特的"旗屯"體制中最爲典型的錫伯營作爲研究對象,分析了其營建水利的多方面原因及其必然性,並介紹了其於水利建設方面的標志性成就:嘉慶十四年竣工的察布查爾大渠及水利建設工作爲錫伯人帶來的水利共同體形成、領地擴大、農業發展、政治地位提高等一系列影響。同作者《清代民國時期伊犁錫伯旗屯水利社會的形成與瓦解》(《西域研究》3 期)則探討了伊犁錫伯旗屯適應於當地環境的水利社會秩序形成與瓦解的過程和原因。

地方政權與民族關係問題上,研究主要圍繞歸義軍政權展開。陸離《論薩毗地區的吐蕃勢力及其與歸義軍政權的關係》(《西藏大學學報》1 期)對從"安史之亂"發生前一直延續到 10 世紀後期的吐蕃對薩毗及其周邊地區佔領過程中的數次進退及其與歸義軍政權的關係問題進行了貫通性的研究。羅新《西魏暉華公主墓誌所見的吐谷渾與柔然名號》(《中山大學學報》5 期)根據新出之西魏吐谷渾暉華公主墓誌得到公主及其在吐谷渾政權中有重要地位的數名親屬的名號和經歷等一系列信息,分析了墓誌所記吐谷渾與柔然兩大政治體的名號多重的重要價值。殷盼盼《從河西張掖到西域高昌:麴氏高昌國和氏研究》(《西域研究》1 期)整理出高昌和氏在張掖的成長歷程及其由張掖遷往高昌的大致綫索,判斷遷入高昌的和氏同時與河隴遷入家族及敦煌氾氏有著婚姻關係,且其與高昌王室關係親密,但其與義和政變集團的聯繫主要建立在婚姻關係上,並未深度參與政變本身。

經濟方面的成果,大部分沿襲學界傳統,以敦煌吐魯番出土文獻爲基礎材料,探討地方的經濟問題。其中關於契約文書的研究一直較爲集中。王雙懷、屈蓉蓉《土地租佃契約所見晉唐時期吐魯番農時初探》(《陝西師範大學學報》3 期)由吐魯番出土租佃契約中立契日期和交租日期兩項與農時密切相關的要素入手,考證了此二者約定俗成的時間和形成這種習俗的原因,認爲時人日常生活中的賦稅征收、糧食儲存和對水利設施的維修等諸多問題都受到農時規律的影響。裴成國《唐西州契約的基礎研究》(《西域研究》1 期)研究了前人關注較少的契約的書寫、形制、畫指、隨葬等問題,認爲書寫、形制上的變化和畫指的流行既是契約自我完善、自我發展的結果,也汲取了官私文書形制上的合理因素,從一個側面展示了律令制國家與基層社會之間的邊界。韓樹偉《西北出土契約文書所見習慣法比較研究》(蘭州大學博士論文)使用敦煌、吐魯番、黑水城、尼雅等地出土的漢文契約、佉盧文契約、吐蕃文契約、回鶻文契約、西夏文契約爲材料,從法律社會史和經濟學的角度,比較了多種不同文字所書寫的契約之間的異同,並與敦煌、吐魯番、黑水城等地出土的漢文契約作一對比,探尋其習慣法的異同。丁君濤《絲綢之路吐蕃文契約與漢文契比較研究》(《雲南民族大學學報》1 期)對吐蕃文契約要求的内容格式及預防性條款等與同類漢文契約對比研究,發現前者是對漢地傳統契約制度的承襲和沿用,並認爲這是吐蕃政權對漢地契約文化認同吸收的結果,敦煌在被吐蕃佔領的六十餘年間,民間契約由漢文契約改變爲吐蕃文寫契約,體現了吐蕃進入漢地後逐步接受中原制度文化的全過程。同作者《從察合台文契約看清末南疆土地買賣》(《黑河學院學報》2 期)認爲清末時期南疆地區的土地買賣契約在形式上不僅吸收了漢文契約的行文格式,也保留了自身的民族習慣,同時這些地區的土地買賣活動明顯受到了伊斯蘭文化的影響。

唐代商品貨幣經濟方面,楊富學、安語梵《唐與回鶻絹馬互市實質解詁》(《石河子大學學報》4 期)關注到絹馬互市背後所掩蓋的實質問題,認爲互市的本質應不在於貿易自身,而在於唐朝希望通過經濟手段對回鶻施行羈縻以對抗吐蕃。齊小艷《粟特仿中國"開元通寶"錢幣研究》(《歐亞學刊》新 10 輯)著眼於粟特諸國在承繼希臘式鑄幣傳統的基礎上仿造圓形方孔錢的問題,論述了這種仿造行爲的深層原因並考證了錢幣正背面特徵及其所蘊含的信息,爲唐朝時期中國與中亞關係的研究提供了新的例證。

使用考古資料爲基礎探討特定經濟問題的成果亦不鮮見。荊磊、王龍、蔣洪恩《吐魯番晉唐時期的農業活動研究——以吐峪溝石窟作物遺存爲例》(《農業考古》1 期)根據新疆吐魯番晉唐時期的吐峪溝石窟出土的多種糧食作物遺存,結合出土文獻,推斷當地先民以小麥、粟、黍等 3 種穀物作爲主要的糧食作物,並栽培青稞、黑大豆、薏苡等,多種糧食作物並存反映了當時的農業水平已達到較高的程度。趙美瑩、王龍、党志豪、蔣洪恩《唐西州時期吐魯番的桃樹栽培——從出土文書及實物證據談起》(《中國科學院大學學報》3 期)從歷史記載和實物證據兩方面入手,結合吐魯番出土文書及吐魯番木爾吐克薩依戍堡出土的桃核遺存,通過文獻梳理、年代測定和植物學鑒定,認爲至遲在唐西州時期,吐魯番地區已經存在桃樹栽培活動。

軍事方面的研究成果主要集中於漢唐時期的軍事戰爭、策略和軍隊管理制度等問題。王三三《帕提亞東征與絲路中段的曲折拓展》(《西域研究》4 期)研究了帕提亞東征的過程和具體影響,認爲帕提亞帝國秩序的確立客觀上保障了絲綢之路中段有效貿易格局的形成,爲張騫時代絲綢之路的最終連通奠定了基礎。田海峰《貞觀二十一年唐伐龜茲一役探因——兼論高宗朝初的西域經略對策》(《青海師範大學學報》4 期)結合高宗朝西域邊防的整體部署變化探討了貞觀二十一年唐伐龜茲一役的多方面動因,認爲此一戰雖非時宜,卻是基於邊防實際和戰略部署及部分個人因素的抉擇。白立超《唐太宗攻滅東突厥》(《文史天地》4 期)和龍語者《唐騎兵閃擊東突厥》(《文史天地》10 期)均針對唐初與東突厥的戰事展開研究,前者主要關照戰爭的具體過程,後者則將注意力更多地投放到戰爭中作戰方式的具體細節,認爲唐代將士在實際作戰過程中並不拘泥於兵書,而是較多地使用與實際情況相適應的作戰方式。劉子凡《從西北援軍到京西北藩鎮——新見〈唐康忠信墓誌〉研究》

(《河北師範大學學報》5 期)使用新資料《唐康忠信墓誌》判斷鳳翔節度中也有部分河隴舊卒,論述了康忠信家族幾代人從河隴一帶西北援軍逐漸轉爲鳳翔駐軍的家族史,爲認識西北援軍的分流以及新興藩鎮的建構提供了一個非常寶貴的實例。

法律方面的成果較少,大體集中於以出土文獻爲基本材料研究司法實踐等領域。張慧芬《〈唐開元年間西州交河縣帖鹽城爲令入鄉巡貌事〉文書貌閱律令用語研究》(《西域研究》1 期)就中央民族大學民族博物館藏一件吐魯番新出貌閱文書所涉及的貌閱律令用語進行了整理研究,考釋了文書所見巡貌官吏及其職掌、貌閱中的詐僞現象及其處分和民户身亡後籍帳除名的公文書程式等。趙毅《基層社會的治理與互動:基於清末吐魯番坎兒井民事糾紛的考察》(《西北民族論叢》1 期)以清軍收復吐魯番後大量涌入公堂的坎兒井民事糾紛爲基礎研究對象,通過對這種多元複雜的民事糾紛之處理方式的研究,梳理出國家法和民間習慣法相結合的地方特色,剖析了其中所蘊含的清廷在新疆所推行的"因俗而治"的治理理念。熱罕古麗·吾布力《淺談清代吐魯番的司法實踐》(《法制與社會》7 期)結合《清代新疆檔案選輯》中的案例探討了清代新疆地區司法體系在軍府體制時期及建省時期兩個階段的司法實踐,呈現了隨著行政區劃的逐步完善,清末新疆的司法體制相對建省初期更加穩定與規範的總體過程。古力阿伊木·亞克甫、許佳璿《清代南疆民間契約習慣法與社會治理秩序——以察合台文契約文書爲例》(《法制博覽》31 期)使用了包括法律文書、經濟文書、人際關係文書以及其他文書在内的清代南疆民間社會契約,認爲其契約習慣是時人自發形成的結果,且清代南疆民間契約習慣法對於當時的社會治理秩序具有一定的自我調節作用。

關於歷史地理的研究成果較爲豐富,大體集中於地域考釋、交通路綫和地理環境演變等方面。

有關古地名及區域考釋的成果豐碩。楊長玉《唐蕃接觸中的河西九曲》(《中國史研究》3 期)認爲取得河西九曲是吐蕃的重要政治目標,補正了河西九曲的地理位置,討論了神龍會盟所規定的唐蕃疆界,判定吐蕃取得河西九曲的時間爲先天二年夏,開元二年的河源議界並非只是一場失敗的會盟事件,而是從屬於與河西九曲密切相關的系列事件之一,有其深遠的政治影響。姚大力《河西走廊的幾個古地名》(《西北民族研究》3 期)對河西走廊的"張掖""甘州""祁連""焉支"等幾個非漢語地名進行了討論,追溯"閼氏""焉支"與"胭脂"這三個原本各有所指的不同詞語,是如何經過從西晉至隋唐時人的一再附會與推繹,最後被認定爲擁有共同來源的同義詞的。鄭炳林、朱建軍《漢唐時期南山亦即吐谷渾賀真城地望考》(《西北民族研究》4 期)通過考證漢魏時期的南山、吐谷渾時期的南山地望以及吐蕃贊普徙帳南山中的"南山"地望,得出南山是漢唐時期對不同山脈的稱謂,當作爲具體地名時,就是吐谷渾的賀真城。妥超群《吐蕃"瑪沖"(rMa Khrom)、"廓城"(Kog Yul)地望考辨》(《中國邊疆史地研究》1 期)從鮮有人涉及的地望方向出發,通過漢藏文獻中的建制沿革以及辨正糾誤前人的觀點,認爲"瑪沖"地望可定位今青海貴德。米婷婷、王素《隋封高昌王麴伯雅弁國公索隱——兼談梁元帝〈職貢圖〉的影響》(《西域研究》2 期)認爲隋煬帝大業八年帶伯雅首征高麗不利後回到洛陽封伯雅爲弁國公,是准備二征高麗獲勝後派伯雅鎮守其地,而煬帝所封弁國公之"弁國"即指高麗國;煬帝有此奇想,是受梁元帝《職貢圖》"高昌國使"題記稱"面貌類高麗"的啓發。朱玉麒《吐魯番丁谷山文獻疏證》(《吐魯番學研究》1 期)根據明清時期的方志和集部文獻中與丁谷山相關的記載,結合已被考證的敦煌吐魯番文獻,梳理了這些文獻的流傳情況,認爲出土文書與傳世典籍先後銜接,從公元 6 世紀到 18 世紀初葉,吐魯番盆地的"丁谷山"在歷史文獻中傳承有序,經過由漢語到回鶻語再到漢語的重譯,直至 18 世紀中葉,"丁谷"一詞爲現在的"吐峪溝"所替代。劉子凡《北庭西海縣新考》(《新疆大學學報》1 期)注意到史料中較少提及的"北庭西海縣",綜合多方史料考證,輔以其時語言習慣、軍政形勢和寶應元年前後西北邊疆縣名改易的普遍現象進行分析,認爲寶應元年出現的西海縣很可能並非如前人推測爲北庭新設於今瑪納斯河等地,而是由蒲類縣改名而來。田海峰《唐代輪臺與西海置地新考》(《文博》1 期)認爲,輪臺與西海的置地隨著唐廷經營西域的政策變化存在相應的調整,自貞觀二十二年至永徽二年、開元至寶應二年,輪臺管轄範圍大致爲今烏魯木齊峽谷與昌吉市大部分地區,寶應二年之後,唐廷析輪臺置西海,西海管轄範圍大致爲今烏魯木齊峽谷,縣治即今烏拉泊古城,而輪臺管轄範圍縮減至僅限今昌吉市一帶,縣治在今昌吉古城。王義康《唐代文獻所記怛羅斯歸屬考》(《青海民族研究》1 期)研究了唐代文獻中關於怛羅斯爲西突厥城鎮和石國城鎮的兩種記載,認爲怛羅斯原爲西突厥城鎮,唐天寶元年至十年間突騎施衰落之際,石國乘機將其版圖擴張至怛羅斯,怛羅斯遂成爲石國城鎮。同作者《佛教漢文文獻所見唐朝疆域變遷》(《中國邊疆史地研究》1 期)將唐代佛教漢文文獻中關於唐朝疆域變化的有限信息資料結合正史記載進行了詮釋,認爲唐前期北部、西部疆域大幅伸張與收縮,各方政治、軍事力量的消長貫穿始終。

反映交通路綫變遷的成果有:王蕾《漢唐時期的玉門關與東遷》(《西域研究》2 期)對"東漢遷移説"提出質疑,通過分析敦煌以西交通路綫的變遷以及西晉、五涼時期"玉門大護軍""玉門以西諸軍事"的設置,論證東漢至北魏時期的玉門關仍位於敦煌以西,並未東遷,隨著北周伊吾道的開通,玉門關東遷至今瓜州地區,隋代又在此設置關官,至唐代,新舊兩關並行保障河隴與西域地區的人員往來與物資流通。同作者《漢唐時期陽關的盛衰與絲路交通》(《西北大學學報》6 期)探討了漢唐間陽關地位的興衰轉變,梳理了陽關由漢時與玉門關同爲通往西域的門户,到隋朝陽關道與玉門道在軍事上相聯合的歷程,並認爲這種轉變對研究西北軍事路綫有重要的啓示。石雲濤《唐詩中的絲綢之路回鶻道》(《河北學刊》5 期)從中唐賈耽《入四夷之路》中記載的"中受降城入回鶻道"這條唐後期用來與回鶻進行政治經濟交流的要道入手,聯繫唐詩中關於這條路綫生動形象的描寫,爲唐後期回鶻道的利用和與回鶻的關係史研究提供了新的視角。

地理環境演變方面的成果引入了多學科的研究方法。侯甬堅《屯田區概念與西域屯墾史研究》(《西域研究》3 期)再次提出屯田區概念,歸納出歷代西域屯田區的基本内涵,提出應在屯田區域研究中注意淬煉和使用行之有效的復原方法,以在新的高度和層次上推進西域屯墾史研究。李并成《塔里木盆地克里雅河下游古綠洲沙漠化考》(《中國邊疆史地研究》4 期)對塔里木盆地克里雅河下游散落的以喀拉墩遺址群、瑪堅勒克遺址、圓沙古城遺址群、圓沙北古城、丹丹烏里克遺址群爲中心的 5 塊廢棄的沙漠化古綠洲的概況及其遺址遺物、歷史演變進行了系統研究,並對沿河植被的砍伐破壞、河道的變遷以及戰争的破壞等古綠洲廢棄沙漠化的原因做了相應的考察。張莉《近 250 年新疆呼圖壁河中下游河道演變及其影響因素分析》(《西域研究》3 期)基於 ArcGIS 平臺建立了呼圖壁河中下游地區清代聚落信息數據庫,結合歷史文獻記載、遥感影像、大比例尺地形圖、野外考察和口述訪談等多種方法,復原了近 250 年以來呼圖壁河中下游河道及其管道體系的空間變化過程。

三、社 會 文 化

社會文化的研究成果包含文化交流、物質文化、社會風貌和歷史人物等方面。

文化交流方面的成果主要聚焦於漢文化與西域各民族文化的交流融合。榮新江《中古入華胡人墓誌的書寫》(《文獻》3 期)注意到胡人由北朝末年開始採用墓誌這種中國傳統的書寫方式,其使用墓誌的過程經歷了由最初因爲不具備寫刻墓誌的技能而將之交給當地的漢人書者操作,到隨著自我民族意識的增強,部分胡人墓誌開始採用胡漢雙語來書寫或由胡人自己書寫並受到粟特語影響的複雜過程。李鴻賓《唐朝胡漢互動與交融的三條綫索——以墓誌資料爲中心》(《民族研究》1 期)選擇唐朝語境下是雲倜和賀拔亮家族自北而南的轉遷、吐谷渾王族自西向東進入朝廷轄内的變化、粟特人東遷内地的輾轉反復這三條綫索,論述了這些外來者步入漢地後其族屬文化與認同發生的轉型,展示了群居或個體活動的粟特人及後裔的族性文化認同因與特定地域社會的結合而呈現出不同面相的特點。曾金壽《龜兹文明孕育下的人文藝術》(《交響——西安音樂學院學報》4 期)通過對龜兹地區的人種、文字等一系列問題的研究,論證了龜兹地區的多元文化構成以及經過東西方文化交流後該地的人文藝術形態。張先革、李朝虹、潘志平《西遼對中華文化在西域傳播的作用》(《新疆大學學報》2 期)研究了中原政治制度確立在西域主導地位的過程,論述了西遼以國家政權爲依托促進中原各類文化在西域地區的傳播、推動西域各民族文化同中原文化融合的政策。金弘翔《魏晉南北朝時期衣物疏地域傳統的形成與交流——兼談高昌衣物疏的淵源》(《西域研究》1 期)論述衣物疏由簡單的隨葬品清單到三國時期發展成爲"署名"類衣物疏再到由於南北分裂而形成了"過所"類衣物疏和"死人移書"兩種文本格式的發展過程,高昌地區的衣物疏在十六國時受河西地區影響較大,到南北朝時則受到了南朝的直接影響。朱智立《亦論吐魯番晉唐墓出土衣物疏所見之"偃明"》(《吐魯番學研究》2 期)文章對吐魯番地區晉唐墓葬中出土的衣物疏文本進行重新考察,結合考古學分析,發現當時存在一種名爲"偃明"的墓葬用具,並且在《後漢書》中發現了相關記載,在此基礎上,文章認爲"偃明"是"温明"的別稱,偃明的發現體現了此種葬具在邊陲社會的延續。馮敏《北朝隋唐時期入華粟特人的葬俗變化與中華文化認同》(《渤海大學學報》1 期)主要利用北朝隋唐時期沿絲綢之路入華的固原粟特史姓人墓地考古資料,梳理由喪葬習俗的變化所反映的入華粟特人不斷向東方開展貿易與移民並逐漸華化的過程,及其葬俗變化背後所包含的中華文化認同。

物質文化方面的成果大體集中在各類生活器物的傳播和其中所蘊含的文化因素。吳正浩《中古時期的"生靈座"及其在西域的傳播》(《西域研究》4 期)闡述了生靈座所具有的宗教及世俗王權象徵的含義,結合相關圖像資料探討了生靈座所具有的形象多樣、流傳範圍廣、含義豐富等特點,在此基礎上梳理了魏晉南北朝至隋唐生靈座在西域的傳播,就其在吐谷渾及内地的傳播也做了討論。陳春曉《中古于闐玉石的西傳》(《西域研究》2 期)以波斯語、阿拉伯語文獻爲基礎,同時結合考古資料和藝術史的研究成果,考察了于闐玉石在西域各國的傳播過程及其影響。陳菊霞、王禎《于闐國王李聖天供養人服飾研究》(《吐魯番學研究》2 期)從衣裳、冕冠、佩劍、耳飾、指環、蔽膝、舄、持物、地神承托雙腳等多方面討論了于闐國王李聖天供養像的服飾與持物,並分析了其服飾所體現的中原文化、西域文化和佛教文化等多元文化特徵。冉萬里《文明交流視野下的古樓蘭及其周邊——漢晉時期樓蘭遺物中所見文化因素分析》(《考古學研究》十一)著重對樓蘭及周邊地區考古發現的各類遺跡與遺物進行整理,論述古樓蘭及其周邊地區在絲綢之路上的作用以及中原王朝對西域的經略,並探討貴霜帝國在文化交流中充當的重要中介角色。[匈]可茉(Dr. Krisztina Hoppál)著,盧亞輝譯《東亞古代跨文化交流研究:羅馬帝國的中土絲綢》(《考古學研究》十一)研究了羅馬接受源自中國的絲綢織物的問題,並通過在羅馬帝國潘諾尼亞行省考古發現的一些案例,探討與絲綢遺存有關的考古鑒定問題。王衛平《從旅順博物館藏新疆出土文物略看波斯文化在新疆地區的流佈與影響》(《旅順博物館學苑》2020)從館藏文物的波斯文化因素著手,對館內佛畫斷片的裝飾紋樣、繪畫技法進行分析,加以漢文著述中對於祆教的記載爲佐證,來證明波斯文化在新疆地區的影響。

此外,《吐魯番學研究》1 期專題性地發佈了一系列關於吐魯番洋海墓地出土器物研究的成果,其中吕恩國《吐魯番洋海墓地出土遊牧民器物研究》重點關注了洋海墓地出土的成套騎射、狩獵用具及豐富的毛紡(編)織物、動物紋樣和牲畜骨骼,亦對一些因不易保存或較特殊而在別處發現較少的器物種類做出了分析,得出洋海人的生產方式以畜牧和狩獵爲主的結論。張永兵《吐魯番洋海墓地出土木梳研究》對洋海墓地考古發掘出土的木梳進行了初步整理,採用考古學的理論對史前時期洋海木梳做出系統研究,理順了木梳發展的演變過程中存在的規律,並對典型木梳的發展演變、材質形態、工藝風格等方面加以研究。祖力皮亞·買買提《吐魯番洋海墓地出土鞣革及裘皮製品調查研究》通過對鞣革和裘皮製品的梳理和分類分析了其基本特點,研究了其加工方法、使用工具、加工技術和製作工藝等問題,同時對這一時期的手工業發展水平及與周邊地區的考古文化類型做了對比和分析。帕麗旦木·沙丁《吐魯番洋海墓地出土木器及用途研究》通過對洋海出土木器的研究確定了大部分木器的用途和使用方法,將之與周邊地區遺存分類比較並分析了其異同點,認爲不僅洋海人,在整個中亞範圍內的史前人類對木器的依賴程度都非常高。

社會風貌方面的成果大多基於墓誌等出土材料。裴成國《高昌國末年以降磚誌書寫中的“高昌人”》(《中國邊疆史地研究》1 期)注意到隨著外部威脅的加劇,高昌國末期的磚誌中出現了一些以本地的交河郡爲籍貫的書寫,並認爲這是“高昌人”群體認同覺醒的表現,至唐代高昌人的遺民認同經歷起伏,最終歸於消亡。王啓濤《吐魯番文獻所見竺(竹)姓輯考》(《民族研究》4

期)查考百年來出土的吐魯番文獻中記載竺(竹)姓的寫本文獻,發現在高昌郡、高昌國時代直到唐西州時期,竺(竹)姓人在行政、經濟、通婚和軍事等方面都有著活躍表現,認爲絲綢之路上的竺(竹)姓在宗教、政治、軍事、經濟、技術等各方面都積極融入漢文化價值觀。肖超宇《〈西域番國志〉所見明代西域多民族社會》(《貴州民族研究》10 期)使用永樂年間陳誠《西域番國志》爲基礎材料,關注其中記述的哈烈、撒馬爾罕、別失八里、魯陳和哈密等地的風土民情,考證了明代西域回回、蒙古與畏兀兒等人群身份特點與文化差異。陳浩《從碑銘中 bark 一詞看突厥人"敬鬼神"之俗》(《西域研究》4 期)從突厥碑銘中一個多被誤讀的突厥語詞 bark 入手,結合漢文史料中提到突厥人"敬鬼神、信巫覡"的記載,重構了突厥人的這一信仰實踐,認爲 bark 的准確含義是"祠廟",即突厥人"敬鬼神"的場所,祠廟裏供奉的既可以是值得敬畏的敵人,也可以是本民族的英烈。劉維玉《鄯善魯克沁墓地出土墓表考釋》(《吐魯番學研究》1 期)通過對田地郡鄯善縣魯克沁墓地出土的三方墓表表文的考釋,確定了墓主的相關信息,並據此探討了高昌社會的門閥政治形態、高昌人的思想意識形態、文化審美及這個邊地移民社會對漢文化的始終堅守和高度認同。王列成《吐魯番地區先秦兩漢時期的薩滿墓葬研究》(《中國民族博覽》10 期)由薩滿墓葬的研究入手,注意到從先秦至兩漢時期吐魯番地區薩滿法師的職能隨著社會需要的變化而變化,並通過對其演變過程的研究討論了薩滿教的適應性、繼承性和跨時空性的特點及這些特點爲吐魯番地區早期國家的形成所提供的巨大的凝聚力和向心力。高璐、王鈺潔《明詩中的河西風貌與明人的河西認識》(《河西學院學報》3 期)通過對明詩中描寫的河西風貌以及對作者主觀思維的考辨,指出明代詩歌所呈現的河西風貌紀實性和藝術性較前代有所加強,並突出體現在對個體經歷的詳細記錄,這一特點客觀上已經成爲明詩中的邊塞書寫區別於前代的重要特徵。

對歷史人物的研究包括對西域地區產生過一定歷史影響的個人及人物家族的研究。鄭旭東、楊富學《西安新出〈唐故回鶻白夫人墓誌〉疏證》(《敦煌研究》4 期)對西安市西郊出土的《唐故回鶻白夫人墓誌》進行整理,得到墓主白氏爲陰山貴族之後、突厥可汗之裔、其夫爲回鶻可汗的基本信息,並結合相關文獻推斷了白氏具體的家族從屬,其跌宕曲折的生平見證了回鶻的興衰歷史,亦爲唐與回鶻關係之縮影。王慶昱、楊富學《洛陽新獲墓誌考見安西大都護郭虔瓘家世與西域行跡》(《西域研究》1 期)據新獲郭虔瓘墓誌所提供的信息考證了郭虔瓘馳騁於唐朝西部邊疆的一生,其人不僅數度出征、戰功顯赫,而且對西域經營富於謀略,有功於武則天至玄宗之世西部邊疆的開拓與穩定。雷聞《涼州與長安之間——新見〈唐故左羽林軍大將軍康太和墓誌〉考釋》(《河北師範大學學報》5 期)梳理了誌主康太和的家庭背景和由其擔任戰事最前綫的赤嶺戍主直至禁軍高級將領左羽林軍大將軍的過程,以其一生經歷側面體現了河西蕃將往來當地與朝廷任職的特點。魏迎春、馬振穎《新見武威粟特安氏家族唐〈李弼墓誌〉考釋》(《蘭州大學學報》1 期)刊佈了在山西長治附近新出的《唐故開府儀同三司試太子賓客上柱國建康縣開國公李公(弼)墓誌》,此方墓誌與武威的粟特安氏家族有關且涉及澤潞方鎮的諸多相關史實。楊曉敏《南北·胡漢·文武——唐宋時期代北安氏家族變遷考論》(《宋史研究論叢》1 期)梳理了五代時期興起於代北的安氏家族三百餘年的變遷史及其由胡人武功家族逐步轉變爲漢族文人士大夫之家的過程,並將之作爲粟特人於 9—12 世紀在國家權力結構和文化認同不斷嬗變的大背景下消解融合到華夏文化的生動個案進行了分析。

四、宗　　教

本年度關於宗教方面的研究涵蓋佛教、道教、三夷教等。

佛教文獻方面的研究,〔德〕西蒙娜·克里斯蒂娜·拉施曼著,宋博文譯《回鶻文〈金光明經〉的新發現》(《河西學院學報》1 期)利用大英博物館斯坦因收集品新檢出的回鶻文《金光明經》殘片,復原了部分回鶻文《金光明經》缺失文本並進行了細微的修正,並根據柏林收藏品的各卷分佈數量,認爲《金光明經》的一些特殊章節可能比其他部分更爲經常地被選出抄寫,並且在抄寫的文中加入了懺悔者的名字,指出了這一懺悔的行爲可能是回鶻人主要的佛教活動。宋博文《回鶻文〈金光明經〉所反映的唯識宗概念》(蘭州大學碩士學位論文)在對聖彼得堡回鶻文本、柏林本和漢文本《金光明經·分別三身品》比勘的基礎上,對聖彼得堡回鶻文本《金光明經·分別三身品》所包含的唯識宗概念進行揭示,並結合唐代吐魯番和敦煌地區存在唯識宗傳播的事實,指出聖彼得堡本可能是代表著受唯識宗影響的版本。〔日〕中村健太郎著,王領、哈斯巴特爾譯《從回鶻文佛經到蒙古文佛經(上)》(《吐魯番學研究》2 期)從史學的視角闡述回鶻語、回鶻文佛經對蒙古文佛經和佛教術語的影響,進而闡明回鶻文佛經確實爲蒙古佛教的形成奠定了基礎。張夢妍《關於新出梵本〈八大靈塔禮拜讚頌〉的研究》(《西域研究》4 期)對新出梵本《八大靈塔禮拜讚頌》的文本進行了整理與評注,並在對八塔觀念的文本與圖像源流的梳理中,分析出了其所包含的佛教史信息並辨析了"八大靈塔"具體所指及其演變態勢。

佛教歷史與佛教信仰方面。沈琛《吐蕃與于闐佛教交流史考述》(《西域研究》3 期)在對有關于闐的藏文、于闐文和漢文史料的梳理和辨析的基礎上,對吐蕃與于闐間的佛教交往進行研究,指出于闐佛典對吐蕃的佛教世界觀產生影響的同時,吐蕃佛教化的王權觀念又反過來被于闐所繼承。王旭送《唐代西州佛教管理研究二題》(《唐史論叢》1 期)利用二重證據法,對唐初西州"度僧"及官寺的相關問題進行討論。李浩《新見唐代安優婆姨塔銘漢文部分釋讀》(《文獻》3 期)對唐代粟特人墓誌《大唐故安優婆姨塔銘并序》做了初步釋讀,考證此優婆姨是昭武九姓中的安姓粟特人,但其先世已遷居涼州姑臧,並推測其爲三階教信徒。楊波《龜兹石窟"彌勒下生"信仰試探》(《吐魯番學研究》1 期)對龜兹石窟壁畫中的"彌勒受金衣""摩頂授記"與克孜爾出土梵文殘卷中的"彌勒下生"信仰進行分析,並考證了庫木吐喇窟群區第 56 窟主室前壁的主尊倚坐佛爲"彌勒佛",由此推測出龜兹地區存在"彌勒下生"信仰。周曉萍《敦煌畫中的回鶻神祇——對 P. 4518(24)紙本的再討論》(《蘭州大學學報》6 期)首先根據敦煌 P. 4518(24)圖像中主體人物的衣冠服飾及犬、狼在圖像上的表現,論證該圖像具有回鶻文化特徵,並通過圖文互證的方式,論證回鶻的佛教信仰是顯密結合,而圖像中的神祇則是由於回鶻多宗教信仰、多文化融合創造而出的。

道教方面。阿迪力·阿布力孜《新疆古代的道教文化遺存》(《中國民族報》3 月 17 日)從新疆吐魯番市阿斯塔那、喀喇和卓墓地出土文書中關於道教文化內容入手,得出道教至少在南北朝時期就已傳入新疆地區的結論,並認爲唐朝以後,新疆古代道教在中國文化史上一直佔據著重要地位。程思尹《佛道格局視野下明清河西道教的發展及影響——以張掖、永登爲中心的考察》(《青海民族研究》4 期)通過對河西明清方志、道教宮觀廟宇、碑刻等資料的梳理和分析,對明清時期張掖和永登兩地信仰格局的變化和意義進行剖析,證明了儒、道、佛三教在河西走廊的三教合一的發展趨勢。

三夷教研究。葛承雍《聖火藝術與拜火文化——北周祆教墓葬中以史君墓爲核心》(《考古學研究》十一)通過對粟特人的墓葬藝術具體以北周史君墓石堂上的刻畫圖像爲例進行分析,考察了瑣羅亞斯德教隨著粟特人入華後逐漸滲透到中華大地的過程,從"聖火"祆祠崇拜到"拜火"成爲社邑民俗的轉變,反映了入華粟特人在粟特傳統和祆教習俗之間尋求身份認同的特點。張小貴《入華祆教火壇雜考》(《考古學研究》十一)從傳世文獻中入華祆教取火祭祀的記載和考古遺存中聖火與火壇的圖像資料入手,探討祆教入華後的傳播特點。阿迪力·阿布力孜《新疆歷史上的景教》(《中國民族報》8 期)通過對新疆伊犁哈薩克自治州霍城縣出土的敘利亞文景教石碑的探討和吐魯番阿斯塔那古墓的發掘考古,分析景教傳入新疆的時間和流傳的歷史。胡曉丹

《摩尼教占卜書中的東方傳統——吐魯番中古波斯語寫本 M556 再研究》（《北京大學學報》1 期）對吐魯番出土的摩尼教中古波斯語占卜書殘片 M556 進行寫本學和文本内容的分析，指出 M556 中的四個代表民間性質的預兆反映了摩尼教團在吐魯番民間信仰實踐中的滲透。

五、語 言 文 字

語言文字方面的研究涉及對文獻文字的考釋、民族語系與漢字的關聯方面。

關於文獻文字的考釋方面，張涌泉《量詞"斗""石"大寫考探》（《華夏文化論壇》1 期）從吐魯番文書和早期敦煌文書中關於量詞"斗""石"的大寫用法，探討二字的大寫字，指出"斗"的大寫字有"斞""斦"二字，"石"的大寫字爲"碩"，從"石"聲。張涌泉《數詞"百"大寫作"伯"發覆》（《四川大學學報》3 期）通過對數詞"百"的大寫用法的討論，探討"百""伯""佰"三字的關係，指出"百""伯"二字古本通用，是因爲還未經過漢字的規範化，而宋刻本流行之後，刊刻文字逐漸規範化，大寫的"佰"才逐漸佔了上風。李研《吐魯番出土衣物疏中的"兔豪（毫）""狐毛"性質考釋》（《西域研究》3 期）論證了吐魯番出土衣物疏中的"兔豪（毫）""狐毛"是屬於製筆的原料，由於其常與"金銀""絹帛"連在一起書寫，進而推測其具有財産屬性。鄭天楠《吐魯番文獻韻書殘卷 TID1015 校釋》（《漢字文化》13 期）在前人照片和摹寫本的基礎上，對唐五代韻書殘卷進行校録，並運用隨文而釋的方法做出考釋。李放《〈吐魯番出土文書（一）〉假借字研究》（喀什大學碩士學位論文）對《吐魯番出土文書（一）》中的假借字進行較全面的收集和分析，從本字與借字的聲韻關係、形體關係以及對應關係上進行分析並考察其産生原因。

民族語系與漢字的關聯方面有：曹利華《絲路背景下漢語的印度語借詞與民族交往——以"迭""氍毹"爲例》（《興義民族師範學院學報》5 期）利用吐魯番出土文書並輔以傳世文獻，採用了文獻學、語言學的方法，考察了吐魯番出土漢文文書中所見的印度語借詞"迭""氍毹"，並考據其語源，探析其在漢語中的使用流變和折射出的民族關係。曹利華《吐魯番出土文書中表完結的動詞"了"及阿爾泰語動因》（《語文學刊》4 期）通過對吐魯番出土南北朝時期文書中用作表完結語義的"了"的考察，發現出三種用法："動詞＋了""副詞＋了""光杆動詞'了'"，考證了這種現象的出現是受北方阿爾泰語影響的結果，是北方民族融合在語言發展中的具體體現。邢亞楠《隋至唐初突厥語中的漢語借詞現象及歷史成因》（《新鄉學院學報》7 期）通過對突厥語的探源發現早期中國文化對突厥語産生影響，並總結出突厥汗國時期三種漢語借詞種類,即佛學類、職官類和生活類。

六、文　　學

　　文學方面的研究成果包括楊紹固《元朝畏兀兒内遷文學家族變遷研究》(中國社會科學出版社)對元朝時期内遷中原的高昌回鶻貴族中的偰氏和廉氏家族進行考察,認爲偰氏家族成員文學觀的變化體現在詩歌和散文兩個方面:詩歌從雍容雅正向清理淡泊演變,散文從文道並重向理學化演變;而廉氏家族中的文學則在内遷的過程中以儒家文化爲主體。胡可先《唐詩與交河》(《古典文學知識》1 期)通過分析西州時期的寫實邊塞詩歌和以抒情爲主的樂府詩歌,再具體以吐魯番出土的交河郡文書和岑參的邊塞詩爲例,指出了唐代詩歌中對於交河的描寫是唐代文學和絲綢之路文化的體現。楊曉靄《隴右唐詩之路:緑洲絲綢之路的"不朽遺存"》(《西北民族大學學報》6 期)結合絲綢之路上大唐才子抒發報國、豪情、壯志等情懷的作品,論證了"絲路"與"詩路"之間互涵重構的關係。石雲濤《龜兹在唐朝西域經營中的地位——唐詩中的"安西"》(《黑河學院學報》12 期)結合唐詩中對"安西"的吟詠和描寫,通過研究唐代西域史和唐人的社會心態,探討了龜兹在唐朝西域經營中的地位。方剛、謝倩文《唐詩中"玉門關"的意象及其對於"河西走廊"傳播的影響》(《文化與傳播》3 期)選取含有"玉門關"這一意象的邊塞詩歌進行分析,探討其在"河西走廊"概念與形象傳播過程中的意義和作用。張國才、柴多茂《唐代歌詠涼州詩歌中的粟特人形象》(《發展》10 期)以白居易、李端、元稹等詩人詩中描寫的粟特人形象爲例,分析了粟特人的外貌形象、服飾特徵和擅長樂舞的特點,實現詩歌與傳世文獻和出土資料的互證,豐富了粟特人入華後以及在中晚唐時期的走向研究。高建新《"唐詩之路"與岑參的西域之行》(《唐都學刊》2 期)從岑參的邊塞詩入手,分析唐代西北邊塞詩和岑參之間的互相成就關係。曾祥洪、萬素花、郭鵬飛《淺析唐代詩歌中的西域文化》(《漢字文化》16 期)從西域的汗血馬、和親文化和胡樂文化三個方面對唐代詩歌中的西域文化進行簡要敘述,指出西域文化豐富了唐代詩歌的題材和内容,並提高了詩歌作品的内涵和深度。田永勝《漢唐絲綢之路樂府詩地理空間研究》(北方民族大學碩士學位論文)對漢唐絲綢之路樂府詩地理空間進行定位,辨析絲綢之路樂府地理空間的形態,並剖析了漢唐絲綢之路樂府詩地理空間的意義。張麗《唐代秦隴南道詩歌中的絲路書寫》(北京外國語大學碩士學位論文)以絲綢之路南綫通道的重要路段秦隴南道作爲研究對象,從詩歌涉及的山川氣象、驛站寺廟、聲音的角度來分析這些詩歌所要表達的意象,認爲其對於後世關於秦隴南道的建構具有重要意義。馬志超《河隴文化與唐詩關係研究》(内蒙古民族大學碩士學位論文)從唐代河隴詩歌文化意象中的人文、自然兩個意象入手,分析唐詩在河隴地區的發展態勢。

七、藝　術

本年度與藝術相關的研究涉及佛教石窟造像、壁畫、墓葬、音樂、舞蹈、書法、圖像、民俗等方面。

關於佛教石窟造像方面的研究,主要有趙麗婭《龜茲石窟佛像的藝術風格及其特點》(《敦煌學輯刊》1 期),從佛像的造型、手印、服飾、頭背光和佛座等要素分析了回鶻人在西遷過程中,在龜茲本地傳統文化基礎上吸收了印度、中亞文化而發展出來的具有回鶻人審美特色的佛像類型。張保珍《克孜爾石窟半跏思惟像探賾》(《中國美術研究》4 期)對克孜爾石窟半跏思惟像的形式特徵進行歸納,並探討其形式淵源、風格演變、圖像含義等問題。李永康《高昌地區佛教雕塑遺存及價值》(《中國美術》2 期)指出由於地理、政治等原因,高昌地區的佛教雕塑的造型與形式特徵受中原王朝的影響頗深,相對於其他西域國家來説,高昌地區的漢化程度明顯更高一些,該地區的佛教造像藝術風格反映的是東西方文化雙向交流下的歷史動態。何志國《克孜爾石窟“中心柱”及源流獻疑》(《民族藝術》6 期)通過對克孜爾石窟“中心柱”的考辨分析,考證了其和兩側甬道實際是分隔洞窟前後室的隔墻,並對比分析河西地區和徐州地區的墓葬造型來追溯其結構源頭。林立《古代高昌佛塔及佛寺中心塔柱研究》(《西域研究》3 期)通過對古代高昌地區的佛塔和中心塔柱的類型學分析,發現其樣式是受樓蘭和龜茲兩個地區的佛塔和中心塔柱的影響而產生的,而其自身發展的演變也對雲岡二期出現的中心塔柱有一定影響。

關於壁畫方面的研究,主要有魏文斌、周曉萍《焉耆七個星毗盧遮那佛法界身圖像研究》(《敦煌學輯刊》1 期)從焉耆七個星第一窟佛法界圖像研究入手,考察了這一時期的焉耆處在民族融合、政權更迭、佛教信仰轉型的階段,其佛法界身圖像主要受到印度佛教文化、天山南北道佛教文化、漢地反傳西域的大乘佛教三方面的影響,同時又包含了回鶻民族自身的文化内涵,反映了七個星石窟晚期的造像特徵和焉耆佛教的晚期形態。滿盈盈《克孜爾石窟降魔圖像源流考》(《敦煌學輯刊》2 期)從克孜爾石窟中第 76 窟、第 98 窟和第 110 窟出現的降魔圖像入手,考察了克孜爾石窟降魔圖像的來源、嬗變和原因,分析其在 5—7 世紀的嬗變過程,是龜茲畫工在不同時期面對同一題材的不斷創新,由於壁畫在石窟中所處位置和功能的不同以及受當地歷史文化的影響從而不斷發展變化,既反映出與犍陀羅藝術的淵源關係,又呈現出多元藝術融合的態勢。房文琪《陸上絲綢之路的東西文化交流對古龜茲佛教石窟紋飾的影響——以克孜爾千佛洞爲例》(《中國民族博覽》10 期)在實地考察千佛洞的基礎上，總結出龜茲佛教石窟紋飾有翼海馬紋、纏枝蓮花紋、連珠紋、忍冬紋、卷草紋和象徵著山岳的菱格紋，反映了希臘藝術、中原文化、南亞次大陸文化、薩珊波斯文化對古龜茲佛教石窟紋飾的影響。楊波《龜茲石窟"因緣佛傳"圖像的敘事藝術——人物、空間及隱藏的細節》(《藝術設計研究》2 期)通過對龜茲石窟因緣佛傳圖題材的壁畫的識讀，將因緣佛傳圖中的人物分爲四類，再通過對人物的排列、活動的空間、畫面角落及邊緣處的小細節對龜茲石窟因緣佛傳圖的敘事藝術做了初步總結。楊波《隱晦的情節——龜茲石窟"説法圖"敘事技巧試探》(《新疆藝術(漢文)》4 期)以單景敘事、多景敘事、疊加敘事等角度對龜茲石窟"説法圖"中的敘事情節進行分析，對龜茲石窟説法圖的敘事技巧進行分類總結，指出説法圖中隱晦的情節並非是讓人去解讀，而是完成開窟造像的功德。任平山《尋跡耶捨——克孜爾石窟第 4 窟後室圖像構成》(《中國美術》2 期)通過對俄羅斯艾爾米塔什博物館藏第 BDce－856 號壁畫的復原和主題的解讀，並對後室壁畫圖像内容的對稱性進行分析，探討"佛陀移石"和"耶捨出家"的寓意。馮民生《絲綢之路與中西美術交流——以克孜爾石窟壁畫爲例》(《民族藝術研究》4 期)通過對留存下來的石窟壁畫的研究，探究出中西文化和藝術交流的狀況和意義，進而認識絲綢之路開闢的文化意義。羅雯《克孜爾石窟第 118 窟：見證中西藝術交流》(《藝術市場》12 期)以克孜爾石窟第 118 窟壁畫的人物形象、樂器交流兩個部分對克孜爾石窟初創期中西方文化的交流進行研究。王小雄《勝金口石窟 10 號寺院第 7 窟壁畫中葡萄樹淺析》(《吐魯番學研究》2 期)以勝金口石窟 10 號寺院第 7 窟壁畫爲研究中心，對石窟的形制、壁畫的内容和特徵進行分析，其中葡萄樹的構圖特徵鮮明、綫條生動，表明葡萄種植在這時已經成爲吐魯番農莊和寺院經濟生活的一部分。劉芊《古龜茲國石窟壁畫樹木圖像地域藝術特色的形成與發展》(《藝術探索》2 期)通過對石窟壁畫中樹木外形和樹冠裝飾手法的分析，探討其地域特色的形成和發展，指出龜茲石窟壁畫中的樹木圖像風格來源於古印度樹木圖像並在其基礎上進行了改造創新。陳越《佛像旁的綬帶鳥——龜茲地區石窟中"綬帶鳥"圖像新含義試析》(《中國美術》2 期)通過對新疆克孜爾石窟以及温巴什石窟中綬帶鳥圖像的分析，推測出該圖像在龜茲地區石窟藝術中的流行時間約在公元 7 世紀左右，並且通過對中原地區的飄帶與鳥的圖像組合裝飾研究，證實了唐代中原地區已經對綬帶鳥形象有了認知並且產生了新的定義，進而判斷這一中亞圖像的應用和定義是西域與中原文化交融的結果。詹勇《龜茲石窟壁畫鐵綫描探究》(《藝術百家》3 期)從綫描入手，對龜茲石窟壁畫的藝術淵源予以論述，尤其對其中的

"屈鐵盤絲"技法進行剖析,探究了古西域地區的綫描藝術在中外文化交流融合中的重要印跡。台來提・烏布力《庫木吐喇新 1 窟、新 2 窟壁畫的藝術解析》(《文物鑒定與鑒賞》9 期)通過對庫木吐喇石窟第 1、2 窟内的佛像和壁畫中的佛像的研究,從佛、菩薩的形態、穿著、使用顏色方面入手,論證了龜兹地區的佛教因東西方多元文化碰撞而呈現出巨大的包容性。高明君、孟慶凱《絲路宗教藝術的交流融合 摩尼教壁畫遺存淺析》(《中國宗教》4 期)通過對摩尼教壁畫遺存的分析,展現古代絲綢之路宗教藝術交融的情況。趙宸《柏孜克里克壁畫中的"花"形象研究》(《藝術與設計(理論)》8 期)採用圖像學方法中的前圖像志分析、圖像志分析和圖像學分析三步法對柏孜克里克石窟壁畫中的"花"形象進行背後含義的探討和研究。張鋭《克孜爾石窟壁畫中的龍形象研究》(《藝術品鑒》23 期)對克孜爾石窟壁畫中的龍形象進行分析,指出由於受到印度文化和犍陀羅文化的影響,龜兹地區的龍形象大多與蛇形象混用。

陳愛峰《高昌回鶻時期吐魯番觀音圖像研究》(上海古籍出版社)在吐魯番野外石窟調查的基礎上,對高昌回鶻時期的觀音圖像進行藝術分期並考察了其藝術的變遷,同時還對觀音圖像的題材、内容和繪畫風格進行詳細地辨識與考證。陳愛峰、陳玉珍、松井太《大桃兒溝第 9 窟八十四大成就者圖像補考》(《敦煌研究》5 期)通過對大桃兒溝第 9 窟印度八十四大成就者圖像的分析以及回鶻文榜題的釋讀,考證出部分成就者的名號,並與莫高窟北區出土回鶻文文書進行比對,復原出成就者在洞窟中原來的位置順序,同時也印證了吐魯番與敦煌兩地在大成就者信仰流派上是一致的結論。楊波《"帝釋窟説法"與"帝釋請般遮"——克孜爾第 92 窟主室正壁上方和前壁圖像及相關問題探討》(《西域研究》4 期)對克孜爾第 92 窟中的"帝釋窟説法"與"帝釋請般遮"圖進行分析,並對其洞窟形制和中心柱窟圖像模式的來源進行探討,得出其來源可能與當地禪修盛行的文化背景有關的結論。劉江《文殊山萬佛洞與北庭西大寺〈彌勒上生經變〉的比較研究》(《西夏學》1 期)將甘肅文殊山萬佛洞《彌勒上生經變》壁畫内容與新疆吉木薩爾縣北庭西大寺《彌勒上生經變》進行比較,論證了西夏與回鶻的彌勒信仰存在繼承關係,同時指出文殊山石窟的佛教藝術受到高昌回鶻石窟藝術的影響,是兩地文化頻繁交往的結果。苗利輝《龜兹石窟中的佛陀、聲聞、緣覺和菩薩造像及其反映的思想》(《敦煌學輯刊》1 期)對龜兹石窟中四聖圖像進行基礎性分析,並結合相關佛教文獻討論了龜兹佛教由早期信奉唯禮釋迦觀念到大乘佛教盛行的發展變遷,反映了龜兹佛教的變遷。滿盈盈《龜兹王身份的神聖構建——以克孜爾第 205 窟爲例的分析》(《宗教學研究》3 期)通過考察克孜爾第 205 窟龜兹王及王后供養像、主室前壁説法圖的菩薩造型、南甬道北壁的阿闍世王聞佛涅槃悶絕復蘇圖像和券頂中脊的須摩提女請佛圖像,認爲該窟的創製迎合了龜茲王的政治需求,是龜茲王身份自我塑造和龜茲王權思想的反映。陳悦新《唐宋時期高昌回鶻的佛衣樣式》(《西域研究》1 期)通過對唐宋時期高昌回鶻的佛教遺跡的探索分析,在遺存的壁畫中整理出四種佛衣樣式:通肩式、覆肩袒右式、中衣搭肘式和露胸通肩式,結合北宋王延德出使高昌所書内容等文獻記載,證實了高昌回鶻時期的佛衣樣式是受到唐宋時期藝術表現形式的影響。

墓葬類藝術研究方面,高愚民《吐魯番阿斯塔那墓葬出土天王俑及武士俑淺析》(《新疆藝術(漢文)》5 期)從外形、色彩、造型等方面對新疆吐魯番阿斯塔那墓葬出土的天王俑和武士俑進行解讀,指出阿斯塔那墓中出土的天王俑和武士俑與同一時期中原地區出土的唐三彩鎮墓天王形制、裝飾類似,反映了唐代中原墓葬文明對於西域墓葬文化的影響。[日]鳥丸知子《基於粟特地區田野調查的甘肅慶城縣穆泰墓出土胡人俑服飾邊緣研究》(《藝術設計研究》3 期)通過對粟特、伊朗和摩洛哥田野考察中發現的胡人俑所穿的服飾邊緣部位的製作技術和類型的分析,認爲俑人服飾邊緣有明顯的突出感,傳遞的是服飾邊緣部分對於時人的重要性,即增加服裝的保護強度以及美感。

音樂方面,主要涉及西域音樂和中原音樂之間的關係,主要有趙維平《胡樂調的傳入及對我國的影響》(《中國音樂學》4 期)通過對《隋書》所載龜茲人蘇祇婆所説的娑陀力、雞識、沙識、沙侯加濫、沙臘等音名樂調的來源以及與中國樂調融合的探討,論證了我國雅樂八十四調、俗樂二十八調理論的形成與胡樂調的傳入有著不可分割的關係。李嘉寶、韓璐《唐詩中西域民族音樂文化研究》(《貴州民族研究》3 期)從唐詩中的西域民族音樂文化入手,分析了西域民族音樂傳入中原後對唐詩産生的影響。韓琰《古代絲綢之路上的西域音樂對中原音樂文化的交流——以漢唐時期的琵琶及其彈撥樂器組合形態的演變爲例》(《藝術品鑒》2 期)從漢唐時期的琵琶及其組合形態的音樂演變入手,剖析西域音樂文化進入中原後内在的變遷規律和外在的文化接受方式,並探討其對中原音樂文化的影響。針對古代西域樂器的研究,主要有胡東輝《龜茲篳篥考略》(《天津音樂學院學報》3 期)通過對相關文獻和圖像資料的研究,進一步對篳篥的來源問題進行思考,論述了龜茲篳篥在歷史中的相關問題。張亞飛《胡琴琵琶與羌笛:從岑參邊塞詩創作看盛唐西域樂舞》(《北方文學》11 期)通過對岑參邊塞詩創作概括及其詩中出現的管弦樂器類意象的分析,探討盛唐時期西域的樂舞藝術概貌。

舞蹈方面,劉曉偉《胡旋:從粟特樂舞到宮廷燕樂》(《藝術評論》1 期)在梳理傳世與出土文獻中"胡旋舞"資料的基礎上,對唐代"胡旋舞"的傳播和流行情况進行了研究,並且認爲其盛行的原因是粟特人商業與貿易所帶來的暢通的傳播途徑,而進獻"胡旋女"的政治手段使得"胡旋舞"從民間上升到國家層面,合理進入中原禮樂體系進而成爲了燕樂的核心成分。韋亦珺、何衛《龜兹舍利盒上的樂舞——"蘇幕遮"樂舞圖像學探究》(《北京舞蹈學院學報》3期)首先考證了龜兹舍利盒上樂舞圖確爲"蘇幕遮",並對"蘇幕遮"中"樂"和"舞"進行分析,總結出"蘇幕遮"樂舞綜合了音樂、舞蹈、戲劇並發展爲詞牌的結論。陳靚《佛教傳播過程中的龜兹樂舞》(《大衆文藝》9期)從佛教傳播發展的視角出發,探討了佛教在龜兹樂舞形成中的作用及其在東漸的過程中對中原地區樂舞文化産生的影響。

針對石窟壁畫中的樂舞圖像的專門研究,主要有李鑫《龜兹壁畫舞蹈研究——以克孜爾 135 號窟爲例》(《戲劇之家》17 期),通過分析克孜爾 135 號窟中的龜兹舞姿和舞蹈類型,發現其成熟穩重中帶有濃鬱的西域樂舞特徵和濃厚的中原樂舞風格,體現了中西方文化相互影響下龜兹樂舞的多元性。翟清華《漢唐時期粟特樂舞與西域及中原樂舞交流研究——以龜兹、敦煌石窟壁畫及聚落墓葬文物爲例(下)》(《新疆藝術(漢文)》1 期)通過羅列大量關於粟特舞蹈的形態圖像,對粟特樂舞東漸及對中國古代樂舞的影響進行分析,展現出文化在絲綢之路上呈現的開放的交流形態,粟特人的樂舞文化灑向中國大地,繁榮了中華古代樂舞文化。

文學意象中的樂舞研究,主要有韓文慧《從歷代詩詞看柘枝舞融入中華文明的歷史軌跡》(《文學教育(上)》7 期)以歷代有關柘枝舞的詩詞作爲研究對象,梳理了柘枝舞的源流以及發展演變情况,並考察了該舞融入中華文明的歷史軌跡。李逸凡《中國古代文學中的漢唐宫廷樂舞考察研究》(《藝術評鑒》24 期)從漢唐樂舞職能與管理機構變革角度入手,探討漢唐樂舞與西域樂舞之間相互融合的深層因素。

書法方面的研究成果,主要包括張顯成《吐魯番出土文書字形全譜》(四川辭書出版社)對吐魯番文書文字字形進行了全面系統的梳理,字頭以《説文》爲序,每一個字頭下有字頻、字形、辭例和出處,創新了文字彙編的形式。王春法編《中華寶典——中國國家博物館館藏法帖書系(第五輯)·吐魯番文書(一)》《中華寶典——中國國家博物館館藏法帖書系(第五輯)·吐魯番文書(二)》(安徽美術出版社)以國博館藏的版本稀有的書法拓片或墨跡等文物爲主,下半部分爲内容,採用基本原大的尺寸清晰呈現,以圖爲主,輔以釋文及相關研究論述文字。史睿《旅順博物館藏新疆出土寫經的分期與實例》(《中國書法》10 期)通過書樣分析、筆畫分析、部件分析、字勢分析的書法斷代法對旅順博物館藏新疆出土漢文寫經的書法進行了年代學研究,並從佛教文化史的角度闡釋了寫經書體的演變規律。郝洪濤《基於吐魯番出土文獻的高昌書體演變研究》(喀什大學碩士學位論文)利用吐魯番地區出土的大量刻寫於晉唐時期的隨葬紙質文書和磚誌碑刻,通過文獻法、抽樣法、統計法等方法研究 3—7 世紀我國古代吐魯番地區的漢字書體使用情況及其演變特點。

圖像方面的研究成果,主要有沙武田《絲綢之路絹帛圖像考——以敦煌畫和唐墓駱駝俑爲中心》(《考古學研究》十一)通過對敦煌畫和唐墓駱駝俑爲代表的各類考古材料的分析,發現各類絹帛聯錦圖像分別在唐五代以來的敦煌壁畫、唐墓駱駝俑馱載的貨囊以及傳世繪畫和宋墓、遼墓壁畫中有較爲清晰的描繪,體現了真實歷史時期的絲路風情,爲研究中古時期絲路貿易的風貌提供了鮮活的材料。王東《人首鳥身祭祀的形象來源與圖像組合》(《考古學研究》十一)基於對西安北周安伽墓、史君墓、康業墓等出土的兼具北朝特徵和中亞色彩的石葬具的考察,由人首鳥身祭司形象入手,探討其來源及其在畫面中的位置和作用,認爲人首鳥身祭司並非獨立存在,而是位於一個完整的圖像系統內,從而推測出這種圖像系統是北朝隋粟特裔貴族民族認同和宗教信仰的集中體現。楊曉明《高昌伏羲女媧圖縱觀》(《中國文物報》7期)通過對新疆吐魯番地區高昌古國墓葬群中伏羲女媧圖的研究,以及對中原地區的伏羲女媧圖像在墓葬中幾乎絕跡的現象進行比對,發現這種現象是由於高昌本地和中原漢文化結合所產生的,其在古代高昌地區的傳播中,吸取當地文化融合其他民族文化,在藝術和審美上爲中國繪畫的發展起到了推動作用。易善炳《唐朝西域繪畫與中原繪畫交流考略》(《齊魯藝苑》4 期)通過對畫學文獻記載和歷史上的繪畫遺跡的分析,論證了唐朝繪畫與西域繪畫之間有著密切的聯繫。歐陽暉《龜茲回鶻時期的故事畫及其歷史淵源》(《絲綢之路》3 期)以龜茲石窟寺中的故事畫作爲切入點,探討了龜茲回鶻時期故事畫的基本類型及其特點,並結合當時的歷史背景,得出了龜茲回鶻時期的佛教藝術受到了漢地傳統和龜茲傳統雙重影響而產生的結論。劉國強《試論傳統水墨畫在西域山水畫中的表意》(《藝術家》7 期)通過傳統水墨畫在西域山水畫中的表意,論述了傳統水墨畫的繪畫風格及技巧在現代西域山水畫中的重要作用。

其他方面的研究成果,主要有康萍《千刻不落　萬剪不斷——論吐魯番出土剪紙》(《文物鑒定與鑒賞》1 期)以吐魯番阿斯塔那墓葬出土的剪紙作爲研究對象,從花樣、顏色、剪刻技藝方面來研究我國剪紙藝術的起源與發展,並提出其出土的剪紙爲喪葬文化演變的研究提供了寶貴的實物資料。張倩《漢唐時期新疆服飾中的中華文化元素探析——以新疆出土紡織物爲例》

(《新疆藝術(漢文)》3 期)通過對尼雅遺址、吐魯番地區、尉犁營盤等地出土織錦的工藝和圖案分析,論證了漢唐時期中原文化對新疆地區政治經濟文化方面的影響。郭俊楠《西域金銀器對隋唐邢窯陶瓷藝術的影響研究》(景德鎮陶瓷大學碩士學位論文)在對邢窯陶瓷的藝術特徵和風格進行判定基礎上,分析了西域金銀器對邢窯陶瓷藝術產生的影響及其後期演變過程。

八、考古與文物保護

本年度考古與文物保護研究涉及考古發掘與研究、科技考古、出土文物研究、文物修復保護等方面。

考古發掘與研究方面,胡興軍、艾濤等《新疆沙灣寧家河水庫墓地發掘簡報》(《文物》4 期)分別介紹四個墓葬類型及其文化特徵、年代等問題,並對出土文物進行分類敘述,爲研究天山北麓考古學文化序列及文化交流提供了新資料。唐雲鵬、付一豪等《新疆伊吾闊臘遺址 2017—2018 年調查簡報》(《文物》8 期)首先介紹了遺址的概況,之後介紹不同建築群、房址、墓葬及其出土器物等,此次調查爲探討伊吾河流域獨特的聚落形態乃至揭示整個東天山地區公元前一千紀的文化面貌及聚落功能、演變規律等問題提供了重要綫索。田小紅、馮志東等《新疆庫車龜兹故城窮特音墩遺址 2017 年發掘簡報》(《文物》8 期)主要是對窮特音墩遺址進行考古發掘,根據出土文物與碳十四檢測方法得出故城遺址的年代、形制等,對絲綢之路沿綫帶文化研究有重要意義。李延祥、于建軍等《新疆若羌黑山嶺古代綠松石礦業遺址調查簡報》(《文物》8 期)報告依次對遺址的五個地點進行介紹,之後分析出土的大量陶器、石器標本,經過碳十四測年,可判定遺址年代大約在西周晚期到春秋戰國時期,對遺址的研究有助於研究早期物質文明和社會高級化進程。閆雪梅、魯禮鵬等《新疆阜康白楊河上游墓群發掘簡報》(《文物》12 期)研究介紹墓群中的不同墓葬類型及出土文物,分析其時代自青銅時代晚期延續到晉唐時期;另一座石構遺址則是表現出遊牧文化,此次發掘對於研究白楊河流域歷史發展脈絡有重要意義。任萌、馬健等《新疆巴里坤海子沿遺址 2017 年發掘簡報》(《文物》12 期)介紹了該遺址的房址、墓葬遺跡以及出土遺物等,認爲該遺存的年代大約在公元前 13 至前 8 世紀,其發現對探討東天山地區史前時期房址的結構與功能、居住和生活範式、聚落形態等問題提供了豐富資料和綫索。田小紅、馮志東等《新疆奇臺縣石城子遺址 2018 年發掘簡報》(《考古》12 期)報告對遺址的地理環境及保存概況進行敘述,並且對主要遺跡及出土遺物進行列舉介紹,根據考古材料所得,認爲石城子遺址的城門是單門道帶迴廊和城門樓的大鍋梁式建築,因此推測可能是兩漢時期的軍事要塞,乃至是漢代的"疏勒城"。王龍、舍秀紅等《吐魯番伯西哈石窟發掘簡報》(《吐魯番學研究》1 期)通過考古發掘,理清了石窟的佈局並且根據洞內不同題材的壁畫和文物,將石窟分爲兩期,判定其年代分別爲 10—12 世紀和 13—14 世紀,爲研究五佛堂窟提供了參考資料。賈偉加《克孜爾石窟第 77 窟調查簡報》(《吐魯番學研究》1 期)對克孜爾壁畫發展的早期洞窟第 77 窟進行其形制、塑像、壁畫以及題記的描述,利用碳十四測定數據,從而判定 77 窟開鑿於公元 5 世紀。舍秀紅、張海龍《吐魯番勝金口石窟西岸佛塔發掘簡報》(《吐魯番學研究》2 期)首先對遺址基本情況進行編號,對不同發掘區域及出土遺物進行分析研究,在一座佛塔中發現少量漢文、回鶻文等文書殘片。通過對文物的分析,認爲佛塔修建於唐代,高昌回鶻時期繼續沿用,清朝以後受到不同程度的破壞。李裕群、夏立棟等《新疆鄯善吐峪溝西區中部高臺窟院發掘報告》(《考古學報》3 期)從洞窟形制、年代等方面介紹洞窟的概況,展示了出土的壁畫殘塊,漢文、粟特文、回鶻文等刻本佛經以及絹畫、銅鐵器等文物,對認識吐峪溝的洞窟類型、佛典流行具有重要意義。奧登堡著,楊軍濤、李新東譯《1909—1910 年庫車地區探險考察簡報》(《敦煌吐魯番研究(第 19 卷)》)公佈了俄羅斯新疆考察探險隊 1909—1910 年之間在庫車地區進行的探險考察活動記錄。

考古遺址和文明研究方面,寧强《龜兹史前文明初探》(《敦煌學輯刊》1 期)根據近年來新疆庫車一帶發現的岩畫、墓葬等資料,以及部分歷史文獻記載,重新詮釋了龜兹史前文明的現象,從而提出龜兹文明在早期就與中華文明有了聯繫。袁曉、羅佳明等《新疆尼勒克縣吉仁臺溝口遺址 2019 年發掘收穫與初步認識》(《西域研究》1 期)對 2019 年新疆考古文物所和人大文博系對於吉仁臺遺址進行的考古發掘及其成果進行了介紹,確認了吉仁臺溝口遺址是伊犁河谷一處以青銅時代中晚期遺存爲主題的中心聚落,對於研究歐亞草原青銅時代中晚期墓葬形制、文化特徵有重要價值。任冠、魏堅《唐朝墩古城浴場遺址的發現與初步研究》(《西域研究》2 期)通過對比國內外浴場考古發現,判斷墩古城所發現的浴場是隨著羅馬帝國的擴張傳入中亞和我國新疆地區,浴場的發現爲探討當地多民族大一統格局的形成提供了重要線索。王尹辰、馬鵬程等《早期鐵器時代新疆東天山地區與歐亞草原的基因交流》(《西域研究》3 期)從基因分析以及遺傳學方面,分析石人子溝遺址的古人類全基因組序列信息,得出早期鐵器時代新疆東天山地區與薩彥——阿爾地區成爲人群融合、文化交流的地區,並且爲絲綢之路的開闢奠定了經濟基礎。巫新華《新疆于田縣流水青銅時代墓地考古發掘與文化情況簡述》(《新疆藝術》2 期)對墓地地理環境、概況及其形制等進行敘述,並且選擇典型墓葬研究其出土遺物,根據以上內容對該墓地的文化特徵、年代時期以及早期居民體質等進行探究。張延清《從考古發現看青海道與絲綢之路》(《敦煌學輯刊》3 期)列舉青海都蘭和郭里木的考古發現來探究青海道在絲綢之路中的重要作用,其出土的絲綢、金銀器和棺板畫等有力證明了吐蕃在絲路文明構造和傳播中作出巨大貢獻。夏立棟《〈貞元六年造窟功德記〉與唐西州寧戎窟寺》(《敦煌研究》2 期)對吐魯番博物館藏《貞元六年造窟功德記》重擬碑銘並校定碑文,結合碑文記載聯繫現存石窟寺遺址情況,探討唐西州時期寧戎窟寺的寺院營造及其所具備的功能。高春蓮《勝金口石窟 5 號寺院遺址調查研究》、路瑩《勝金口石窟 2 號寺院遺址調查研究》、李亞棟《勝金口石窟 7 號寺院遺址調查研究》、陳玉珍《勝金口石窟 9 號寺院遺址調查研究》(《吐魯番學研究》2 期)集中對勝金口石窟寺院展開調查研究,以 19 世紀末 20 世紀初俄國探險家的考察報告作爲對比,得出大多數寺院的興建年代在 10 世紀末至 11 世紀初,其中寺院內原本存在的藏式佛塔,表明蒙元時期的僧人就在此生活,從而爲後續考古發掘提供了可靠的材料。張保卿《邊陲的華彩:宋金時期西北邊境地區磚室墓的壁面佈局和設計》(《考古學研究》十一)根據墓葬壁面佈局特徵的差異分爲兩個區進行分別論述,就磚室墓的佈局特點探討其文化交流與佈局設計。馬曉玲《中國境內粟特人家族墓地的考古學觀察》(《考古學研究》十一)對近年來粟特人墓葬的考古發現進行介紹,根據不同墓葬敘述其特點並依據出土墓葬品判斷其宗教信仰、職業構成、婚姻形式等,認爲粟特人在吸收漢地文化的基礎上還努力發揮自身特點。閆雪梅《赤岸守捉考》(《絲綢之路研究集刊》第五輯)對龜茲—焉耆道上的六座守捉遺址上一些經雨水沖刷而新顯露於表層的遺物進行了考察,並據此得到了新的發現。

科技考古論著有,劉念、崔劍鋒等《新疆營盤墓地出土人面紋玻璃珠來源新探》(《文博》8 期)通過激光剝蝕電感耦合等離子發射光譜來分析不同顏色玻璃的成分,以及利用顯微鏡觀察其製作工藝,認爲營盤人面紋珠可能來自東南亞,此發現將新疆塔里木盆地與泰國甲米聯繫起來,從而拓寬了絲綢之路的視野。尚玉平、歐陽盼等《新疆尼雅墓地出土紡織品文物的數字化信息採集——以 95MNIM8:15"五星出東方利中國"織錦護臂爲例》(《文物》5 期)以墓地出土的織錦護臂爲研究對象,利用三維超景深顯微鏡、便攜式測色儀等設備探究出適合新疆出土紡織品特點的紡織品形狀、彩色紋理的採集標準和質量評價方法,爲尼雅紡織品的深入觀察、研究、保護等工作作出貢獻。王棟、溫睿等《新疆吐魯番勝金店墓地出土仿綠松石玻璃珠研究》(《文物》8 期)以仿綠松石作爲研究對象,採用超景深顯微觀察、X 射綫衍射等技術確認其玻璃材質。進而對其成分和工藝特徵進行分析,其中原玻璃珠特徵揭示了物質文化角度中新疆地區與中原地區的緊密聯繫。肖琪琪、胡興軍等《新疆洛浦縣比孜里墓地出土食物遺存的科技分析》(《第四紀研究》2 期)通過紅外光譜分析、植物微體化石、蛋白質組學等多種科技手段對出土的一個疑似食物殘渣進行分析研究,結果認爲遺存應爲麵食,並添加少許肉食。該研究爲後續探究先民的生計方式、社會文化等提供了資料。趙莉、翁子揚《對流失海外的克孜爾石窟壁畫的數字化復原探索》(《浙江大學學報》6 期)以新疆龜茲研究院現存的壁畫考古和數字化資料以及流失於海外的石窟壁畫文獻資料爲依據進行分析,提出 4S 圖像分析模型的壁畫數字復原方法,從而得出文化管理的新路徑和數字化復原工作的新方法。賈偉加《數字化複製技術在文化遺產保護上的作用——以新疆龜茲克孜爾石窟壁畫爲例》(《印刷雜誌》)5 期)以克孜爾石窟作爲依據,列舉新疆龜茲研究院運用數字化技術對其進行洞窟數字化建模、壁畫平面數據採集以及壁畫色彩留樣等工作,説明數字化技術在文化遺產領域的必要作用和文化傳承中的重要意義。

出土文物研究方面,魏正中、趙蓉《伽藍遺痕——克孜爾石窟出土木製品與佛教儀式關係的考古學觀察》(《敦煌研究》1 期)以克孜爾石窟發現的木製品爲研究對象,分析其特徵和使用痕跡,分析與柏林亞洲藝術博物館藏品之間的聯繫,進一步推測木製品在特定儀式中的功能,借此討論佛教儀式在克孜爾石窟中的開展。宋殷《新疆尼雅遺址 95MNIM1∶43 的纖維和染料分析所見中西交流》(《敦煌研究》2 期)研究首先對尼雅遺址及墓地進行基本情況介紹,之後利用對 95MNIM1∶43 進行顯微觀察和染料分析,通過研究其中不同的染料,得出其絲織工藝受到了中原地區的影響,並且有不同地區染料的特徵。馬麗平《1988 年托克遜縣克爾城鎮墓地採集器物》(《吐魯番學研究》2 期)主要對 1988 年所發現古墓中的出土文物進行分類介紹,包括陶罐、杯碗等,判斷年代距今大約在 3000 年到 2000 年之間,並且器物與吐魯番地區姑師文化中的器物很相似,對今後姑師文化的研究有重要意義。汪瀚、陳剛《吐峪溝石窟東區 2015 年出土古紙的基本性能研究》(《吐魯番學研究》2 期)採用外觀觀察和纖維分析法,對石窟出土的 18 個樣品的性能進行分析檢測工作,將分析結果與新疆其他地區及敦煌隋唐時期的古紙進行比較,可推測出這些古紙的抄造年代大約在唐晚期。聶穎、朱泓等《小河墓地古代人群顱骨的人類學特徵》(《西域研究》3 期)利用古人類顱骨爲研究材料,通過對 48 例顱骨的測驗,得出小河墓地的早期人類已是一個獨立的人群,並且在進入羅布泊之前就與北亞蒙古人群發生了融合的觀點。朱之勇、張鑫榮等《新疆駱駝石遺址石製品研究》(《西域研究》3 期)對 2014 年在駱駝石遺址採集到的石製品進行分類描述,利用數量統計分析方法等進行詳細研究,指出此處遺址是一座露天石器製造場,時期約處於舊石器時代晚期。冉萬里、吳昊澤等《蘇巴什佛寺遺址出土兩枚金屬製品功能探討》(《文物保護與考古科學》5 期)利用 X 光照相、X 射綫熒光、超景深三維視頻顯微鏡觀察等一些科技手段,判定出土的兩枚金屬製品分别爲西突厥銅幣和仿銀金屬製品,其結果對於研究絲綢之路西域諸國間的經濟文化交流有重要意義。魏東、秦小光等《樓蘭地區漢晉時期墓地的考察與初步認識——兼析樓蘭孤臺墓地的顱骨形態學特徵》(《西域研究》3 期)從墓地的選址、埋葬習俗和隨葬品等受到中原文化的影響,以及對墓葬中的顱骨進行測量性狀分析,得出此人群與尉犁縣墓地人群兩者之間並不存在溝通交流。王清、馬志坤等《新疆尼勒克縣吉仁臺溝口遺址石器功能分析:來自植物微體遺存的證據》(《第四紀研究》2 期)以遺址出土的長條形石墨盤、餅形石器的表層殘留物進行科學分析,得出石磨盤曾用於研磨麥類作物種子和某些塊根塊莖類植物,石杵亦用於麥類作物研磨,其結果對於研究安德羅諾沃文化石器功能以及古代社會生計模式提供了重要資料。譚宇辰、王穎竹等《新疆阿敦喬魯墓地出土釉砂分析研究》(《考古與文物》5 期)以 6 件釉砂珠爲研究資料,通過電子探針進行分析,顯示釉砂珠的製作、成分特徵與埃及、歐洲都較爲接近,該研究對研究早期釉砂的傳播與交流提供了新的證據,並且進一步擴充了歐亞草原青銅時代生業互動模式的相關研究。高愚民、楊真真等《新疆和田達瑪溝佛寺遺址出土壁畫顏料分析》(《文物保護與考古科學》5 期)研究以壁畫文物殘塊爲研究對象,利用體視顯微鏡、X 熒光光譜儀、偏光顯微鏡等儀器對其進行分析鑒定,結果表明達瑪溝佛寺所用顏料均爲礦物顏料,該研究爲探索中國西域佛教史、美術工藝史及後期修復保護材料、工藝選擇提供了科學依據。夏曄《旅順博物館藏新疆出土西域文書用紙檢測和分析》(《旅順博物館學苑》2020)利用外觀觀察和纖維分析等方法鑒定出土文書,結合已知年代的紙質文物分析結果作爲參考,得知其年代處於西晉到西州回鶻時期。王龍、荆磊等《吐魯番吐峪溝石窟寺園藝類植物遺存研究》(《農業考古》6 期)研究不再局限於以往的壁畫題材或佛教石窟,而是與先民生存環境密切相關的植物資源,結果得出有 11 種植物,部分植物還用來加工利用副產品,對研究果蔬來源以及在經濟社會中的地位有重要意義。高愚民《吐魯番阿斯塔那墓葬出土雕塑文物概述》(《新疆地方志》3 期)對阿斯塔那古墓出土的草俑、面俑、木雕文物、素面泥塑等進行介紹敍述。

　　文物保護修復方面,黃建華、楊璐等《新疆巴里坤石人子溝遺址出土木質弓幹的現場保護及分析研究》(《文博》5 期)研究通過對木弓出土前 30 日的平均溫濕度變化曲綫進行研究,確定實施現場保護的最佳時間窗口,並且對木質弓幹進行保護性處理,基於對樣塊的分析,認爲木質降解嚴重,提出相應加固處理的結論。萬潔《新疆伊犁地區出土銅鍑保護修復實録》(《文物鑒定與鑒賞》5 期）首先對文物概況進行介紹，以及進行相關的科技保護修復。通過科學保護，使得文物整體的穩定性提高從而被有效利用，並且爲整個新疆地區其他青銅器的保護修復工作提供了借鑒參考。南希、柳凱等《新疆尼雅 95MNIM3 號墓出土絲綿錦袍病害機理研究》（《文物鑒定與鑒賞》5 期）利用電子顯微鏡、X 射綫能譜等方法對絲綿錦袍的腐蝕機理展開研究，結果表明纖維出現了不同程度上的缺失，認爲其老劣化情況嚴重，並提出相應的保護措施。楊華《新疆吐魯番地區出土紙質文書保護修復實錄》（《文物鑒定與鑒賞》13 期）主要是對出土文書進行概況介紹並且進行科學分析，瞭解唐代用紙特點以及病害特點等，從而指出全面科學保護的方法，使得文書保護能夠得到有機統一。張美芳《西域文書修復風險分析及防範措施》（《檔案學研究》4 期）以兩件唐代文書爲研究對象，通過對文書産生的病害分析探究西域文書修復過程中的潛在風險，從而進行風險評估，爲後續全方面展開西語文書修復工作提供參考。肉克依古麗·馬合木、胡振卉《吐魯番安樂古城遺址的保護》（《中國文物報》1 期）介紹了安樂古城的現狀，並從政治、經濟、文化等方面探討其價值所在，從而提出保護安樂古城的必要性。

九、少數民族歷史語言

少數民族歷史研究方面，烏雲畢力格《絲路沿綫的民族交融：占星家與烏珠穆沁部》（《歷史研究》1 期）以占星家與烏珠穆沁部爲研究材料，講述從蒙元到清朝不同時期占星家與蒙古民族相融合的過程，是絲綢之路沿綫民族融合和不同文化交匯交融中典型的一例。周偉洲《吐谷渾暉華公主墓誌與北朝北方民族關係》（《民族研究》第 2 期）依據所出土的吐谷渾暉華公主墓誌考證其家世，以及吐谷渾與柔然的關係、柔然與西魏的關係。墓誌補證北方民族關係史甚多。白玉冬《12—13 世紀粟特——回鶻商人與草原遊牧民的互動》（《民族研究》3 期）首先定義粟特——回鶻商人並敘述與其他各部之間的活動，再利用 U5328 回鶻文書來進一步説明 12—13 世紀粟特——回鶻商人仍然在與草原牧民進行交流。楊富學、米小强《靴扣：貴霜王朝建立者源自大月氏新證》（《敦煌研究》5 期）根據歷史文獻與考古文物，説明靴扣一物本爲貴霜王族成員身份的標志物，其形制和佩戴方法都是由大月氏繼承過來的，這證明了貴霜王朝的建立者——貴霜翎侯來自大月氏而非大夏。齊小艷《大月氏——貴霜時期索格底亞那之希臘化遺物》（《敦煌研究》5 期）利用文獻資料和出土錢幣等，説明大月氏在進入索格底亞時並沒有遺棄希臘文化，而是延續到了貴霜帝國，這些希臘文化隨著索格底亞那人的經商活動進入了中國。敖特根、馬静、黃恬恬《惠斯陶勒蓋碑文與回鶻的崛起》（《敦煌學輯刊》3 期）

通過惠斯陶勒蓋碑文,對早期回鶻的崛起歷史、西突厥史等展開研究,從而將對回鶻早期歷史的研究向前推進 20 年,填補回鶻在鐵勒部落中興起歷史的認識空缺。畢波《粟特人在焉耆》(《西域研究》1 期)通過七個星發現的考古文物以及 5—8 世紀和 9、10 世紀的資料,發現在焉耆的粟特人信仰的是祆教或是佛教,還有身份是商人的摩尼教徒,從而展示了粟特人在焉耆不同時期的活動。鍾焓《10—13 世紀作爲"秦—契丹"組成部分的天山北路與吐魯番之地——以非漢文史料的記載爲中心》(《西域研究》3 期)通過梳理 10—13 世紀吐魯番及天山北路一帶以及宋元時期的非漢文史料,來説明"秦—契丹"涵蓋了吐魯番及天山一帶,從而證實在元朝之前西北邊疆就處於祖國地理之中。張爽《論 5—6 世紀柔然遊牧帝國與歐亞絲路貿易的關係》(《中國社會經濟史研究》2 期)研究 5—6 世紀柔然的興起與衰落,前者是因爲柔然的軍事震懾以及與中原王朝無法同盟的關係使得其在絲路獲得了一定的經濟利益,最終的衰亡則是在中原王朝的壓力之下引發的内部分裂與絲路新興遊牧民族的打擊導致的。朱麗雙《10 世紀于闐的對外物質交流》(《西域研究》1 期)以文獻資料爲依據,敘述 10 世紀于闐對外交流的過程及形式,最終得出于闐與中原王朝的交流早期以進貢爲主,10 世紀中葉以後則是產生了進貢與交易並行的形式。王希隆、楊代成《清前期哈密、吐魯番維吾爾人遷居河西西部論述》(《民族研究》1 期)依據文獻史料敘述清康熙、雍正年間哈密、維吾爾人遷居到河西西部,清朝對其實行了優待政策並且不斷完善其行政和管理制度,對清朝形成大一統局面產生了深遠影響。毛陽光《河南安陽新出〈安師墓誌〉所見北朝末至隋唐之際鄴城的粟特人》(《考古學研究》十一)通過對《安師墓誌》進行解讀,結合以往出土的東魏、北周粟特胡商墓誌,爲研究北朝末年到唐初相州地區粟特胡人的入華、薩寶職務以及逐漸漢化的經歷提供了新的資料。

少數民族歷史語言文字方面,木再帕爾著《回鶻語與粟特語、吐火羅語之間的接觸》(中國社會科學出版社)從回鶻語摩尼教、佛教文獻裏存在的大量粟特語、吐火羅語借詞入手,探討回鶻語與這些語言之間的歷史接觸關係,在絲綢之路語言接觸和阿爾泰語言研究方面有重要參考價值。劉戈著《回鶻文契約文字結構與年代研究:于闐采花》(中華書局)全書分爲驗證篇與普查試點篇,前篇就回鶻文契約文書進行研究,加以大量圖片爲據,指出文字的年代特徵;後篇則以蒙元時期年代因素較多的文書來證明文書的條件式附加成分現象與蒙元時代文書中的情況極大相似。楊富學、葛啓航《回鶻文 xj 222-0661.09 文書若干問題新探》(《文獻》5 期)研究介紹文書基本内容,對以往"依據薩曼王朝佔領怛羅斯是在 893 年而將文獻所示事實歸於高昌回鶻時期"提出質疑,結合多種因素最後將文書的時代推定在 11 世紀中葉以後至 1125 年遼朝滅亡之前。吐送江·依明《吐峪溝石窟佛教遺址新發現回鶻文題記釋讀》(《敦煌研究》5 期)對 2010 年在吐峪溝由吐魯番學研究院和龜茲研究院聯合開展的發掘中發現的回鶻文題記進行概況介紹和解讀,其内容包括人名、十二生肖、縮略語等。朱國祥《回鶻文〈慈悲道場懺法〉中的吐火羅語借詞對音研究》(《民族語文》2 期)主要以《慈悲道場懺法》中出現的吐火羅借詞爲研究對象,通過對比梵語、吐火羅語和回鶻語歸納其中的語音對應規律,從而證明回鶻文獻中的一些梵語借詞並不是直接借入的,而是通過吐火羅語等媒介語進入回鶻語的。

茨默著,朱虎譯《突厥地名劄記》(《中山大學學報》5 期)對德藏吐魯番突厥語寫本 TIIY58 進行解讀,其中包括古代高昌地區的重要地名,多個地名有古突厥語和梵語兩種形式,表明當時存在多語言、多形式的地名。畢波、辛威廉《新發現安優婆夷雙語塔銘之粟特文銘文初釋》(《文獻》3 期)對雙語銘文安優婆夷塔銘文中的粟特文部分進行釋讀,内容包括安氏的籍貫、經歷、宗教信仰並且因爲信仰最終被埋葬於三階教祖師信行塔旁,兩種銘文在個別語句表達上稍有不同,粟特語版本相比較漢文銘文内容也更加豐富且全面。吉田豐著,王丁譯《布谷特碑粟特語部分再考》(《中山大學學報》2 期)根據圖片和最新製作的 3D 照片對以往的錄文進行新的解讀,補充之前在語言、文獻學上的不足之處,並提出關於布谷特碑主的新結論。段晴《于闐王國之名新考》(《西域研究》1 期)以近年新發現的佉盧文、梵語等文書爲佐證材料,重新考察玄奘所謂于闐王國的"雅言、俗謂"背後的語言現象,並且根據漢語音韻學家的觀點,提出漢文史籍裏的"于闐"才是最古老的于闐王國國號的音譯。向筱路《于闐國名對音補論》(《西域研究》1 期)受段晴先生《于闐王國之名新考》研究影響,從語言學的角度進一步論證補充,結論包括"于闐"的對音及出現時期等。薩爾吉《西域發現的非漢語文書的整理與研究——以梵語藏語文獻爲中心》(《敦煌吐魯番研究(第 19 卷)》)首先界定西域非漢語文書的範圍,並根據不同國家將中亞梵語寫本進行分類後逐個敘述。南小民《〈辭源〉:"吐蕃音轉爲土伯特",對否? ——論突厥語系裏的"吐蕃"音譯名稱》(《辭書研究》3 期)根據《辭源》中的注釋對"土伯特"一詞的背景、詞源性質等進行分析並且追溯其語用演變,得出《辭源》的注釋缺乏實證,其注音應該按照唐代本源音義和自然音變原則來進行。邢亞南《隋至唐初突厥語中的漢語借詞現象及歷史成因》(《新鄉學院學報》7 期)介紹突厥族及突厥語探源,將漢語借詞分爲由佛教在突厥地區傳播而起的佛學類借詞、與中原政權來往的官職類借詞以及由移民突厥形成的生活類借詞。奧斯曼·阿卜杜克熱曼《從醫學文獻〈身體治療手册〉看語言接觸的層級性》(《齊齊哈爾大學學報》3 期)以醫學文獻《身體治療手册》爲研究資料,探討其中所體現的突厥語言接觸現象,並指出語言接觸現象的内部接觸和外部接觸兩個特點。

十、古　　籍

韓續《徐乃昌藏本〈龜兹劉平國刻石〉文獻價值考論》(《中國典籍與文化》1 期)通過與施補華《劉興國碑跋》、劉富曾過録本等的比對,考證發現徐乃昌藏本《龜兹劉平國刻石》爲第一期拓本,可爲徐乃昌與劉富曾、蔡源清、陳大鏞的交遊提供新證。李紅揚《〈大谷文書集成〉未命名典籍殘片整理劄記》(《西域研究》1 期)通過對文書殘片的比定和整理,發現文書中有部分古籍、醫藥、佛教文書等漢文典籍,展示出唐代西域文化的多姿多彩以及中原文化在西域邊陲之地也得到了廣泛的傳播。杜思龍、查新芳《哈密事蹟文獻考述》(《文化學刊》2 期)對文獻作者及版本進行考釋研究,之後對内容進行評價。通過對相關問題的初步探討,更全面掌握了這部雜史的流傳變化,爲後續古籍整理編纂提供參考依據。

十一、科　　技

陳建立《新疆早期鐵器的製作技術及年代學研究》(《考古學研究》十一)以新疆不同地區出土的鐵器爲研究對象,探討其製作工藝及年代問題,得出新疆地區開始使用鐵器的時間在公元前 9 世紀,並認爲中國古代冶鐵技術既有外來影響更有本土創造的鮮明特色。羅彦慧《良方與奇術:元代絲綢之路上的醫藥文化交流》(《醫療社會史研究》1 期)對元代絲綢之路上的醫藥貿易進行梳理,研究中原醫家對外來藥物和醫方的認識和使用,以及元代社會各群體對外來藥物和醫方的態度,在此基礎上探討元代絲綢之路的醫藥文化交流。付德明《蘇合香丸與絲路醫藥文化交流》(《醫療社會史研究》1 期)通過詳細梳理和闡述蘇合香丸在中國醫學中的藥用演變歷史,揭示絲綢之路在中外醫藥文化交流層面的重要地位以及對中國醫藥學發展的積極影響。鄧永紅、徐東良等《柏孜克里克石窟 15 窟迴廊壁畫工藝的初步分析》(《文物天地》1 期)通過探討洞窟形制、壁畫製作工藝以及顔料的礦物成分,指出洞窟特有的民族特色。文章對壁畫的科學分析爲後續壁畫管理、文物修復提供了科學依據。羅彦慧《〈南村輟耕録〉中的西域醫藥文化考述》(《回族研究》2 期)梳理了元代陶宗儀撰《南村輟耕録》中的西域醫藥資料,並考證其來源和傳播,研究其與中原傳統醫藥文化之間的交流互動,進而探討了元代西域醫藥文化對中國傳統醫藥文化的影響。葛政《亡佚隋唐醫方書考略》(中國中醫科學院碩士學位論文)對亡佚隋唐醫方書進行系統梳理、考證內容與流衍,並且與敦煌吐魯番出土醫藥文書進行比對,結合隋唐時期的社會、經濟、文化背景來探討亡佚隋唐醫方書的學術價值與貢獻。

十二、書評與學術動態

書評方面。吳華峰《絲路文獻研究的"預流"之作——讀〈瀚海零縑——西域文獻研究一集〉》(《西域研究》3 期)總結了《瀚海零縑——西域文獻研究一集》在對石刻文獻的全面考述、寫本文書的碎片整合、傳世文獻的多元關照、出土文獻與檔案的深度挖掘等方面的貢獻。李宜蓬《內遷與變遷的索隱與通變——評〈元代畏兀兒內遷文學家族變遷研究——以偰氏、廉氏家族為中心〉》(《西域研究》4 期)評析了該書基於畏兀兒內遷的論題選擇、基於文史資料鉤沉的紮實考辨和基於文學家族變遷的學理思考三個方面。胡曉丹《書評〈活靈讚美詩:柏林吐魯番收集品中的中古波斯語和帕提亞語文獻〉》(*The Hymns to the Living Soul. Middle Persian and Parthian Texts in the Turfan Collection*)》(《敦煌吐魯番研究(第 19 卷)》)對德金(D. Durkin-Meisterernst)對吐魯番文書中的摩尼文中古伊朗語摩尼教讚美詩的研究進行了學術史的整理和學習方法的介紹。何亦凡《書評〈吐魯番晉唐墓地——交河溝西、木納爾、巴達木發掘報告〉》(《敦煌吐魯番研究(第 19 卷)》)對該報告中新增的各項文物數據進行了詳細的介紹,並對出土文獻的錄文進行了新的考釋和討論。徐維焱《里程碑與新起點——〈絲綢之路新探索〉書評》(《吐魯番學研究》1 期)評介了該書中絲綢之路的交通路線和考古發現、宗教文本和思想的傳播、多語種文本文獻的流傳與互動及絲綢之路研究史四個議題。趙淩飛《中央歐亞視閾下的絲路民族與唐帝國——森安孝夫〈絲綢之路與唐帝國〉述評》(《唐都學刊》6 期)認為該書以中央歐亞為視角探討絲路民族與唐王朝的歷史與文化交流,具有史觀宏大、視角獨特、史料多元、論證充分等特點,缺點則在於其陷入了傳統中央歐亞史觀和粟特中心史觀的窠臼。陶然《秦漢西域史研究的匈奴視角——王子今教授〈匈奴經營西域研究〉讀後》(《南都學壇》6 期)認為該書內容中如僮僕都尉賦稅諸國、龜茲孔雀的相關研究以及對"射潮"所體現的思想觀念的探討多有創新,並對西域史研究有承上啓下的作用。

此外,《吐魯番學研究》1 期專題性地發佈了一系列關於《新疆洋海墓地》的評介文章。魏堅《直掛雲帆濟滄海——評〈新疆洋海墓地〉》高度評價了《新疆洋海墓地》之資料的完整性、治學的嚴謹性、對學科融合的體現和運用及其對未來研究的啓迪作用。張良仁《一把打開吐魯番史前史的鑰匙——評〈新疆洋海墓地〉》結合作者自身的相關研究經驗對《新疆洋海墓地》的研究做出了總結和評價,盛讚其對史前史研究做出的重要貢獻。王龍、陳慧敏、黃玉清《〈新疆洋海墓地〉之人骨研究篇評介》分析了其全面系統地記錄頭骨測量及非測量性狀,聚焦頭骨古病理、創傷、穿孔及人工變形問題,探討洋海先民經濟模式及社會特點和其體質人類學研究中的資料性及參考性的四方面特點。

研究綜述方面。郝春文主編《2020 敦煌學國際聯絡委員會通訊》(上海古籍出版社)出版,其中即包含《2019 年吐魯番學研究綜述》《2019 年吐魯番學研究論著目錄》等內容。馮建勇《中國邊疆史地研究的通變與勵進》(《歷史研究》1 期)梳理中國邊疆史地研究學術史,論述邊疆史地學人憑著強烈的現實關懷,在以自身所學回應時代所需的同時,不斷將中國邊疆史地研究推向新的高度。馮培紅《廿年虞弘夫婦合葬墓研究回顧與展望——以虞弘族屬與魚國地望爲中心》(《西域研究》2 期)梳理了二十年來關於合葬墓虞弘族屬、魚國地望、石槨圖像等的研究成果並對其進行分類評價,指出以往研究中的成績與不足,並在此基礎上做出對未來研究的展望,提示應在墓誌和圖像釋讀等方面進行拓展。田海峰《新疆克亞克庫都克烽燧遺址考古百年》(《大眾考古》2 期)對克亞克庫都克烽燧遺址進行概況介紹,並且回顧了從 19 世紀末 20 世紀初到 2019 年不同程度的考古探究,初步判定其遺址是武周至開元時期的駐地機構。毛雨辰《近年來河西走廊在絲綢之路上的歷史地位研究綜述——以漢、唐及明時期爲例》(《河西學院學報》6 期)對近年以來學者關於河西走廊的研究尤其是漢唐時期成果進行介紹,認爲後續的研究應該對走廊沿邊各城鎮有所深入。草原絲綢之路與中蒙俄經濟走廊建設研究課題組的劉春子《草原絲綢之路對亞歐大陸歷史進程的影響研究概論(一)——草原絲綢之路上的沿綫政權》(《赤峰學院學報》3 期)和康建國《草原絲綢之路對亞歐大陸歷史進程的影響研究概論(二)——草原絲綢之路上的民族遷徙》(《赤峰學院學報》5 期)兩篇研究將北方民族政權與草原絲路交通結合起來,主要以匈奴與西域諸國、回鶻汗國與西遼政權、蒙古漢國爲重點,概述學界對這些政權與草原絲綢之路關係的研究成果。陳陵娣、陳倩《義凈〈大唐西域求法高僧傳〉國內外研究綜述》(《德州學院學報》5 期)對國內外與義凈《大唐西域求法高僧傳》相關的研究情況展開梳理,爲推動後期譯傳研究做准備。王聰延《20 世紀 70 年代以來國內新疆漢文化相關問題研究綜述》(《兵團黨校學報》5 期)對 20 世紀 70 年代以來新疆漢文化研究領域所取得的豐碩成果及其學術意義進行了論述。

2014—2020 年臺灣地區敦煌學研究綜述

廖秀芬（臺灣南華大學）

本文接續《2009—2013 年臺灣地區敦煌學研究綜述》（《2014 敦煌學國際聯絡委員會通訊》，上海古籍出版社，2014.8，44—73 頁），并參考《2014—2015 年臺灣地區敦煌學研究綜述》（《中國唐代學會會刊》21，2015.12，213—233 頁），介紹臺灣地區 2014—2020 年間公開刊行有關敦煌學的著作及期刊論文之發表概況，其中包含非臺灣地區學者而在臺發表者，有助於瞭解敦煌學界交流之狀況。文中分爲文獻相關、語言文字、文學、宗教、藝術、史地社會、人物書評等類，每類復依主題相近爲次，概述中遺珠之憾在所難免，尚祈見諒。茲分述如後：

一、文獻相關研究

敦煌學研究能趨於完善及有所突破，有賴文獻整理及新材料之公佈，此期間與文獻研究相關之專書，有王三慶《敦煌吐魯番文獻與日本典藏》（新文豐，2014.9）主要探討日本收藏敦煌、吐魯番文獻之價值與真偽；探討月儀書之流變，藉以瞭解中國書儀文獻在日本的藏製及發展；闡述奈良朝古寫經與敦煌文獻之關係，及與東亞文化交流的情況，又以東土古寫經及敦煌文獻對中國佚失典籍進行補缺與復原。作者又於 2018 年完成《中國佛教古佚書〈五杉練若新學備用〉研究》上下兩冊（新文豐，2018.10）。上編爲"南唐病釋應之述《五杉集》研究"，所收篇章已在具審查制度的學報期刊或專書論文集中刊登發表。對《五杉集》的上卷"《法數》與《家誨》"；中卷"凶禮服制的背景源流""凶禮服制、書儀式樣和影響"及下卷"受戒、放生、追薦、祈願等道場疏齋文"進行研究。探討其文化意義，並涉及源流影響及風俗考察，且與傳統典籍及敦煌吐魯番文獻進行異同比較。下編爲"《五杉練若新學備用》校注本"。

此外，作者發表的單篇文章有《〈文場秀句〉之發現、整理與研究》（《2013 敦煌、吐魯番國際學術研討會論文集》，成功大學中國文學系，2014.12，1—22 頁）考察《文場秀句》在中日兩國間資料之關涉，呈現兩國文本資料的互通性與互補性。同年，作者尚有《敦煌文獻〈般若波羅蜜多心經〉唐·佚名注本再探——以天理大學圖書館イ183—293 爲中心》（《成大中文學報》47，2014.12，135—180 頁）發現該卷可與 BD.03610 等寫卷相呼應，整理比較後，進而釐清五個複本寫卷的關係，並復原其內容。又作者《釋應之〈五杉練若新學備用〉

上卷與敦煌文獻等"法數"編輯之比較研究》(《敦煌學》33,2017.8,17—32頁)就《五杉練若新學備用》上卷内容進行探討,同時與傳統的共時典籍、敦煌文獻等法數書籍進行研究。此外,陳淑萍《敦煌法數類書〈法門名義集〉及相關文獻研究》(成功大學中國文學系博士論文,2018),受到王三慶《釋應之〈五杉練若新學備用〉上卷與敦煌文獻等"法數"編輯之比較研究》之啓發,以文獻數量最爲豐富的法數類書《法門名義集》作爲研究對象,以佛教文獻學的方法,迻録、校理其録文,並以文本的證據,考察法數類書《法門名義集》之容受與影響。

著眼"散藏"敦煌文獻者有高田時雄《天理圖書館所藏敦煌寫卷補遺》(《國文天地》35:7＝415,2019.12,31—36頁;《漢學與東亞文化研究:王三慶教授七秩華誕祝壽論文集》,萬卷樓,2020.7,41—52頁)提出天理圖書館所藏之敦煌文獻新發現的五種寫卷,如道教經典《洞真太上説智慧消魔真經》第一卷殘卷等,並就敦煌寫經中的"浄土寺藏經印"加以討論,提供敦煌文獻辨僞之參考。鄭阿財《青島市博物館藏敦煌文獻經眼録》(《2013 敦煌、吐魯番國際學術研討會論文集》,2014.12,625—643頁)將青島市博物館新公佈的八件敦煌遺書製成簡録,敘事來源與價值。作者尚有《論敦煌文獻對中國佛教文學研究的拓展與面向》(《人間佛教學報藝文》5,2016.9,102—131頁),主要就"敦煌佛教文學"課題的形成、敦煌佛教文學與中國佛教文學研究面向的拓展,兩個面向進行論述。

朱鳳玉《散藏敦煌寫卷題跋研究發凡》(《敦煌學》31,2015.3,11—37頁)就散藏寫卷題跋的搜輯整理,説明散藏文獻概況,指出寫卷題跋透露早期甘肅寫卷流散情況,並提供寫卷抄寫斷代之參考,在書法史上亦具珍貴價值。朱玉麒《段永恩與吐魯番文書的收藏研究》(《2013 敦煌、吐魯番國際學術研討會論文集》,2014.12,35—58頁)在清末民初裝裱爲 10 卷之吐魯番文獻,對段永恩留下的題跋進行録文、箋注,並説明其書法、歷史價值與學術特點。波波娃《敦煌文獻標注日期問題之若干説明》(《2013 敦煌、吐魯番國際學術研討會論文集》,2014.12,157—161頁)討論未收録《俄藏敦煌文獻》中的Дx.10267 寫卷之日期、用印相關問題。張長彬《英法藏敦煌兑廢經寫本研究》(《敦煌學》33,2017.8,107—132頁)從兑廢經文獻綜述、兑廢經合鈔文書分析、歸義軍時期的寫經歷史等方面進行研討。

對文獻進行考辨者有石冬梅《〈俄藏敦煌文獻〉第 11 册非佛經文獻新校考》(《書目季刊》47:4,2014.3,1—31頁)對 32 件非佛教文獻進行考辨、定名,並説明其價值。又作者《〈英藏敦煌文獻〉第十二、十三、十四卷殘片考實》(《書目季刊》50:2,2016.9,45—59頁),對四川人民出版社出版的《英藏敦煌文獻》第十二到十四卷中的文書殘片,進行考辨、定名。郜同麟《八種英藏敦煌文獻殘片的定名與綴合》(《敦煌學》31,2015.3,39—46 頁)考定 S.11507B 等八件缺題文書的内容,指其部分可與其他敦煌殘卷綴合。高田時雄《藏文書寫的漢文〈願新郎、願新婦〉》(《2013 敦煌、吐魯番國際學術研討會論文集》,233—239 頁)考辨藏於法國國立圖書館之藏文寫本 P.t.1254 之内容,乃婚禮時祝福新人而祈求幸福生活者。玄幸子《關於 P.2668 裏面的數種雜寫》(《2013 敦煌、吐魯番國際學術研討會論文集》,23—33 頁)對該寫卷進行校録、考察,認爲書寫者與翟奉達相關,受十王思想影響,此雜文爲十恩德、十解夢提供了研究材料。

另外,崔溶澈《韓國所藏敦煌吐魯番文物及絲綢之路研究活動》(《2013 敦煌、吐魯番國際學術研討會論文集》,369—381 頁)介紹韓國所藏敦煌吐魯番文物現況、韓國敦煌學會及中亞學會之活動等。馮婧《法國學界關於敦煌寫本物質性的研究:回顧與新進展》(《敦煌學》35,2019.8,135—149 頁)介紹了法國學界對於敦煌寫本物質性的研究及其新進展。潘銘基《〈群書治要〉所録〈漢書〉及其注解研究——兼論其所據〈漢書〉注本》(《成大中文學報》68,2020.3,73—114 頁)以《群書治要》所引《漢書》及其注釋爲底本,其中輔以《漢書》敦煌寫本 11 件,探討當時所見《漢書》之貌。

二、語言文字研究

語言文字乃解讀文獻之基礎,語言相關論著有洪藝芳《敦煌變文中的妻子稱謂詞探析》(《2013 敦煌、吐魯番國際學術研討會論文集》,209—232 頁)爬梳變文指稱妻子的稱謂詞 17 個,並針對其中唐、五代時期新興與用法改變之稱謂詞有 11 個。藉以重現變文中妻子稱謂詞之實貌、詞彙形態之雙音趨勢、詞彙意義的歷時變遷與運用時的語境制約等,揭示詞彙蘊含的文化内涵。張小艷《敦煌社會經濟文書疑難詞語輯考》(《2013 敦煌、吐魯番國際學術研討會論文集》,311—321 頁)考釋敦煌社會經濟文書中"禮席""祝索"等 5 個詞語。黑維强、唐永健《契約文書中的"分數"類詞語釋義》(《2013 敦煌、吐魯番國際學術研討會論文集》,447—462 頁)指出敦煌及宋代以後契約文書,關於土地、家產等分割内容的文字表述,常用"分數""分籍"等詞語,經考察其乃一組同義詞,表示份額、數額之義。

朴庸鎮、徐真賢《新羅慧超〈往五天竺國傳〉語言研究舉隅》(《東海中文學報》28,2014.12,227—248 頁)對該敦煌寫本的異體字、缺漏字、中介語詞彙等進行分析。梁銀峰《中古漢譯佛經和敦煌變文中由"於"引出的賓語小句》(《清華中文學報》13,2015.6,153—180 頁)以中古漢譯佛經和變文之標補詞

"於"進行考察。吉田文子《敦煌曲の形式的特徵について——字句構成と言語リズムを中心に》(《語文與國際研究》22,2019.12,23—47 頁)以敦煌曲體式中高頻率出現之三言句、四言句爲研究對象,探討其表現形式與雜言節奏感之關係。

廖湘美《〈大般涅盤經〉音切的比較研究:以敦煌 P.2172 與〈可洪音義〉爲中心》(《漢傳佛教研究的過去現在未來會議論文集》,佛光大學,2015,115—138 頁)認爲 P.2172《大般涅盤經》爲研究中古漢語系統的重要材料,並與約同時期之《可洪音義》加以比較。又作者在《敦煌 P.2172〈大般涅槃經〉反映的語音現象》(《中正漢學研究》,2015:2 = 26,241—301 頁)發現敦煌 P.2172《大般涅槃經》存在許多古今、借字、正俗、異體及譯字等文字問題,也呈現幾項屬於古西北地區的河西方音的特點。劉静宜《講經文心理動詞及其教化之研究——以敦煌本〈妙法蓮華經〉講經文爲例》(《臺東大學人文學報》6:2,2016.12,119—162 頁)以敦煌本《妙法蓮華經》講經文四個寫卷爲範圍,漢語語言學心理動詞爲研究的基點,分析講經文中"情感類""認識類"和"意志類"的心理活動動詞,探討當時敦煌地區的語言概況。

文字研究相關有朱鳳玉《敦煌通俗字書中音樂語詞呈現之樂器析論》(《2013 敦煌、吐魯番國際學術研討會論文集》,59—77 頁)析論《開蒙要訓》《雜集時用要字》等通俗字書所載音樂詞語之樂器名目,凸顯通俗字書於研究唐五代社會文化的價值。而蔡忠霖《俗字研究瑣議》(《敦煌學》31,83—100 頁)討論敦煌寫卷俗字研究中俗字意涵、俗字解讀、寫本俗字研究的特異性、俗字與隸變、俗字書寫現象等議題。又作者在《從便捷視角審視俗字的書寫心理》(《敦煌學》32,2016.8,237—259 頁)中以俗字的便捷性爲題,將俗字在便捷追求上的態樣與邏輯作分析與歸納,以印證其流行的原因。周安邦《敦煌寫本雜字系蒙書與明清雜字之關聯探究》(《第十一屆通俗文學與雅正文學暨第十二屆唐代文化國際學術研討會會議論文》,中興大學中國文學系 2016.4.22—23,211—250 頁;《興大中文學報》41,2017.6,97—144 頁)就分類部居之體式,對明清雜字中分類字詞、四言便讀、類聚相關三類範疇與敦煌雜字系蒙書之三大類別,在分類類目與農事描述之相關資料作比對,探討其在體式與内容之實際關聯。

語言文字相關學位論文有翁鈺萍《敦煌通俗字書〈俗務要名林〉與〈雜集時用要字〉研究》(嘉義大學中國文學系研究所碩士論文,2016)以"寫卷敘錄""性質與體式""時代"等方面瞭解二字書成書背景,進而探討《俗務要名林》與《雜集時用要字》的部類詞彙,及其所反映唐代民間社會生活文化。柯欣瑜《〈啓顏錄〉語言文字研究》(東華大學中國語文學系碩士論文,2017)考察敦煌抄本與傳世文獻,試圖對其作者與成書年代進行考證,梳理《啓顔録》版本的異同及其流傳關係。並對《啓顔録》表現的語言現象及時代背景的討論加以整理,進行歸納研究。

陳義彤《敦煌俗字與唐五代西北方音》(政治大學中國文學系碩士論文,2018)指出敦煌材料與晉語核心地區——并州片一帶的方言有一致的變化。考察出土文獻保存的古方音綫索,探討古代西部方言的源流和面貌。黄薇静《敦煌識字類蒙書與國小國語教科書生字之比較研究》(銘傳大學應用中國文學系博士論文,2020)探討與比較敦煌寫本識字類蒙書與各版本國小國語教科書生字之數量、字頻符合的情形,並從兩者的共同選用字,瞭解文字的延續性。

三、敦煌文學研究

敦煌文學研究仍是臺灣敦煌學研究者關注之熱點,以下分述近七年的研究成果。

(一)綜論

宏觀式的綜論研究專著有楊明璋《敷演與捏合——敦煌通俗敘事文學的敘人體物》(政大出版社,2015.9)上編分三章,以通俗敘事作品之敘"人"爲核心,討論講經敘事的善惠故事、講史敘事中劉家太子故事及漢高祖故事;下編六章關注文本所敘之"物",論述《伍子胥變文》之劍、《目連變文》之鉢與錫杖、《葉净能詩》的符籙與衣著、講唱文學中的禮物、《韓朋賦》中的鳥蟲魚及敦煌本《搜神記》之神變敘事與對象,以物質文化角度檢視文學中"物"的功能與象徵性,拓展文本之深度與新意。

單篇論文,楊明璋《從講經儀式到説唱伎藝:論古代的唱釋題目》(《敦煌學》31,2015.3,65—82頁)從變文實際運用於儀式的内容進行立體思考,探究唐五代講經活動中唱釋題目的内容,指出當時一般講經或俗講活動有以開示經題旨義爲目的之"唱釋題目",講經文、變文與説話伎藝的入話有關者除押座文外,即此唱釋題目,講經之"唱題目"一詞更被宋代合生伎藝繼承。作者另有《敦煌文學中的唐玄宗與佛教》(《2020佛教文獻與文學國際學術研討會論集》,2020.11.28—29,1—15頁)檢視敦煌文學作品,有關"唐玄宗"的記述,有屬傳記體的S.3728V《大唐玄宗皇帝問勝光法師而造開元寺》;講唱作品S.6836《葉净能詩》等,有意借唐玄宗宣揚佛教的敦煌文學作品,它們有各自編創的因由、生成語境,而各作品抄寫、傳播的情形也不同。

林雪鈴《唐代敦煌在地作品中的場域記憶及其特徵》(《彰化師大國文學誌》31,2015.12,77—103頁)透過"在地場域記憶""邊塞的邊塞文學"等觀察角度切入探討,比較敦煌本地創作與中原邊塞文學作品的差異。蕭曉陽《敦煌變文與中國小説的詩性敘事》(《第十一屆通俗文學與雅正文學暨第十二屆唐代文化國際學術研討會會議論文》,中興大學,2016.4.22—23,135—146 頁)從佛傳故事的摹寫與講唱探討小説中的繪畫式敘事特徵,並深入論述中國小説中的詩性精神。

廖秀芬《敦煌俗文學的特色及傳播方式》(《第十一屆通俗文學與雅正文學暨第十二屆唐代文化國際學術研討會會議論文》,中興大學,2016.4.22—23,179—196 頁;《文學新鑰》26,2017.12,167—196 頁)主要説明敦煌俗文學的體類,及其所呈現的特色,如體裁的多樣化等。再結合俗文學傳播的特性,探討其傳播的方式,以口頭及書面傳播兼行;表演空間從廟會到一般的娛樂場所的發展;乃至寫卷的傳抄、抄者身份、目的及抄本的多寡等因素,藉此瞭解敦煌俗文學書面傳播的情況。

張家豪《敦煌佛傳文學之特色析論》(《敦煌學》32,2016.8,137—153 頁)探究敦煌佛傳文學之書寫手法與特色,闡述其"篇幅精簡,以利宣教""取材八相,少述涅槃""剪裁諸經,渲染世情""敘事通俗,簡化佛理",皆可見作者適應受衆程度、興趣之所在,進而闡釋其改寫的意義。劉惠萍《敦煌寫本所見"孫元覺"故事考——兼論中國"棄老"故事的來源與類型》(《敦煌學》32,2016.8,215—235 頁)藉敦煌寫本句道興《搜神記》中所保留的"孫元覺"記載,並結合許多近世墓葬出土的圖像材料,論證中國有本土"棄老"故事的可能,並分析因民族文化與社會思想之不同,中國的棄老故事與印度棄老故事在情節表現及故事核心思想之差異。

學位論文有《唐宋俗文學發展及傳播之研究》(中正大學中國文學研究所博士論文,2016),其中唐代俗文學作品部分以莫高窟藏經洞發現的唐五代時期的敦煌變文、俗曲、通俗詩等爲研究對象之一,透過寫卷的故事題材、型態及傳抄等,瞭解唐代俗文學於當時的發展及傳播的情形。

(二) 曲子詞

林仁昱《敦煌佛教歌曲的"世俗記憶"探究》(《第十一屆通俗文學與雅正文學暨第十二屆唐代文化國際學術研討會會議論文》,中興大學,2016.4.22—23,327—340 頁)以"世俗記憶"爲歌詞文本分析的標的,並考量文獻性質、歷史環境與社會現象等因素,依照"勸化出離世俗""關照世俗人情"等標目,進行關於歌曲內涵的義理取向與實際作用等議題的討論。王三慶《項楚先生之學問及其寫作思路——以〈敦煌歌辭總編匡補〉爲例》(《敦煌學》35,2019.8,43—58 頁)以項楚匡補任二北《敦煌歌辭總編》爲例,説明項楚學問之養成,以及爲學的門徑及分析問題的方法。朱鳳玉《潘重規先生〈敦煌雲謠集新書〉

的貢獻與研究探賾》(《國文天地》35：7＝415，2019.12，20—25頁)在前輩學者中尋找足以當作研究範例，爲後學者提供經驗，展示整理與研究的範式。以潘師重規先生的《雲謠集新書》爲例，進行翔實的解題，並分析探究其研究方法與特色，客觀地論述其在學術史上的貢獻。

李文鈺《從"敦煌"到花間：物質書寫與詞體特質的構成》(《林文月先生學術成就與薪傳國際學術研討會論文集》，臺灣大學中國文學系，2014，431—479頁)關注物質書寫，觀察詞從民間到文人之創作，認爲從敦煌到花間詞，書寫之物質從質樸實用轉趨精緻巧飾，從書寫物質原貌轉趨物態精密塑造、組織，透過物質所抒寫的内容，從現實心聲轉趨内在幽遠的情思。金賢珠、李秀珍《初探〈敦煌曲子詞集〉之婉約性風格》(《中國語文》122：1＝727，2018.1，107—121頁)就《敦煌曲子詞集》上卷收録的45首作品，分析晚唐五代詞人所作的小令詞婉約風格的表現特徵。又，金賢珠、張梁《敦煌曲子詞疊詞淺析——以〈敦煌曲子詞集〉爲中心》(《中國語文》127：2＝758，2020.8，94—111頁)從疊詞的角度來分析敦煌曲子詞中淳樸的修辭方式。陶子珍《敦煌民間詞與盛中唐文人詞之比較》(《臺北城市科技大學通識學報》7，2018.3，35—54頁)以盛中唐文人詞，與敦煌民間詞在題材内容、文體風格等進行比較。此外，還有概述性分析敦煌曲者，簡彥姈《唐代民歌中的邊塞風情》(《醒吾學報》55，2017.1，127—139頁)及《敦煌曲中的女子形象》(《人文社會與醫療學刊》4，2017.5，179—196頁)。

（三）變文

變文研究仍是敦煌文學研究成果最豐者，有朱鳳玉《敦煌變文寫本原生態及其文本講唱特徵析論——以今存寫本原題有"變"爲中心》(《敦煌學》35，2019.8，59—92頁)以今存寫本原題有"變""變文"的狹義變文爲中心，透過這些寫本的原生態，將其保存的形態、背景文書、合抄文書、書寫狀況等現象，析論其寫本性質、正背書寫、合抄内容等信息，並據以析論敦煌講唱變文寫本原生態呈現的講唱特徵。蕭旭《敦煌變文校補五十例》(《書目季刊》50：1，2016.6，23—63頁)以《敦煌變文校注》爲基礎，再對敦煌變文校補五十例。

講經變文研究有蕭文真《〈敦煌秘笈〉羽－100號殘卷用途之試探》(《敦煌學》31，2015.3，145—154頁)探討《敦煌秘笈》擬題"不知題經講經文"殘卷的内容，有淺化佛理及通俗化傾向，而其選材兼採俚、俗語，用語淺白易記，此些特質與俗講吻合；再者具有同意換字、採字記音、文字簡化等見於說話類或講經有關文稿之現象，故推測原卷近於俗講法師所備手稿或信衆聽講筆記，非經整理之完稿。張家豪《首都博物館藏〈佛說如來八相成道講經文〉（擬）

探析》(《敦煌學》33,2017.8,133—152 頁)檢閱首都博物館藏《佛説如來八相成道講經文》全文未見引據經典原文,與學界認知的講經文明顯有所差異,有鑒於此,從外在體制及其内容依據進行辨析。計曉雲《〈太子須大挐經講經文〉考述——以 ДХ.285 等六殘片與 BD.8006 號爲中心》(《敦煌學》34,2018.8,45—77 頁)對兩個寫卷的内容、抄寫年代等進行考察,擬題爲"太子須大挐經講經文",且這兩個寫卷源自同一部講經文,應爲兩次不同講説時的底稿或記録本。楊佳蓉《敦煌〈降魔變文〉與經變壁畫之探析》(《育達科大學報》37,2014.4,177—205 頁)探討《降魔變文》來源、與《賢愚經·須達起精舍品》《勞度差鬥聖變》之異同,藉以闡述佛經、變文與壁畫三者之關係。

吉田文子《"降魔変文"の物語としての面白さを構築する要素について——語りに見られる修辞技巧を中心に》(《語文與國際研究》18,2017.12,135—163 頁)構成《降魔變文》故事趣味性的要素,講述部分表達技巧可視爲提高故事娛樂性的重要成分,故著重講述部分修辭特色的探討。作者另有《"大目乾連冥間救母変文并図一卷并序"における表現形式について》(《語文與國際研究》14,2015.12,21—42 頁)探討該變文獨特的場景轉換方法,以及講述部分的結構特色與修辭技巧。林静慧《從〈破魔變〉看佛經故事之編寫》(《中國文化大學中文學報》37,2019.3,121—135 頁)透過對《破魔變》的敘述結構、故事内容與抄寫字形等,探討其故事來源、編寫與抄寫年代、講唱的源流與傳播的模式。

廖秀芬《敦煌變文與圖像父母恩重經變中的生育禮俗》(《文學新鑰》24,2016.12,155—178 頁)藉由《父母恩重經》的變文及圖像的敘述、描繪,進而瞭解在敦煌地區所呈現的生育禮俗。作者另有《對照與互文——由敦煌本〈唐太宗入冥記〉之結構考察唐代"入冥"敘事的模式與意涵》(《文學新鑰》31,2020.6,165—197 頁)以内容較豐,流傳較廣的敦煌 S.2630《唐太宗入冥記》作爲主要考察對象,將其分爲"入冥""冥界""還陽"三個階段,透過"唐太宗入冥事"與"唐代入冥故事"的情節對照,進而瞭解彼此的共時性互動。

林雪鈴《敦煌講唱文辭〈秋吟一本〉之文學意象與説服敘事》(《敦煌學》32,2016.8,85—101 頁)透過秋吟相關意象的使用,分析《秋吟一本》在文學傳統中的淵源脈絡;借用説服傳播理論,闡述其在角色定位、情境烘托等方面所展現的高明説服敘事。白若思《唐代講唱文學的題材與目連故事圖像在東亞傳播演變(10 至 17 世紀)》(《第十四屆唐代文化國際學術研討會會議論文》,中國唐代學會 2020.11.27—28,325—339 頁)比較中、日、韓三國目連圖像的表現,分析帶有多個連續性場景的圖組,它反映了佛教題材圖像的特殊性。又發現其敘事性圖畫的多重功能,相關的圖像既被用於口頭講唱,也出現在文字讀本中。

講史變文研究有楊明璋《敦煌講史變文中的祭祀敘述及其與祭祀活動之關係》(《中國學術年刊》36：春，2014.3，1—22 頁)凸顯祭祀敘述在講史變文中的作用，唐五代的表演伎藝常伴隨宗教齋會，喪葬祭祀亦有英雄故事表演，有些講史變文抄寫時，也與抄齋願文、讚文等合抄，皆可證其與祭祀活動有關。林仁昱《敦煌變文的英雄唱述探究》(《2013 敦煌、吐魯番國際學術研討會論文集》，163—188 頁)探究變文唱述出的英雄形象，透過文本分析，參酌坎伯《千面英雄》揭示之英雄旅程，結合變文生成之時空環境進行詮釋，論述英雄們踏上旅程之因緣、經歷與性格。張家豪《從敦煌本〈唐太宗入冥記〉論〈西遊記〉中"太宗入冥"故事之運用》(《敦煌學》31，2015.3，47—63 頁)指出《西遊記》賦予變文太宗入冥故事嶄新詮釋，使太宗形象轉為守諾有德，入冥後之宗教意涵亦更凸顯，為使入冥故事與奉敕取經欲保君王江山永固的取經動機緊密結合，儒家忠君思想藉此故事統攝宗教題材之百回小說，形成前後呼應之敘事框架。

劉惠萍《圖文之間的歷史：以敦煌寫本漢將王陵變為例》(《第十一屆通俗文學與雅正文學暨第十二屆唐代文化國際學術研討會會議論文》，中興大學中國文學系，2016.4.22—23，19—38 頁)結合傳世文獻與出土文獻中所保留的王陵及王陵母故事材料，考索"王陵"及"王陵母"此一敘事在書面文字與圖像材料兩系統間的流傳情形。陸穗璉《敦煌本〈捉季布傳文〉與〈史記・季布傳〉之互文性——兼論俗文學對史傳文學的傳承與創新》(《嘉大中文學報》12，2017.11，217—255 頁)運用互文性理論，探究敦煌本《捉季布傳文》與《史記・季布傳》兩文本的互文性關係。敦煌本《捉季布傳文》是講唱文學的代表，屬於俗文學的範疇，而《史記・季布傳》則是史傳文學，所以兼論俗文學對史傳文學的傳承與創新。作者另有《〈漢將王陵變〉與唐前王陵故事之互文性研究》(《成大中文學報》63，2018.12，1—3+5—38 頁)以互文性理論為研究基礎，分別從共時性和歷時性探討《漢將王陵變》與唐前王陵故事之互文關係；再進一步從消極性互文手法與積極性互文手法探討《漢將王陵變》對唐前王陵故事之傳承與創新。此外，有就單篇變文進行討論，如蔡翊鑫《〈葉淨能詩〉研究》(《藝見學刊》11，2016.4，29—37 頁)及王志鵬《略論敦煌〈韓擒虎話本〉的小說史意義》(《2020 佛教文獻與文學國際學術研討會會議論文》，政治大學中文系，2020.11.28—29，1—8 頁)。

學位論文有楊靜宜《唐代"和親"主題文學之研究》(嘉義大學中國文學所碩士論文，2014)運用唐代和親詩作及《王昭君變文》展開和親主題文學之論述。廖珮如《敦煌文獻中目連變文之孝道研究》(華梵大學東方人文思想研究所碩士論文,2015)目連變文以孝順父母、報父母恩爲故事的核心,融入佛家特有的行孝方式,例如:出家修行、舉辦盂蘭盆會等,使佛教孝道思想普遍爲世俗所接受。陳慧涵《董永故事型變研究——以孝道思想爲綫索》(華梵大學東方人文思想研究所碩士論文,2017)旨在探討歷代董永故事的變化痕跡與原因,體現董永故事從"基型"到"發展",最後臻於"成熟"的演進過程。

鍾侃恬《敦煌講唱文學中的女性敘事》(政治大學國文教學碩士在職專班碩士論文,2020)分析敦煌講唱文學的女性角色的故事類型,考察敦煌講唱文學中人物形象的變化程度,藉此瞭解敦煌講唱文學故事中的女性人物的共性與特殊性。陸穗璉《敦煌講史性漢將變文與史傳之比較研究》(銘傳大學應用中國文學系博士論文,2019)針對二十四件寫本做敘錄,並據以闡述寫本原生態相關的敘論。再借鑒比較研究法、批判調整後的互文研究法,比較、論述各漢將變文與其相關史傳間的關係,再藉由不同的互文手法,界義與析論各變文與其史傳原型二文本間的互文關係。

(四)俗賦

敦煌賦的研究有項楚《敦煌本〈醜婦賦〉校注商榷》(《2013 敦煌、吐魯番國際學術研討會論文集》,2014.12,411—418 頁)對潘重規、伏俊璉之校注提出若干商榷意見。劉惠萍《敦煌類書事森與漢魏六朝時期的孝子傳》(《2013 敦煌、吐魯番國際學術研討會論文集》,2014.12,601—623 頁)敦煌類書《事森》所引《孝子傳》如董永、郭巨等孝子故事,非源於現今可見的任一傳世《孝子傳》,與兩漢至魏晉南北朝出土墓葬之"孝子圖"有更高相似性,推論民間可能有另一套更普遍流傳之孝子故事系統。作者另有《呈現"孝道"——以"丁蘭刻木事親"敘事爲中心的一種考察》(《成大中文學報》47,2014.12,241—284 頁)結合墓葬圖像出土文獻,以知識考古方法對丁蘭刻木事親敘事之承衍進行梳理,乃一系列的研究。包晏寧《文人與民間的關照:柳宗元賦體文學與敦煌俗賦探析》(《第三十二屆南區中文系碩博士生論文研討會論文集》,高雄師範大學國文學系,2014,97—111 頁)試圖説明柳宗元賦體雜文與敦煌俗賦之共性,文人作賦在典故與情節運用具民間性與故事性,趨於大衆化。

(五)經、子典籍方面

黃亮文《論韓愈爲嫂服期之相關問題——附論嫂叔服之初始》(《2013 敦煌、吐魯番國際學術研討會論文集》,2014.12,419—446 頁)文中首先考其所服異於傳世文獻,進而探究該服制之緣由,並以敦煌書儀 P.4024 中《齊衰期·義服》進行論述,釐清韓愈爲嫂服期一事的緣由,並反觀歷來對此事之評價。山本孝子《唐五代時期書信的物質形狀與禮儀》(《敦煌學》31,2015.3,1—10

頁）以唐代書儀與使用過的書信爲研究材料，探討書信的物質形狀特徵，如：料紙與字體之選用、封緘方式等，闡述其所具有的禮儀作用。王三慶《敦煌本杜友晉書儀與五杉集之比較研究：以凶書儀中的"五服圖"爲討論》（《第十三屆唐代文化國際學術研討會會議論文》，中國唐代學會，2018.5.4—5，381—413頁）透過杜友晉《書儀》中的兇禮"五服圖"，與釋應之《五杉集》卷中凶書儀的部分交集圖表進行比較，探討從世俗到僧家喪葬禮俗上的一些差異與影響。

沈相輝《〈毛詩〉卷子古本與延文古抄本考論》（《書目季刊》50：4，2017.3，1—27頁）考察二文本的特徵，判斷卷子本與延文本皆源出於六朝寫本系統，二本表現出融合南學與北學的特點，其產生時間大致在隋代或唐初。卷子本與延文本中的經、傳文字與宋本系統存在上千條的異文。此外，有王誠御《〈敦煌本文選注〉"伏生所誦〈詩〉"及〈文選集注〉"〈毛詩〉孔安國〈注〉"辨正》（《東吳中文綫上學術論文》42，2018.6，33—47頁）及石立善《從敦煌吐魯番出土古寫卷看清人三家詩異文研究之闕失》（《華人文化研究》2：1，2014.6，1—15頁）。

莊兵《敦煌吐魯番文獻展現的〈孝經〉今古文》（《出土文獻研究視野與方法國際學術研討會會議論文》，政治大學中國文學系，2016.6，1—28頁；《政大中文學報》27，2017.6，231—278頁）以敦煌吐魯番《孝經》諸本與傳世諸本逐次比對，發現敦煌吐魯番諸本中，各寫卷多有呈現今古文字體混用的狀況。作者另有《"玄宗改經説"新辯》（《東華漢學》28，2018.12，71—100頁）通過與敦煌吐魯番諸本資料參核比對，被認爲所改之"經"實際上皆有六朝《孝經》文本的淵源，因此即便所謂玄宗"改經"，亦當屬官學立場的正訂經文範疇，而非"以己意改經"。又杜冰梅在博士論文基礎上修改之《敦煌寫卷〈老子〉綜合研究》（花木蘭，2014.3）在臺灣出版，論述敦煌寫卷《老子》之文獻、版本、異文及字樣整理。

類書相關研究有劉全波《論敦煌類書的分類》（《2013敦煌、吐魯番國際學術研討會論文集》，2014.12，547—579頁）以漢宋間中國類書分類特徵考察敦煌類書。魏迎春《敦煌寫本P.3907籯金殘卷考釋》（《2013敦煌、吐魯番國際學術研討會論文集》，2014.12，669—683頁）考釋此殘缺之類書文獻。陳茂仁《敦煌寫卷〈籯金〉增輯〈新序〉佚文一則》（《書目季刊》48：1，2014.6，45—47頁）則以P.2537《籯金》增輯《新序》。

楊明璋《傳統通俗文化的婚儀問答與門：從敦煌本〈下女夫詞〉到日用類書〈佳期綺席詩〉，徽州文書〈鋪房文詞〉》（《2013敦煌、吐魯番國際學術研討會論文集》，2014.12，463—485頁）將敦煌本《下女夫詞》與宋、元日用類書《事林廣記》等所録清末民初喜歌及徽州文書《餞房文詞》進行比較分析,藉以論述漢語文獻中婚儀文學的問答運用情形及承衍。作者另有《文人入聖域——白居易及其詩文的神聖化想像與中、日寺院》(《敦煌學》32,2016.8,197—213頁)討論白居易及其詩文在寺院、在僧人群體中的地位,較其他文人及詩文,更爲當時佛教僧眾所看重。藉此述論白居易及其詩文,是如何被古代中、日寺院及僧眾所接納,甚至被神聖化的。

此外尚有邱君亮《敦煌蒙書研究——〈王梵志詩〉蒙詮》(《第四十六屆中區中文研究所碩博士生論文研討會論文集》,中興大學中國文學系,2014,288—312頁)關注敦煌蒙書,論述王梵志詩的蒙書因素與價值,認爲蒙書乃爲大眾啓蒙而非僅限童蒙。林秀娟《敦煌本〈搜神記〉研究》(政治大學國文教學碩士論文,2014)關注敦煌小説,分析情節、主題並論述敦煌《搜神記》之文化意蘊。

四、敦煌宗教研究

由於敦煌藏經洞文物多數與佛教相關,宗教研究焦點依舊在佛教,專書方面有楊明璋《神異感通・化利有情:敦煌高僧傳讚文獻研究》(政大出版社,2020.9)上編六章,以敦煌"僧傳文獻"爲中心的論述,有"寶志神異傳説與唐宋之際十一面、十二面觀音信仰"等;下編四章,以敦煌"僧讚文獻"爲中心的論述,"有'道安'及其相關著作"等。一方面梳理高僧傳、讚之抄寫情形及其神異傳説之源流,另一方面藉以探究從唐至宋的中土人士對本土與域外高僧之崇拜信仰,兼及此時的高僧崇拜信仰對後代乃至於東亞文化圈之影響。所收篇章已在具審查制度的學報期刊或專書論文集中刊登發表。

《華嚴經》相關研究有崔中慧《德國收藏吐魯番出土早期〈華嚴經〉寫本殘片研究》(《2014 華嚴專宗國際學術研討會論文集》,2014.10,23—48頁)延續作者《吐魯番出土北涼且渠安周供養〈佛華嚴經〉研究》(《華嚴學報》6,2013.12,217—262頁)系列成果,關注德藏吐魯番文獻中四件《華嚴經》殘片,據書法風格,推斷爲北涼寫經,又藉佛教史料説明《華嚴經》於北涼已傳至北方且爲官方重視,而北涼已有官方寫經組織與寫經生,除本地人,亦有外域及南方者,致使寫經呈現南北交融又具中亞風格之書法特色。作者另有《由〈涼王大且渠安州造寺功德碑〉探討北涼宮廷寫經體》(《2013 敦煌、吐魯番國際學術研討會論文集》,2014.12,345—368頁)藉北涼王渠安州於高昌建造佛寺所立之碑探討北涼宮廷寫經體。作者尚有《佛教初期寫經坊設置蠡測》(《臺大佛學研究》32,2016.12,99—134頁)利用敦煌與西域出土的漢文佛經寫本,及其時代相關石刻碑銘與其他相關的書寫材料爲基礎,探討漢傳佛教早期寫經於北涼時期形成的可能性。吳新欽《隋代敦煌袁敬姿所寫華嚴經寫卷的傳播》（《2017 第六屆華嚴專宗國際學術研討會論文集（下冊）》，2017.4.27—29，377—400 頁）從不同身份的傳播者、傳播信息的面向，從"顯"文化、"隱"文化層面，闡釋袁敬姿所寫華嚴經寫卷應有的位置。

鄭阿財《從敦煌本〈華嚴經〉論晉譯五十卷本與六十卷本》（《2019 第八屆華嚴專宗國際學術研討會論文集》，2019.4.26—28，1—28 頁）根據公佈的敦煌文獻華嚴經寫本，輔以吐魯番文獻中的華嚴經殘片，對照今存由金藏廣勝寺本與明永樂北藏本拼合而成而五十卷本《華嚴經》及《大正新修大藏經》第 9 册收錄的六十卷本《華嚴經》，析論二者具體差別與意義及其盛行的時代與區域。李幸玲《養鸕徹定舊藏敦煌寫卷〈華嚴經疏〉擬題再議》（《2020 佛教文獻與文學國際學術研討會論文集》，2020.11.28—29，1—23 頁）原擬題爲《華嚴經疏》的唐代寫卷，内容同時兼具真諦譯本、玄奘譯本世親釋與無性釋《攝大乘論釋》的注解，主題涉及"菩薩十地""菩薩戒"等討論。透過梳理《攝大乘論釋》寫卷被誤判爲《華嚴經疏》的原因及其攝論詮釋要義。

佛經翻譯、版本、校補的研究有，羅恩《〈救護身命經〉之介紹與英譯》（《中華佛學學報》27，2014.7，1—34 頁）介紹並英譯《救護身命經》，其含注解之譯文乃以日本七寺的寫本爲底本，並參照敦煌與《房山石經》的寫本。方廣錩《關於漢文大藏經的幾個問題》（《中華佛學學報》28，2015.7，1—34 頁）詳述中國佛教史中大藏經的演變，釐清名稱來源，並將大藏經分爲寫本、刻本、近代刻本及數字化時期。郭麗英《敦煌寫經中西域傳譯經與中原未傳經》（《2013 敦煌、吐魯番國際學術研討會論文集》，2014.12，277—293 頁）討論吐蕃時期到 10 世紀間，北庭和安西鎮翻經抄寫流傳前後事宜，並論述敦煌地方撰述"迴向輪經"等密教經典之相關議題。蘇錦坤《試論"甘肅博物館 001 號〈法句經〉寫本"的異讀》（《福嚴佛學研究》10，2015.4，19—39 頁）指出甘博寫本的部分異讀與今存世之各雕版《法句經》用字不同，若寫卷確實出自敦煌、吐魯番戰事紛繁、經卷短缺之地，向壁虛造幾乎不可能，應是根據古版寫本抄寫，且據以抄寫之"祖本"與各版《法句經》不同，應是今所未見之"版本"，故可以將甘博寫本作 T210《法句經》之"校本"。

汪娟、馬小鶴《〈尊勝咒〉唐代異譯補考》（《絲瓷之路——古代中外關係史研究》6，2017.9，118—150 頁）針對北京國家圖書館藏敦煌寫本 BD.03713－2、BD.03907 與其他異譯的比較，推論霞浦文書中的真言有異文以及常見同詞異形的原因。借助佛教密宗真言的梵文、漢文對照，説明在唐代就有許多"同詞異形"的種種異文。又，汪娟、馬小鶴《不空譯〈尊勝咒〉綜考》（《敦煌學》33，2017.8，53—78 頁）繼前篇論文《〈尊勝咒〉唐代異譯補考》之後，更進一步以題名不空所譯的 BD.03907、P.4501 與相近的《尊勝咒》譯本進行比較,集中於觀察同一個譯者根據不同梵本,或不同時候,選擇不同的漢字音譯梵文,從而造成梵咒異文的原因,作爲側面理解霞浦文書中真言的借鑑。

又,汪娟、馬小鶴《霞浦文書〈摩尼光佛〉科册的儀文復原》(《敦煌學》32,2016.8,1—43 頁)從《摩尼光佛》中同質性的儀節多次重複、前後雜遝來看,《摩尼光佛》應可被視爲一部摩尼教的禮懺文集。進一步分析《摩尼光佛》的形式結構,復原《摩尼光佛》所省略的儀文,可以更加貼近《摩尼光佛》作爲儀式文書的原始面貌,進一步理解摩尼教在華化的過程中對佛教禮懺的借鑒與實際運用情形。又,汪娟、馬小鶴《吉田豐之摩尼教文獻漢字音寫研究》(《敦煌學》34,2018.8,79—100 頁)介紹了吉田豐先生對敦煌寫本《下部讚》中第二首、第三首音譯詩偈、霞浦文書《請神科儀合抄本》中的“四寂讚”以及《摩尼光佛》之“天王讚”的研究,解說吉田在《摩尼光佛》和中古波斯語文本 M19 中的“天王讚”之間的比較,評論吉田對《摩尼光佛》三個中文音譯詞的比定——薩緩、鬱多習及沙勃。

又,汪娟《敦煌景教文獻對佛教儀文的吸收與轉化》(《“中央研究院”歷史語言研究所集刊》89:4,2018.12,631—661 頁)景教在中國的傳播過程,在經典教義上大量援引了儒、釋、道三教的名詞和形式、個別內容,其中又以佛教爲大宗。主要以《三威蒙度讚》等相關文獻爲基礎,考查景教文獻對佛教儀文的吸收與轉化。汪娟《漢譯〈摩尼教殘經〉的體式及其佚文的新探索:以佛經體式爲參照》(《敦煌學》36,張廣達先生九秩華誕頌壽特刊,2020.8,193—214 頁)以佛經體式作爲參照,針對北敦 256 號寫本《摩尼教殘經》的體式進行考查發現,敦煌本《殘經》的結構體式取法了佛經常見的三分科經法和四言格散文體。

“維摩詰”相關研究,文獻方面有林純瑜《〈維摩經〉藏譯本周邊文獻考察》(《佛光學報》新 1:2,2015.7,471—534 頁)說明藏譯本來源、研究史,並就敦煌寫本殘卷與藏譯本的譯出、譯者與年代、影響等議題進行闡述。作者另有《〈維摩詰經〉敦煌藏文寫本殘卷 P.t.610、P.t.611 研究》(《臺大佛學研究》33,2017.6,1—58 頁)比對 13 個甘珠爾傳本中之對應經文,經由各本之間的差異推演《維摩詰經》甘珠爾傳本之傳承關係與體系。分析 P.t.610、P.t.611 和各甘珠爾傳本之間的文句異同和關係。萬金川《〈維摩詰經〉支謙譯本的點校——兼論該一經本的譯者歸屬及其底本語言》(《佛光學報》新 1:2,2015.7,101—232 頁)以一件書造於 4 世紀末的寫卷而入校傳世刻本,並借助漢語語法的分析以及梵漢文本對勘的語文學方法,著手釋讀支謙譯本中一段令人費解不已的經文,並釐清有關此一譯本的譯者歸屬問題。

何劍平《維摩詰信仰在中國中古時期的演進歷程與特徵》(《佛光學報》新1:2,2015.7,357—387頁)敦煌寫卷出現之時,湮没已久而作爲庶民文化之維摩詰信仰世界方被人們所認識;有別於士大夫重玄理,民衆信仰具有崇拜神力、重視經卷之書寫和供養等特質,呈現通俗化傾向,此特性於中唐後由於净土教、禪宗推動的佛教教理和佛教藝術的通俗化趨向而與士大夫信仰合流。作者另有《民間俗曲〈十二時(普勸四衆依教修行)〉與佛教講經文之關係論略》(《2020佛教文獻與文學國際學術研討會論集》,2020.11.28—29,1—19頁)以P.2054《十二時(普勸四衆依教修行)》等六種寫本進行研究,通過六本互校,闡釋了它與講唱文的關係和用途。該寫卷始爲説法化俗之作,後經輾轉傳抄,成爲具多種宗教用途的作品。

潘亮文《敦煌隋唐時期的維摩詰經變作品試析及其所反映的文化意義》(《佛光學報》新1:2,2015.7,535—583頁)結合石窟圖像與藏經洞文獻,石窟之經變圖從窟頂到西壁龕外兩側,後到東壁或南壁或北壁,其位置改變使畫面空間變大,是表現品數内容得以增加之因;有一波來自中原的影響,吐蕃時期基本構圖形式大致底定,推測信仰有一定程度的普及。查屏球《從西域之神到東土隱士——唐宋維摩詰圖題詩之衍變》(《佛光學報》新1:2,2015.7,305—356頁)亦採用部分敦煌壁畫材料進行論述。

鄭阿財《杏雨書屋〈敦煌秘笈〉所見〈維摩詰經〉及其相關文獻》(《佛光學報新》2:1,2016.1,1—33頁)檢閱杏雨書屋《敦煌秘笈》刊佈的758號中所收《維摩詰經》相關文獻35件,根據圖録内容加以分類並簡要敘録,呈現其寫卷情況,論述其文獻價值與相關問題。作者另有《敦煌寫本〈維摩義記〉抄寫年代及系統分析》(《佛光學報》新3:2,2017.7,1—40頁)根據各卷原卷首尾題名及内容擬爲《維摩義記》的敦煌寫卷計有17件,吐魯番地區出土4件。論述其抄寫年代,根據其内容分析、比對,歸納出佚名《維摩義記》、慧遠《維摩義記》等五個系統。作者另有《單注到集注:從敦煌吐魯番寫本遺存看僧肇注維摩詰經的流傳》(《佛光學報》新4:1,2018.1,99—140頁)從敦煌、吐魯番出土文獻梳理出45件有關《注維摩詰經》寫本,區分爲單注及集注二大系,藉以考察僧肇《注維摩詰經》從單注到合注的發展及其相關問題。其中單注本抄寫時代大抵爲唐前,合注本呈現八卷本與十卷本兩個系統。

僧傳、僧讚文獻相關研究有楊明璋《泗州僧伽和尚神異傳説研究——以敦煌文獻爲中心的討論》(《中國學術年刊》39春季號,2017.3,51—76頁;《第十一屆通俗文學與雅正文學暨第十二屆唐代文化國際學術研討會會議論文》,中興大學中國文學系,2016.4.22—23,1—17頁)以敦煌文獻中S.1624僧傳摘抄、P.3727《聖者泗州僧伽和尚元念因緣》，以及 P.2217、S.2565 等的《僧伽和尚欲入涅槃説六度經》爲中心，探究僧伽和尚神異傳説的流衍，同時也兼論僧伽和尚與萬迴、寶志合抄的意義。又《唐宋之際文殊菩薩的侍從變化考論》（《敦煌學》33，2017.8，171—193 頁）透過由唐至宋的各式文獻，尤其是同一時期的中、日神異傳説考察文殊侍從的變化，以及當時民衆的文殊信仰經驗。作者另有《敦煌本〈唯識大師無著菩薩本生緣〉〈唯識論師世親菩薩本生緣〉之文本屬性與故事源流》（《中國學術年刊》40：秋，2018.9，123—146 頁）校録抄寫於 10 世紀中葉 P.2680、P.3727 二寫本上的《唯識大師無著菩薩本生緣》《唯識論師世親菩薩本生緣》，之後考究其文體名——"本生緣"，以爲應該是"本生"與"緣起"的合稱，此文體的特色應當是敘述拔苦令安樂的菩薩行因緣。而《唯識論師世親菩薩本生緣》則應是以南朝陳真諦譯《婆藪槃豆法師傳》爲基礎，參考唐代玄奘《大唐西域記》、敦煌本曇曠《大乘百法明門論開宗義決》，改寫而成。

作者還有《唐五代宋初敦煌的南山道宣崇拜》（《出土文獻研究視野與方法》7，政治大學中國文學系，2020.8，51—72 頁；《出土文獻研究視野與方法國際學術研討會會議論文》，2019.10.5，51—72 頁）敦煌文獻中有關道宣崇拜的寫本，《聞南山講》與《南山宣律和尚讚》反映了唐五代初敦煌的宗教儀式活動中，道宣已成爲信衆頌讚的對象；《毗沙門天王奉宣和尚神妙補心丸方》與《終南山澄照大師於臺山金閣院内金字藏中檢得七佛名號》則反映了道宣已被神聖化，非但可令神祇毗沙門天王提供治病藥方，還展示了稱念佛號以滅罪消業的簡要方法。作者尚有《金和尚的聖化聲跡及其與敦煌行腳僧圖之關係》（《政大中文學報》32，2019.12，201—228 頁）以無相神異感通敘述爲主體，觀察外國僧無相於唐土聖化及其流播之過程。敦煌文獻中有P.2125、P.516 等十餘件寫本的《歷代法寶記》，對法號無相的新羅王子——金和尚之敘述時涉神異情節，多爲其他傳世文獻所未提及。又敦煌畫中有P.4029、P.4074 等 20幅的行腳僧圖，該僧人的原型，應該是同爲新羅王子的無相與無漏的複合體，並影響後來約形成於 13 世的吐蕃十八羅漢中的達摩多羅形象。此外，作者另有《敦煌本〈十聖弟子本生緣起〉〈十大弟子讚〉〈十哲聲聞〉考論》（《敦煌學》36，張廣達先生九秩華誕頌壽特刊，2020.8，413—432 頁）討論敦煌文獻中三種文本的抄寫情形、與現存佛典之交涉情形，以瞭解其文本的由來及用途。

由佛教圖像探究其思想者有汪娟《佛教瑞像的特徵與形成的思想基礎：從印度、于闐、敦煌到東土瑞像的整體考察》（《2013 敦煌、吐魯番國際學術研討會論文集》，2014.12，107—129 頁）論述瑞像與一般佛像在造像由來、準則、特徵、功能之差異，並由佛身觀的歷史發展，説明以大乘佛教法身思想作爲瑞像形成的理論基礎之成因，進而以吉美博物館藏五代 M.G17655 絹本爲例説明之。鄭阿財《敦煌文獻圖像整合視閾下的泗州僧伽和尚信仰》(《夏荆山藝術論衡》10，2020.9，9—45 頁)從敦煌文獻 P.3727《聖者泗州僧伽和尚元念因緣記》結合 S.1624《唐泗州僧伽大師實録(鈔)》及 S.2565 等《僧伽和尚欲入涅槃説六度經》等相關寫本文獻，關注唐代僧伽和尚信仰的流傳與演變，從交叉學科的視野出發，考論敦煌寫本，統整傳世文獻、敦煌石窟壁畫與四川石窟造像等，考察唐五代泗州僧伽和尚信仰的發展。作者尚有《文獻、文學與圖像：敦煌寫本〈劉薩訶和尚因緣記〉文本互文研究》，(《2020 佛教文獻與文學國際學術研討會論集》，2020.11.28—29，1—20 頁)認爲石窟壁畫、造像，石刻碑記等物質性的文字文本之間，及其與圖像文本之間，既具有傳承的文本共性，又有因媒介工具材質、時間、空間的制約，在傳播的過程中，存在理解、詮釋與表達差異的殊性，彼此既可互證、互釋，又可互補。以敦煌寫本《劉薩訶和尚因緣記》結合傳世文獻與考古資料，將相關文獻、文學與圖像，依序梳理並析論其所呈現的互文性。

簡佩琦《從"目連經變"至"十王經變"圖像遞嬗之跡》(《2013 敦煌、吐魯番國際學術研討會論文集》，2014.12，685—709 頁)將文本與圖像結合論述，以十王圖卷與榆林窟 19 窟之目連經變進行比對，認爲敦煌十王圖卷之源流出自目連經變，乃因兩者有"地獄"作爲相互連接之共通點，並統整十王圖像所顯示的文本時間。作者尚有《敦煌披帽地藏之文本與圖像》(《敦煌學》32，2016.8，261—298 頁)就文本與圖像兩部分進行探究，文本部分乃鎖定於"披帽地藏"。圖像部分，在分類探討下，就時代風格排序，理出披帽地藏的時代序列發展，並針對披帽地藏的萌發、發展型態以及最終爲何式微等進行探討。又《敦煌壁畫"取經圖"再議》(《玄奘佛學研究》27，2017.3，43—84 頁)重新檢視所有敦煌"取經圖"，發現第 29 窟不但是取經圖，而且還有兩幅。其次再透過圖像與文本《大唐三藏取經詩話》的考察，確認敦煌取經圖應至少有七幅爲是。最後，以明圖文兩間的互涉關係。又《敦煌壁畫之文本〈大唐三藏取經詩話〉》(《玄奘佛學研究》28，2017.9，167—189 頁)再透過文本《大唐三藏取經詩話》的考察，進一步確認敦煌取經圖至少應有七鋪爲是。

作者另有《敦煌維摩詰經變圖文研究(1)：隋代最初的型態》(《第十四屆唐代文化國際學術研討會會議論文》，中國唐代學會 2020.11.27—28，159—190 頁)針對敦煌隋代 12 鋪維摩詰經變進行現場考察，首度公佈至今沒有圖版的畫面內容。釐清隋代維摩詰經變所在位置出現三階段變動。作者還有《佛教圖像數字資源於佛學教學之運用》(《佛教圖書館館刊》66，2019.12，94—110 頁)站在研究使用過程會使用到的網頁與數據庫角度，説明其使用者界面的優缺點,及提醒注意事項,以提供研究者、教學者進一步利用與查找所需的資料。

陳懷宇《試論敦煌出土 P.4518(10)紙本畫頁之性質及背景》(《敦煌學》36,張廣達先生九秩華誕頌壽特刊,2020.8,387—412 頁)說明敦煌伯希和收集品 P.4518(10)之性質乃是佛陀說法之寶珠喻場景,但其畫面以摩尼寶珠畫成與佛陀等高的形象,且其火焰和蓮座與佛陀僧衣同色,判定爲佛陀法身之象徵。作者另有《中古時期敦煌燃燈文與石燈發願文比較研究》(《2020 佛教文獻與文學國際學術研討會論集》,2020.11.28—29,1—7 頁)敦煌燃燈文與中原石燈銘文既有相似之處亦有很大不同,它們文中體現的對早期佛教傳統的追溯、涉及的主要神祇、早期佛教人物、宇宙觀、燃燈儀式,乃至贊助檀越之構成及其發願目標,不僅體現出燃燈文化的地區性差異,體現出儀式性質之不同,石燈銘文體現出很強的紀念碑性。

佛教文化相關研究有梁麗玲《敦煌文獻中的護童信仰》,(《2013 敦煌、吐魯番國際學術研討會論文集》,2014.12,295—309 頁)敦煌文獻中提供袪除小兒疾病之法,皆直接簡易地念誦陀羅尼咒,或祭祀護諸童子女神,此乃基於民間實用性的立場,對佛經進行摘抄,甚至重新組合的結果。作者另有《敦煌寫本〈如意輪王摩尼跋陀別行法印〉研究》(《敦煌學》36,張廣達先生九秩華誕頌壽特刊,2020.8,359—386 頁)考察敦煌寫本《如意輪王摩尼跋陀別行法印》主要宣揚如意輪陀羅尼神咒具有淨除罪障,超越十地的殊勝功德。隨卷所附十七枚別行法印,透過觀察符印印式、施作與功能的借用與轉變現象,作爲體現中古時期佛教世俗化過程的一個例證。

荒見泰史《敦煌本五臺山讚文與念佛法事、齋會》(《2013 敦煌、吐魯番國際學術研討會論文集》,2014.12,263—275 頁)將文獻置於實用儀式中進行思考,通過調查《五臺山讚文》及其在念佛法事的使用情況,比較此系統文獻之文字,爲了實際法會使用會發生改寫情況,其中 P.3645 相對來說保留原來讚文面貌;龍谷大學藏本、P.2483 等可說爲了實際用途而被改寫,此情形如同變文在實際宣唱時,也有類似韻文被改寫之情況。作者另有《敦煌的施餓鬼法與日本藏〈覺禪鈔・施諸餓鬼〉——BD5298〈咒食施一切面燃餓鬼飲食水法〉並〈結壇散食迴向發願文〉解題附校錄》(《出土文獻研究視野與方法》6,2017.5,159—182 頁)論述唐宋之際中、日二地施餓鬼儀軌文獻之關聯,透過解題的方式,言簡意賅地交代敦煌施餓鬼法日本藏《覺禪鈔・施諸餓鬼》,以及它們與不空譯《施諸餓鬼飲食及水法》等文獻的關係。

釋大參《敦煌〈觀音經〉題記節俗齋日抄經文化之考察》(《敦煌學》31,2015.3,155—177 頁)從文獻實際運用角度論述,考察敦煌《觀音經》題記,指出當時人們抄經時間與中國民俗節慶、佛教節日及齋日有關係,且可知佛教傳入敦煌乃以寺院凝聚僧俗四衆,於佛教重要節日或中國傳統春節、元宵等,寺院提供四衆弟子造經與造幡等廣修供養之機會,此乃宗教修持與經典流行之因素。作者另有《〈觀世音經〉在中原與敦煌的傳播》(《敦煌學》32,2016.8,299—324 頁)據傳世文獻、觀世音靈驗記及吐魯番寫經,考察羅什新譯本未出之前的一百二十年間,竺法護譯本是如何掀起中國早期觀音信仰的風潮,並使觀世音菩薩成爲各階層苦難人心的共同依靠。

王三慶《敦煌文獻齋願文體的源流與結構》(《成大中文學報》54,2016.9,27—58 頁)對敦煌寫本中衆多的齋願文獻和傳統文獻進行檢討,並參考日本國文學資料館編印《真福寺善本叢刊》文筆部二"真如藏本《玉澤不渴鈔》"所錄的"願文體制"一節,主客之間互相答問的十番目錄次第再作說明,與列舉的實例篇章進行比對分析。朱鳳玉《論講唱活動在敦煌佛教寺院的傳播——以莫高窟三界寺爲例》(《敦煌學》33,2017.8,33—52 頁)從寫本原生態的視角出發,三界寺講唱變文抄寫的情況,其遺存狀況是多元的。以三界寺爲例,根據這些寫本所蘊含的寺院講唱及傳播信息,析論寫本抄寫與使用者的身份及文本內容,結合載籍史料論述講唱活動在敦煌佛教寺院的傳播與發展。

楊明璋《唐宋志公神異傳說與中日十一面、十二面觀音信仰》(《漢學研究》36:1=92,2018.3,67—100 頁)敦煌文獻中與寶志有關的寫本、壁畫,有兩種類型,均書寫有《梁武帝問志公和尚如何修道》,它們反映的應是 10 世紀敦煌的信仰文化。十二面觀音一開始或附屬於十一面觀音,發展到 10 世紀,它應已有獨立的信仰體系,且刻意與寶志剺面化現的故事相結合。鄭阿財《敦煌寫本〈靈州龍興寺白草院史和尚因緣記〉研究》(《敦煌學》36,張廣達先生九秩華誕頌壽特刊,2020.8,515—540 頁)校錄敦煌寫本《靈州龍興寺白草院史和尚因緣記》六件,除提供增忍《三教毀傷》的具體內容外,並通過注釋以解讀文本,進而據以探究佛教寫經功德觀與刺血寫經的流行所衍生的問題。

佛曲相關研究有林仁昱《敦煌本〈大乘淨土讚〉抄錄狀況與運用探究》(《敦煌學》32,2016.8,59—83 頁)在抄錄狀況的分析與實際運用的推究之外,再輔以內容義理與宗派思想、敦煌佛教發展的歷史背景,乃至讚文歌辭鋪寫技巧等方面的討論。作者尚有《敦煌 P.3216、P.2483 等卷"阿彌陀讚文"樣貌與應用探究》(《第十三屆唐代文化國際學術研討會會議論文》,中國唐代學會,2018.5.4—5,415—431 頁;《敦煌學》34,2018.8,23—44 頁)從寫卷樣貌、讚歌內容依序進行探究,推考出"阿彌陀讚文"組成的因緣,應用的可能方式、作用與意義。作者還有《敦煌"散花"歌曲寫卷樣貌與應用意義》(《敦煌學》35,2019.8,93—111 頁)探討敦煌寫卷中六種有關"散花"的歌曲,在不同寫卷上與他篇歌曲或相關文字聯抄的關係,並參酌其形式與内容分析的結果,推究其實際應用的情況與意義。作者另有《敦煌〈和菩薩戒文〉的樣貌與應用探究》(《第十四屆唐代文化國際學術研討會會議論文》,中國唐代學會,2020.11.27—28,138—158 頁)以綜論的方式論述《和菩薩戒文》之結構樣貌,再依逐篇敘錄的方式,探討《和菩薩戒文》與《戒懺文》《菩薩唱道文》等戒會文書的聯抄現象,還有若干存於叢抄卷與雜抄裏的《和菩薩戒文》使其内容安排與應用意義的多樣性得以顯現。

禪宗相關研究有黄青萍《關於北宗禪的研究——五方便門寫本及其禪法》(《敦煌學》32,2016.8,171—196 頁)據以説明五方便門當爲"普寂-宏正"一系的代表著作。逐一解説寫本中所記載的儀軌、看心法與五方便門,藉此描繪出普寂一系禪法的面貌。作者尚有《敦煌文獻中的北宗禪》(《敦煌學》34,2018.8,199—224 頁)對於北宗禪法的研究,以語録、論著類文獻爲主,將"五方便門"寫本、《頓悟真宗要訣》等五件文書,區分爲主要文獻與争議文獻兩類。説明争議文獻非北宗文書的理由,以釐清北宗的文獻與禪法内容。趙威維《敦煌本〈壇經〉中"善知識"的角色探究》(《宗教哲學》70,2014.12,151—169 頁)探究《壇經》中大善知識、外善知識、内善知識等三類善知識在開悟過程之角色與作用。

佛教類書相關研究有陳淑萍《佛教法數類書研究——以〈法界次第初門〉與〈法門名義集〉爲研究中心》(《敦煌學》33,2017.8,153—170 頁)透過比較研究的方法,還原隋唐之際法數類書發展的細節,突顯二書之地位及各自呈顯的特殊性。與前此東傳經典中簡單的增數之法,以及五代之後以數次爲序的方式的分別,突顯隋唐時期漢人以意藴分類法數詞條的思考模式。作者尚有《敦煌寫本〈大乘義章〉及其相關研究》(《敦煌學》34,2018.8,153—175 頁)就 BD.07808V、BD.09861 等 9 號敦煌寫卷爲研究範疇,依佛教文獻學的方法重新校理、整合,以發掘其彼此的關聯,並藉此顯現《大乘義章》在隋唐時期流傳的樣貌。作者另有《敦煌文獻大乘中宗見解寫本系統研究》(《漢學與東亞文化研究:王三慶教授七秩華誕祝壽論文集》,萬卷樓,2020.7,91—114 頁)於既有的三本古佚書《大乘中宗見解》外,又發現 P.3357V–1、P.4665V 等文句相似的卷號,匯整後發現有可能綴合,故總爲八本。針對其中七本漢文文獻作敘錄與寫本系統分析。

此外,曹凌《〈達磨胎息論〉諸本的成立——以敦煌本爲中心》(《法鼓佛學學報》23,2018.12,25—67 頁)對敦煌本進行整理和簡單分析,結合藏内二本及其他文獻中對《達磨胎息論》的引用,就《達磨胎息論》的產生時間、產生背景與現存三種文本之間關係等問題,提出《達磨胎息論》至遲在五代時期即已出現。紀志昌《從中古佛教徒的“辟穀”受容談〈佛説三廚經〉思維與行法的道、佛交涉意義》(《2020 佛教文獻與文學國際學術研討會論集》,2020.11.28—29,1—31 頁)透過歷史之“外部敍述”導向經典之“内部描述”的探究,從文化結構共享的角度,比對《佛説三廚經》及行法源流間之異同,並觀察二者近似的敍事、語料、思維與行法特質,以期理出其間所反映出道、佛交涉與相互迴向的思想史意義。釋果暉《敦煌文獻斯坦因第 4221 號後半部作者身份之研究》(《正觀》78,2016.9,113—143 頁)研究 S.4221 寫本後半部(第二部分)——包括各類型的詞彙以及它的注釋,並研判此 S.4221 寫本後半部内容之作者是否仍爲謝敷。龔嵐《空海漢詩文集〈性靈集〉所收〈九想詩〉探論——詩歌的聖典化》(《中華佛學研究》18,2017.12,181—223 頁)考察日本平安朝時期空海信仰在《性靈集》本《九想詩》形成過程中起到的作用,並思考祖師信仰和詩歌形成的關係,探討這種關係在《性靈集》本《九想詩》中有著何種體現。李利安《敦煌寫經〈瑜伽師地論〉第三十三卷的基本定位》(《國文天地》35:11=419,2020.4,118—121 頁)本卷論書因其相對完整而内涵深達而成爲一部可以單獨保存、單獨誦讀、單獨研究、單獨修煉的重要論典。

道教研究方面有周西波《〈洞淵神咒經〉探論》(《2013 敦煌、吐魯番國際學術研討會論文集》,2014.12,189—207 頁)指出隨著第 20 卷敦煌寫本發現,可推測敦煌地區在藏經洞封閉前已傳播 20 卷本《神咒經》或與《道藏》本後 10 卷内容相關的道教文書,其作用在警示世人信道之重要,再利用鬼魅爲崇之心理,將經典功能與世俗生活需求緊密聯繫,目的在於推動作齋轉經活動,也可能是此經流行之主因。作者尚有《白澤信仰及其形像轉變之考察》(《敦煌學》32,2016.8,45—58 頁)不擬考證所謂“原型”的問題,無意將白澤完全落實於現實環境中的某一生物,而是想從文獻上探討古人心目中的白澤是呈現何種樣貌及其民俗、信仰乃至文學方面之象徵意義等。作者另有《敦煌道教寫卷 P.3899 之年代與内容考》(《敦煌學》35,2019.8,113—133 頁)就該寫卷文字内容之釋讀,提出關於寫卷正反面的判斷及其抄寫年代的不同看法,除了表列寫卷中譬喻故事及修辭的概貌之外,進一步探討部分故事之取材來源及其意義。作者還有《敦煌道教寫卷 P.3021+P.3876 之性質與内容析論》(《敦煌學》36,張廣達先生九秩華誕頌壽特刊,2020.8,215—234 頁)釐清兩個編號的内容原始區分之處,藉以理解王重民先生當初爲何會分別判斷爲“殘道經”與“佛經”的可能原因。從儀式、説法、解經等方面,探究道士對譬喻故事的運用方式,並兼及寫卷中有關趙簡子故事改編來源的考證。

又劉屹《古靈寶經業報輪迴觀念的發展——以新經、舊經中的“先世”一詞爲中心》(《2013 敦煌、吐魯番國際學術研討會論文集》,2014.12,581—600

頁)討論靈寶經中出現的"先世"一詞,揭示此詞在新、舊經的不同含義,指出在舊經中,"先世"指祖先或指修道者個人前生,而新經基本上皆指個人的前生,可知新經作者對此詞理解乃前後統一,作者應爲一人;而舊經作者幾乎肯定不是同一人。此外,楊秀清《道教的大衆化與唐宋時期敦煌大衆的道教思想:以敦煌文獻爲中心的研究》(《2013 敦煌、吐魯番國際學術研討會論文集》,487—512 頁)則宏觀探討唐宋時敦煌大衆之道教思想,指出儀式、技術成爲當時大衆祈福禳災之依據,道教的數術方伎背景使陰陽五行爲核心的宇宙觀念隨著道教的大衆化傳播而普及。陳峻志《從敦煌具注曆日到寺廟安太歲:太歲以下諸神體系的起源與演變趨勢》(《興大中文學報》36,2014.12,61—102 頁)著眼庶民信仰以"太歲"爲首的神煞體系"太歲以下諸神",蒐羅歷代包含敦煌等相關文獻,發現此體系約在盛唐確立,唐以來庶民文化一個側面,並認爲《赤松子章曆》的部分相關內容應作於五代後,《張果星宗》之相關部分則作於宋元間,二書皆經累代增寫。

佛教相關學位論文有釋長叡《"杏雨書屋"所藏敦煌寫卷"羽 619"與"阿含部類"的關係研究》(法鼓佛教學院佛教學系碩士論文,2014)二者可綴接,進一步從"寫本淵源""字體""紙張拼接""上下文意"等方面判斷綴接順序,指出二者與《增壹阿含經》的注釋書《分別功德論》性質最爲接近。陳禹彤《"六祖壇經"版本及其演變之研究》(華梵大學東方人文思想研究所碩士論文,2015)從現存不同的《六祖壇經》版本內容追溯其原貌,以探索六祖惠能的思想並探求不同版本增刪的部分。張伶芬《"盂蘭盆經"與中元齋醮的融合與實踐研究》(中興大學中國文學所碩士論文,2017)從佛教文獻來探討盂蘭盆會的深層意涵,歷代盂蘭盆會節慶演變過程以及從佛教典籍《盂蘭盆經》對中元齋醮的融合與實踐過程等議題予以論述。莊慧娟《敦煌本〈華嚴經〉五十卷本之研究》(嘉義大學中國文學系研究所碩士論文,2018)晉譯《華嚴經》爲東晉佛馱跋陀羅於永初二年譯出,欲還原五十卷原貌,從隋唐時代的敦煌文獻進行考察,就所蒐集的 200 件寫卷進行殘缺補録、寫卷敘録、寫卷判別、寫卷綴合等工作,並考察敦煌本與藏經本的差異。

五、敦煌民俗研究

洪藝芳《敦煌收養文書的內容及其文化內涵》(《敦煌學》32,2016.8,103—136 頁)以目前所見敦煌發現的收養文書共八件爲主要研究材料,再輔以敦煌漢文與藏文文書中與收養有關之訴訟和遺囑等相關材料,進一步針對敦煌收養文書的格式、內容及其文化內涵進行深入的探討。山本孝子《敦煌的"獻物狀""送物"及"遺物書"析論》(《敦煌學》35,2019.8,19—42 頁)通過比較敦煌文書獻物狀、送物及遺物書的相關格式,進而梳理各種寄贈物品時隨附書札的内容與形式,並結合謝賜物狀或答書,對這些文書是在什麽場合使用、發信人與收信人彼此又是什麽關係等問題展開討論。王三慶《從司馬溫公〈書儀〉看唐宋禮俗之變——以“表奏公文私書家書”及“冠婚儀”爲例》(《敦煌學》36,張廣達先生九秩華誕頌壽特刊,2020.8,21—45 頁)從“書儀”中“禮俗”的角度切入,作爲唐宋變革之説的補述論證。從“儀注”到“書儀”的沿革爲基礎,再以司馬溫公《書儀》爲“通古今之變、成一家之言”的壓軸之作進行論述,進而瞭解婚禮的禮俗之變。

梁麗玲《敦煌“小兒夜啼方”中的咒語流變》(《敦煌學》32,2016.8,155—170 頁)以敦煌文獻中“小兒夜啼方”爲研究對象,如 P.2661v《諸雜略得要抄子一本》《奇方》、P.3835v 和 S.2615v 等,進而探討以火杖爲咒物驅除夜啼鬼的成因,及其在道藏與醫書流傳過程中變化的軌跡。作者尚有《P.2666v“治小兒驚啼方”考》(《敦煌學》,34,2018.8,131—152 頁)從民俗醫療的角度,舉例證明書“貴”應屬訛誤;再從寫卷的抄寫,進一步闡釋可能是鬼、貴音近致誤;解析從敦煌文獻的臍下書“鬼”字到宋代文獻的書“田”字符咒之間的演變關係。

此外,蘇哲儀《唐代敦煌社會民俗文化析探》(《遠東通識學報》14:1 = 26,2020.1,35—70 頁)從敦煌文書、敦煌曲子詞、敦煌壁畫等,以歲時節令、日常生活等爲範疇,探討唐代敦煌社會民俗文化的内涵與特色。鄧文寬《簡牘時代吉日選擇的文本應用——兼論“具注曆日”的成立》(《敦煌學》36,張廣達先生九秩華誕頌壽特刊,2020.8,541—552 頁)曆本“自題名”不能作爲區分曆日和具注曆日的依據;曆日和具注曆日的根本區別在於有無“曆注”,並以此爲標準,對敦煌和吐魯番“自題名”曆本的性質加以逐一辨識。

六、敦煌藝術研究

書法相關專書有李宗焜《敦煌遺書法書選》(“中央研究院”歷史語言研究所,2014.5)從 2013 年底中研院史語所整理出版《“中央研究院”歷史語言研究所傅斯年圖書館藏敦煌遺書》精選 5 件唐寫本之書法,依原尺寸印出以呈現唐楷之面貌。王菡薇、陶小軍《千年遺墨:敦煌南朝寫本書法研究》(蒼璧出版,2014.12)在整理敦煌南朝寫本之基礎上,區分題記爲南朝寫本者 24 卷,題記未注明而可能爲南朝寫本者 43 卷,製成敘錄,簡要評述每卷寫本書寫内容與書法風格,並對東吳建衡二年寫本《太上玄元道德經》等五個寫本進行個案分析。

書法相關的單篇論文有陳章錫《書法在民俗文學與文化中之應用》(《文

學新鑰》30,2019.12,157—185 頁)探究中國書法藝術在民間文學和文化中的意義。中國書法被用於各種習俗、典禮和各種裝置中,如民間工藝品中的書法,敦煌石窟中的書法和傳統小説。

繪畫相關研究專書有羅德瑞克・韋陀編集、解説、林保堯編譯《西域美術——大英博物館斯坦因蒐集品:敦煌繪畫 1》(藝術家,2014.9)爲《西域美術》三卷之第一卷,1982 年羅德瑞克・韋陀編集三卷《西域美術》並刊載發行,一、二卷爲繪畫,三卷爲染織品,至今已譯爲英、法、日文,中文版由北藝大林保堯教授陸續編譯連載於《藝術家》雜誌;此書序言概述斯坦因之蒐集過程與收藏品,内容收録數鋪經典作品、8 世紀以後繪畫等。同系列論文尚包含羅德瑞克・韋陀撰,林保堯編譯《唐代〈浄土圖殘片〉》(《藝術家》479,2015.4,346—349 頁)、《唐代〈禹受洛書傳説圖〉與〈北方神星、計都星像護符〉》(《藝術家》485,2015.10,344—347 頁)《唐代〈佛坐像〉》(《藝術家》491,2016.4,378—381 頁)、《唐代〈佛坐像版畫〉》(《藝術家》495,2016.8,354—357 頁)等,及秋山光和、法國國立科學研究院著、林保堯編譯《佛傳圖幡與敦煌俗文學》(《藝術家》518,2018.7,320—325 頁)此外,潘安儀《當代敦煌:張振宇的"量子臉書"系列》(藝術家出版社,2020.6)收録張振宇潛心創作十二年的"量子臉書"系列鉅作,這批藴含對《金剛經》《心經》等經典、史書的深刻研究,結合歷史事件、各朝藝術精華等,疊用多重時空圖像的作品。

繪畫相關的單篇論文有沈以正《由張大千論敦煌與唐畫、唐卡(上)》(《藝文薈粹》17,2015.1,15—21 頁)、《由張大千論敦煌與唐畫、唐卡(下)》(《藝文薈粹》18,2015.7,6—11 頁)介紹張大千敦煌摹畫過程及成果,並指出其欲突破畫幅長短大小限制並使所繪與壁畫質地相類,只能以"布"爲載體,此方式便與唐卡相關,而其流傳作品中便有數幅摹自唐卡。丁鵬《敦煌壁畫的動畫創作研究——以動畫片"九色鹿"爲例》(《敦煌學》33,2017.8,1—16 頁)對壁畫"九色鹿本生圖"與動畫片"九色鹿"所呈現的佛教思想和文化意藴也進行了深入的分析,探討其所承載的思想和文化内涵。謝宜君《傳唐畫〈簪花仕女圖〉衣著、配飾年代考》(《議藝份子》29,2017.9,1—20 頁)旨在探討《簪花仕女圖》創作年代,由畫中人物配飾、穿著切入,探究是否爲"唐畫"。

吕昇陽《從山水之變看盛唐山水畫風》(《南臺人文社會學報》20,2019.1,69—109 頁)以張彦遠的"山水之變"做爲切入點,透過唐代畫史文獻與唐墓和敦煌石窟壁畫的對讀研究,可以發現盛唐時期在綫條用筆、空間構圖、用色濃淡、水墨暈染與圖式,以及山水畫的母題,包括山、水、樹、石的造型與技法都已趨於成熟。侯黎明《敦煌壁畫臨摹學概述——兼談日式臨摹法》(《文物保存維護年刊》2,2019.8,14—22 頁)旨在通過對 60 年來敦煌壁畫臨摹實踐的回顧,由於各時期進行臨摹的目的不同,衡量作品的品質標準、運用的繪製技法、要求的臨摹形式、產生的視覺效果也隨之不同。有必要彙集梳理、分類勘定,對各時期壁畫的臨摹技法流程進行總結。崔紅芬、文志勇《黑水城遺存〈父母恩重經〉卷首畫研究》(《夏荆山藝術論衡》9,2020.3,9—33 頁),探究黑水城卷首畫與其他變相的不同之處和特點,分析仁孝時期《父母恩重經》翻譯成西夏文及卷首版畫流行的原因。

石窟藝術相關者有潘亮文《華嚴圖像研究與回顧——以殷光明先生研究成果爲例》(《華嚴學報》8,2014.12,39—61 頁)華嚴圖像的研究成果豐碩,以集中在敦煌,共累計八篇華嚴相關著作的殷光明先生研究成果爲例,進行華嚴圖像的研究與回顧。陳俊吉《“華嚴藏海圖”與“七處八會圖”的獨立發展至結合探究》(《書畫藝術學刊》16,2014.7,45—105 頁)對北齊至初唐早期華嚴經變相發展階段中“七處八會圖”與“華嚴藏海圖”之配置關係進行整體關照,認爲至初唐時兩圖有結合之趨勢。作者尚有《中唐至五代華嚴經變的“入法界品圖”探究》(《書畫藝術學刊》18,2015.06,133—174 頁)在中唐以降規模較宏大的華嚴經變會配置有入法界品圖,但晚唐至五代時有較簡易者並未配置,反而華嚴經之入法界品圖有獨立趨勢,爲宋代的善財童子五十三參圖立下基石。又《唐五代“入法界品圖”中善財童子的造形與特色》(《書畫藝術學刊》19,2015.12,151—203 頁)亦爲作者同系列研究成果,關注敦煌唐五代時入法界品圖之造形,指出圖中“世俗人物形”之造像主要傳達出善財童子“初發心始終無二”,並且有“勵行求法遍法界”的精神。

許絹惠《論張議潮功德窟的塔窟組合》(《敦煌學》34,2018.8,101—130頁)以歸義軍時期興建之第 156 窟爲主,佐以吐蕃時期第 161 窟及其窟頂上土塔,從圖像和空間的角度,探討在這二窟一塔的寺院中,如何構成了觀音密法的修行儀軌。作者另有《吐蕃的佛教措施與歸義軍前期的佛教發展》(《敦煌學》33,2017.8,79—105 頁)以吐蕃史籍《賢者喜宴》爲主要材料,輔以敦煌文獻相關的社會文書,從佛教的視角來觀察吐蕃贊普的佛教措施在朝代更迭後是否仍具有影響力。

壁畫藝術之學位論文有昌筱晨《敦煌風華——老石窟壁畫中供養人研究》(玄奘大學中國語文學系碩士論文,2014)探討敦煌壁畫中男、女、僧侶供養人之服飾文化,並分析供養人題記,呈現壁畫供養人之現實性。施小青《常書鴻早期繪畫研究》(中央大學藝術學研究所碩士論文,2016)聚焦在 1942 年以前常書鴻的繪畫,梳理其學習繪畫的經歷、個人風格的成形與轉變、對藝術的觀點、遭遇到的藝術難題、其提出的解答在特定時空因素下的成功程度等。王瀚磊《基於深度學習之敦煌壁畫復原之研究》(臺灣大學信息工程學研究所碩士論文,2017)提出一套系統性的修復流程,針對高解析度之各類破損敦煌壁畫紋理進行修復。利用影像處理技術即可結合高解析度以及顏色一致之特性,得到最佳之修復效果。

許婉妮《形式的美感——探析敦煌壁畫形式美對油畫創作實踐之影響》(臺灣師範大學美術學系西畫組碩士論文,2017)分析敦煌壁畫形式的美感的種種特徵,結合與敦煌壁畫關聯較大的藝術家,在中西方不同的文化與藝術中所做的融合與實踐,分析敦煌壁畫形式的美感在油畫創作中的意義和影響,輔以筆者作品爲例。譚惠琳《初、盛唐時期敦煌壁畫中的山水表現》(臺灣師範大學美術學系碩士論文,2017)探討初唐、盛唐時期的敦煌石窟壁畫山水對後世敦煌壁畫及相關山水畫作品的意義和價值。

在石窟藝術之現代應用方面則有蔡依蓁《飛天再現‧滿唐采——敦煌飛天創作研究》(臺灣藝術大學視覺傳達設計學系碩士論文,2014)以敦煌飛天爲主題,探討相關文獻、風格、圖像與文化內涵,並舉飛天在當代設計的應用實例,最後才轉化爲創作。陳瑞芳《以中西比較文化角度再探唐代敦煌石窟飛天壁畫》(樹德科技大學應用設計所碩士論文,2017)以唐代敦煌“飛天”形象爲主題,內容爲飛天的源起與意涵、音樂和舞蹈等,從中比較中西文化的差異性。陳麒安《基於頭戴式顯示器與雙手控制器之虛實互動:以敦煌石窟爲例》(臺灣大學信息工程學研究所碩士論文,2015)以莫高窟61窟爲例,透過虛擬實境,搭配頭戴式顯示器爲主軸,讓在保護文物的同時,使用者依然可以一窺歷史的景觀,並且與之互動。

劉玉蓮《菩薩的嚴飾 敦煌莫高窟第57窟南壁的觀音畫像上的瓔珞的探討》(佛光大學佛教學系碩士論文,2016)以莫高窟第57窟南壁上所繪的觀世音菩薩身上戴了的瓔珞爲對象,依據漢傳佛教的經典,焦點是探討瓔珞與基本佛學的關係。賈蜀瑜《敦煌榆林25窟壁畫研究》(淡江大學中國文學系碩士在職專班碩士論文,2017)透過對文獻的爬梳與整理,建構出榆林窟第25窟的文化美學意義與價值。許絹惠《敦煌歸義軍政權與佛教石窟之研究》(銘傳大學應用中國文學系博士論文,2017)以莫高窟第156窟、第94窟等爲主要對象。由歸義軍時期政權功德窟的空間設計,可見佛教義理的體現,將理論式的義理,透過空間轉爲實踐行徑。莊慈《敦煌莫高窟323窟研究》(臺灣大學藝術史研究所碩士論文,2018)有關323窟的歷史背景,石窟壁畫不僅反映佛道之爭的焦慮、唐代授受菩薩戒的盛行,亦反映敦煌與中原的密切聯繫。323窟不僅在圖像與結構上富有特殊性,同時更反映了唐代前期佛教的時代特徵。

此外,朱劭芸《敦煌美學品牌之設計與規劃》(中原大學文創設計碩士學位學程碩士論文,2016)與敦煌研究院及蘭州理工大學合作之"敦煌美學品牌化及文創商品設計案"。基於延續敦煌研究院的品牌概念,以原有的吉祥物九色鹿作爲品牌"故事敦煌"的主要視覺元素,設計出敦煌藝術美學的文創品牌視覺,並應用於其文創商品。劉憶諄《博物館展示治理實踐——以敦煌主題展示策劃爲例》(臺灣師範大學美術學系博士論文,2019)以自然科學博物館"敦煌風華再現:續説石窟故事"特展展示策劃爲實踐案例,顯示出展示策劃者對於展示詮釋權的治理性,進而影響個體在展示實踐上的各種可能性。

七、敦煌樂、舞研究

音樂方面學位論文有粘庭瑜《"秦王破陣樂"今昔研究》(臺灣師範大學民族音樂研究所碩士論文,2016)探究古今對於《秦王破陣樂》的理論探討與譯譜分析。張雅涵《楊靜琵琶作品之分析與詮釋—以〈龜兹舞曲〉及〈夢斷敦煌〉爲例》(臺灣藝術大學中國音樂學系碩士論文,2018)認爲楊靜的《龜兹舞曲》《夢斷敦煌》兩首樂曲有著特殊的地域性音樂風格,借鑒敦煌文獻音韻資料,將這段傳承數百年來的歷史文化,透過分析樂譜在反覆思考尋求探索中獲得進步,並找到合適的詮釋方法。

舞蹈方面陳宜青 2012 年博士論文《"敦煌舞"的佛教藝術思想研究》(花木蘭,2014.9)出版。舞蹈相關的單篇論文有王瓊瑢《敦煌舞蹈表演藝術形式初探》(《舞蹈教育》13,2015.10,82—96 頁)針對敦煌莫高窟壁畫中的飛天圖像與敦煌舞蹈表演形式的關聯進行初步探討,分析莫高窟壁畫中的飛天形象,並比對這些形象與敦煌舞蹈發展出的動作與姿態,進而瞭解敦煌舞蹈的表演藝術形式,及其對舞蹈藝術的影響。

碩士論文有王佳玲《敦煌舞蹈之意涵分析》(南華大學視覺與媒體藝術學系碩士論文,2015)對敦煌舞與宗教、音樂、文化、符號、傳播之關係加以解析。王瓊瑢《敦煌舞蹈表演藝術形式之研究——以〈飛天舞〉及〈絲路花雨〉爲例》(臺灣體育運動大學體育舞蹈學系碩士班碩士論文,2015)探討敦煌舞蹈之表演藝術形式及其與敦煌莫高窟壁畫藝術之關聯性,運用莫高窟壁畫的舞蹈圖像和舞作編創的敦煌舞蹈表演形式進行對照分析,從舞作的靜態舞姿與動態動律分別論述。

許楷慧《佛教敦煌舞的個人、信仰與團體動力之研究——以佛光山道場學員爲例》(東吳大學社會學系碩士論文,2017)從研究者進入佛光山敦煌舞團體,經學員的歷程爲出發點。鄧少凱《被發明的傳統:高金榮與敦煌舞》(臺灣師範大學東亞學系碩士論文,2018)主旨在於探討敦煌舞的來源與特性,同時分析高金榮創造敦煌舞的動機和方法。

八、敦煌史地、教育、經濟、醫藥、法律研究

歷史方面相關者有朱振宏《敦煌寫本 S.2078V 號習字文"史大奈碑"再研究》(《2014 碑誌、文獻與考古國際學術研討會論文集》,中正大學歷史系,2014.12,119—152 頁)利用敦煌寫本來補充史籍對史大奈的缺載,釐清"史大奈"的出身及其世系。作者另有《史大奈生平事蹟研究》(《臺灣師大歷史學報》54,2015.12,1—44 頁)透過敦煌文書 S.2078V 習字保留史大奈神道碑的部分内容,可以對史大奈世系及其生平事蹟有更多的認識。林冠群《解析吐蕃變法圖强與〈史記〉之間的關連性》(《法制史研究》35,2019.6,93—136 頁)從《敦煌古藏文卷子》P.T.1287《吐蕃贊普傳記第四》記載松贊干布的圖强之術,與《史記》所載同樣在短時間内圖强的秦國變法之間,找到相似性,進而探討二者間的關聯性。

郭長城《〈兔園策府〉作者杜嗣先墓誌略論》(《敦煌學》34,2018.8,177—198 頁)主要據《杜嗣先墓誌銘》文本,依《唐代墓誌銘彙編附考》體例,進行標點、注釋,以期方便閱讀及論述參考。羅仕杰《從敦煌、居延漢簡看漢代邊郡的官、私馬與駱駝》(《止善》22,2017.6,67—83 頁)研究漢代邊郡的官、私馬與駱駝兩部分,透過整理敦煌、居延漢簡相關史料,並結合《史記》《漢書》等文獻記載,能對漢代邊郡的官、私馬與駱駝這個議題進行初步的研討。作者另有《從漢簡看邊塞鬥毆與凶殺的三個案例》(《嶺東通識教育研究學刊》7:4,2018.8,101—112 頁)從《二年律令·賊律》中有關百姓間鬥毆及凶殺罪刑的釋讀,再通過《建武五年九月令史立劾狀》等三個實際案例加以分析,對漢代邊塞吏民的鬥毆與凶殺案件進行初步的理解。

石窟史相關者有張先堂《敦煌莫高窟的家族營造活動:以供養人圖像和題記爲中心》(《2013 敦煌、吐魯番國際學術研討會論文集》,2014.12,323—344 頁)藉全面考察石窟供養人圖像與題記,論述莫高窟家族營造活動的組織形態、歷史演變及其所反映的傳統文化特徵如:爲現存眷屬禳災祈福之功利目的、光耀家族而使石窟成家族功德碑和紀念館、報恩君親之題材使石窟成爲表達忠孝觀念之載體等。又沙武田《敦煌石窟營建里程碑式文獻〈莫高窟記〉題於莫高窟第 156 窟相關問題申論》(《2013 敦煌、吐魯番國際學術研討會論文集》,79—105 頁)認爲第 156 窟乃張議潮功德窟,其作爲推翻吐蕃統治之領導人物,此文獻出現於其功德窟應有獨特歷史背景,故重新解讀其内容、時代意義。

政治史方面有趙和平、趙晨昕《〈記室備要〉再研究——以樞密使爲中心

的内廷軍政機制研究》(《2013 敦煌、吐魯番國際學術研討會論文集》,513—523 頁)具書儀性質之官文書集《記室備要》,中卷所載各等級宦官間官方性質的往來書信,有助研究唐中後期宦官官制及唐中樞内廷軍政運作,故以此書爲切入點,圍繞樞密使這一宦官使職,揭示唐中後期宦官群體及其與中樞軍政互相聯繫、運作之内在規律。

社會、經濟相關有羅彤華《試析僧龍藏牒的家世與財産問題》(《2013 敦煌、吐魯番國際學術研討會論文集》,711—721 頁)關注 P.3774 吐蕃丑年十二月沙州僧龍藏牒,指出此乃家産分割之訴訟文書,文書透露僧龍藏之家世,家庭財産性質與歸屬及同居家庭共財、私財之分畫等問題。而張梅雅《試論晚唐至宋初的敦煌僧尼與社邑的互助關係:中古佛教僧尼參與社會慈善活動的動機與意義》(《輔仁社會研究》5,2015.1,27—64 頁)運用社邑文書説明 9 世紀中期以後社邑成員的行爲準則受大乘佛教影響,反映由民間發起、以特定群體與事件爲救助對象之宗教慈善救助類型。

又余欣《敦煌出土簡牘文書所見漢唐相馬法述考》(《2013 敦煌、吐魯番國際學術研討會論文集》,145—156 頁)認爲斯坦因所獲敦煌漢簡相馬法殘簡乃古本《相馬經》傳文的一部分,可能是與馬王堆帛書同一經文的不同解説經義之文字,傳文内容和風格與帛書本不同,體現了當時傳習《相馬經》的相士有不同的流派,並各有遵從之傳釋文本。趙貞《敦煌具注曆日中的漏刻標注探研》(《漢化、胡化、洋化·第五屆:傳統社會的挑戰與回應國際學術研討會論文集》,中正大學歷史學系,2016.11,81—98 頁)擬對敦煌具注曆日所見的漏刻資料進行梳理,重點對"二分二至"的漏刻標注和漏刻增減日數的問題予以討論。

交通史研究有鄭炳林《漢唐敦煌羅布泊間的交通與環境演變》(《2013 敦煌、吐魯番國際學術研討會論文集》,645—667 頁)説明疏勒河下游與羅布泊地區之交通始於張騫出使西域前,漢武帝經營西域達到繁榮高峰,西漢後交通地位始降,至隋設伊吾城,唐設伊吾郡並開通伊吾道,交通繁榮之景不再出現,其主因乃地理環境演變且條件惡劣。

地理相關者有楊發鵬、李偉静《兩晉南北朝時期河隴地區佛教寺院考略》(《新世紀宗教研究》13:3,2015.3,1—28 頁)爬梳史料及敦煌文獻,得此時佛教寺院 20 餘所,通過分佈狀況,總結其具有從西到東迤儷分、西多東少、後期寺院較多等特點,建築形式上推測亦流行回字形塔寺。

關注郡望大族者有馮培紅《論中古時代敦煌、吐魯番大族間的關聯》(《2013 敦煌、吐魯番國際學術研討會論文集》,383—410 頁)論述漢晉敦煌大族在高昌的軍事活動、十六國高昌麴氏與敦煌大族之西徙高昌、敦煌大族後裔在高昌國扮演的角色、唐代沙州與西州大族間的聯絡等問題。而王晶《論郡望及其演變：以敦煌、武威的索氏、陰氏爲例》（《政治大學歷史學報》44,2015.11,1—42 頁）利用敦煌文書、正史及出土墓誌,以索氏、陰氏爲個案,對影響中古家族郡望變化之普遍性因素進行探討。此外,李方《高昌國與唐代水渠關係考》（《2013 敦煌、吐魯番國際學術研討會論文集》,頁 131—143）、高啓安《漢魏時期的申炙——以河西走廊爲中心》（《2013 敦煌、吐魯番國際學術研討會論文集》,241—262 頁）等文雖未直接運用敦煌材料,仍著眼周邊吐魯番與河西出土文物進行研究。

教育方面有朱鳳玉《語文教育視角下的敦煌本〈正名要録〉》（《敦煌學》34,2018.8,1—22 頁）從語文教育的視角出發,針對《正名要録》"本音雖同字義各別"例所收録唐代早期日常用字中"音同義異"且易致混淆錯用的文字進行析論,以彰顯分辨"別字"在歷代用字教育的重要。鄭阿財《從敦煌文獻論蒙書在釋門的接受與運用》（《國文天地》35：7＝415,2019.12,26—30 頁）《辯才家教》出自佛教徒所編,與其他以"太公""武王""嚴父""崔氏夫人"命名的蒙書同爲"家教",有共性,但形式與内容方面,有著與其他世俗家教不同的殊性,凸顯了佛教的特色,可説是傳統家教的別裁。

醫藥方面有陳昊《抄撰中的醫書——敦煌醫學文書 P.3287 所見中古醫學書籍的再生産與醫經權威的重構》（《故宫學術季刊》36：4,2019.12,1—33 頁）指出敦煌文書 P.3287 寫本首尾均殘,此寫本整體應該被看成一本"書",而不要將其看成不同的醫學經典抄寫在同一寫本上。對其觀察,需要將抄撰視爲一個進行中的過程,才能剥離其中不同的文本權威衝突和塑造的方式。

法律方面有陳登武《敦煌出土〈唐判集殘卷〉中的法律與社會問題——兼論唐代"判"的傳播》（《法制史研究》31,2017.6,1—30 頁）探討《唐判集殘卷》的判題判詞中所涉及的法律與社會問題,進而瞭解"判"集在唐代知識圈的傳播及其意義。

九、人物、書評方面

人物方面有常書鴻、池田大作《敦煌的光彩：暢談美與人生》（正因文化,2014）敦煌研究院名譽院長常書鴻與池田大作緊扣敦煌藝術與東方文明之對談紀録。汪娟《一生恩遇·雋永如斯——緬懷恩師冉雲華先生》（《敦煌學》35,2019.8,15—18 頁）記叙了冉雲華先生一生從事宗教研究,一貫秉持客觀的立場,透析宗教的本質,理解宗教徒的情感,進行合理的批判。

書評方面有王覲《見微知著皆史料,鴻爪雪泥覓法跡——評鄭顯文著〈出土文獻與唐代法律史研究〉》（《法制史研究》25,2014.6,273—285 頁）闡述此書對新發現史料做的搜集整理，綜合運用了敦煌吐魯番文獻、北宋《天聖令》殘卷等進行論述，並對學界鮮有研究或具爭議問題進行探討。汪正一《〈吐蕃統治時期敦煌密教研究〉簡介》（《國文天地》33：9 = 393，2018.2，108—111頁）對趙曉星於 2017 年出版的《吐蕃統治時期敦煌密教研究》進行簡介。蔡淵迪《孰謂"經學"，何以"敦煌"——許建平教授新著〈敦煌經學文獻論稿〉簡介》（《國文天地》33：10 = 394，2018.3，96—98 頁）對許建平於 2016 年出版的《敦煌經學文獻論稿》進行簡介。許建平《敦煌學與避諱學的互動——評〈敦煌文獻避諱研究〉》（《國文天地》33：11 = 395，2018.4，114—117 頁）闡述竇懷永著《敦煌文獻避諱研究》的學術價值，其運用傳世文獻與出土文獻相結合的研究方法。此外，柴劍虹《怎樣讀懂敦煌——以〈圖說敦煌二五四窟〉爲例》（《敦煌學》35，2019.8，201—211 頁）以《圖説敦煌二五四窟》爲例，提出不能忽視"信仰"對於詮釋、研究敦煌圖像的重要性。不同身份、不同文化層次、不同專業背景的人，都可以自己的文化信仰和藝術修養去閱讀、感悟敦煌藝術，力求在一定程度上讀懂敦煌。

十、回顧與展望

鄭阿財《臺灣敦煌學研究的發展歷程與展望》（《敦煌學》31，101—144頁）作者長期致力於敦煌學研究，並搜集敦煌學論著編輯成《1908—1997 敦煌學研究論著目録》《1998—2005 敦煌學研究論著目録》，對臺灣敦煌學研究有長期之觀察，故撰此文説明臺灣敦煌學研究發展之制約與背景，並經計量分析呈現其成果與歷程，進而對研究主體"文學"類進行總體考察與反思，闡述當前研究之優勢與困境。郝春文《中國的敦煌學是如何走向世界的》（《漢學與東亞文化研究：王三慶教授七秩華誕祝壽論文集》，萬卷樓，2020.7，55—67頁）中國敦煌學實現國際化的經驗表明：一個學科的國際化，要不斷推出在國際學術界產生重要影響的創造性成果。同時要有廣闊的胸懷和眼光，要和世界上最頂尖的學校和最好的學者保持友好的密切聯繫，注意在國際舞臺上樹立中國學者群體的良好形象，也要講究融入世界的策略和方式。

百年來法藏敦煌寫本文獻
編目成果述評

宋雪春(上海師範大學)

敦煌文獻目録,是從事敦煌學研究的先導和出發點。法藏敦煌寫本文獻具有顯著特色:漢文文獻種類豐富,藏文文獻的比重較大,胡語文獻亦多精良。百年來,有關法藏敦煌文獻的編目成果堪稱豐富,其中漢文文獻目録達十種之多,藏文文獻目録有三種,一些胡語文獻也均有類似目録成果。考察各種目録的成就與特色、相互間異同,則有益於甄別諸種編目成果的得與失;而比較諸種目録所著録條目之多寡,有助於明晰編目工作動態的進步之道。

一、引　　言

1908 年,伯希和從道士王圓籙手中騙取大量敦煌寶藏,其中寫本文獻現藏於法國國家圖書館。據統計,法國國家圖書館內收藏的漢文文獻 4 000 多件,藏文文獻近 4 000 件,其他還有粟特、回鶻、龜兹、于闐、梵文等胡語文獻一百餘件。不同於斯坦因收集品的先期閉鍋英倫,國人對伯希和所獲敦煌文獻的瞭解較早。1909 年伯希和到北京時,曾將隨身攜帶的敦煌文獻珍本展示給羅振玉等人參觀,由此引發我國學者研讀、抄録和影印出版敦煌文獻的第一次高潮。可以説,伯希和的北京之行客觀上促成了我國敦煌學研究的發端。百年來,有關法藏敦煌文獻的編目成果不可謂不豐富。白化文先生所著《敦煌文物目録導論》[①],對法藏敦煌文獻編目成果的編制過程、編纂體例及優缺特點等論述精當。然而白著以國別爲綱,分漢文目録、非漢文目録、藝術品目録等多個類別,並以出版時間爲序進行論述,體現不出特定藏地所有藏品的目録之優劣。榮新江先生以介紹伯希和東亞收集品的研究成果爲主,兼及法藏敦煌西域文獻的來源、收藏和編目狀況[②],但未論及編目成果著録條目之得失。由於白、榮大作均成書於 20 世紀 90 年代,對近年所出法藏敦煌文獻圖録和編目成果未有涉及。筆者不揣淺陋,兹分漢文文獻、藏文文獻、其他胡語文獻三個方面分別評述中法兩國學者的編目情況,旨在揭櫫百年來國內外學界在法藏敦煌文獻的編目領域所取得的進步與成就,希冀爲未刊敦煌文獻及其他古籍目録的編纂提供參考。

---

① 白化文《敦煌文物目録導論》,臺北:新文豐出版公司,1992 年,第 89—104、162—166 頁。
② 榮新江《敦煌學十八講》,北京:北京大學出版社,2001 年,第 108—115 頁。

二、法藏敦煌漢文文獻編目成果述評

（一）法藏敦煌漢文文獻編目成果簡介

法藏敦煌漢文文獻編目工作的開展幾乎與伯希和獲取敦煌文獻相同步。下文將以時間爲序,對現知十種目錄按刊佈時間和相關性分組進行介紹和類比。

1909 年,羅振玉發表《敦煌石室書目及發見之原始》(以下簡稱"羅目"),是向世人報導敦煌文物發現品的第一個目錄①,由此揭開了"敦煌學"研究的序幕。"羅目"披露伯希和所劫敦煌文獻四十餘種,大部分是抄錄自伯希和所攜簡目,只有少數是羅氏親見②。在敦煌寫本文獻入藏法國國家圖書館後,伯希和便開始對漢文寫本進行編目,自 1909 年至 1920 年,他先後完成了 P.2001—3511、P.4500—4521 號的法文原稿,輯成《伯希和敦煌收集品目錄》,但沒有正式刊佈。這份目錄傳入國內之後產生兩種譯本,一是羅福萇譯《巴黎圖書館敦煌書目》(以下簡稱"羅譯目"),前 700 號所據乃葉恭綽抄錄的伯希和目錄;二是陸翔譯《巴黎圖書館敦煌寫本書目》(以下簡稱"陸譯目"),根據的是張鳳遊學巴黎時所抄的稿本。"陸譯目"在《伯希和劫經錄》出版之前,一直是學術研究參考和利用法藏敦煌文獻的一部最好、最有用的目錄③。1925 年正式成立的"敦煌經籍輯存會"即爲"最早從事敦煌學研究的學術團體"④,致力於敦煌經籍的搜集、整理、保存和研究工作。在敦煌經籍輯存會的努力下,由歷史博物館編輯的《海外所存敦煌經籍分類目錄》(以下簡稱"海外分類目錄")收錄法藏 136 件大乘經,分列華嚴部、方等部、法華部、般若部和涅槃部。編者以上述"佛經之部"爲"第一類",但不知何因,後續各類未得刊佈。

王重民於 1934 年至 1939 年留居巴黎專門調查敦煌漢文文獻,並編製了一套流水號的卡片目錄,1962 年出版的《伯希和劫經錄》(以下簡稱"王目")即脫胎於此。施萍婷主編《敦煌遺書總目索引新編》(以下簡稱"索引新編")作爲對"王目"的校勘和增補,在著錄體例上與"王目"一脈相承。黃永武主編《敦煌遺書最新目錄》之"巴黎所藏敦煌漢文卷子目錄"(以下簡稱"黃目"),主要著錄編號和題名兩項基本條目,是配套於《敦煌寶藏》第 112 至 135 冊使用的索引工具書。

法國學者在查閱原卷方面具有得天獨厚的優良條件,自 20 世紀 50 年代即積極著手編輯法藏敦煌漢文文獻目錄。由不同作者歷時數十年完成的《巴

---

① 李正宇《敦煌學導論》,蘭州:甘肅人民出版社,2008 年,第 190 頁。
② 孟憲實《伯希和、羅振玉與敦煌學之初始》,《敦煌吐魯番研究》第七卷,北京:北京大學出版社,2004 年,第 1—12 頁。
③ 王重民《敦煌遺書總目索引·後記》,北京:中華書局,1983 年,第 547 頁。
④ 孫玉蓉《"敦煌經籍輯存會"成立時間探究》,《理論與現代化》2008 年第 4 期,第 106—109 頁。

黎國立圖書館所藏伯希和敦煌漢文寫本目錄》（以下簡稱"漢文寫本目錄"）①，分別著録P.2001—P.6040號以及藏文寫卷背面的漢文寫本，但其中第二卷即P.2501—P.3000迄今尚未出版。由隋麗玟編《巴黎國家圖書館藏敦煌寫本題記分年初録》（以下簡稱"隋目"），類似於英人翟理斯所輯《斯坦因收集品中有紀年的漢文寫本》，彙編對象爲巴黎國家圖書館所藏有明確年號或紀年題記的寫卷，共計五百餘號。

（二）法藏敦煌漢文文獻編目成果評述

著録條目的設置反映了編者對文獻內容與價值的認知程度。上述十種目録之著録條目根據不同需要呈現出不同的特點。爲了便於比較和説明，筆者謹將所涉條目匯總如下（見表一）：

表一　法藏敦煌漢文文獻編目成果著録條目一覽表

目　録			羅目	海外分類目録	伯希和目録		王目(附"索引新編")	隋目	黃目	漢文寫本目録
					羅譯目	陸譯目				
刊佈年代			1909	1926—1927	1920		1962，（附：2000）	1974	1986	1970—2001
					1923、1932	1933—1934				
著録範圍			40餘	P.2015~3504（不連貫）	P.2001—3511	P.2001—3511	P.2001—5579	P.2014~5000（不連貫）	P.2001—6038	P.2001—6040
1	伯希和編號		√	√	√	√	√	√	√	√
	語言類型		*			√				
	題名(篇章、卷數等)		√	√	√	√	√	√		√
	文獻作者		*		*	*	√			√
	法文轉寫									√
2	總體數據	長度	*				*			√
		高度								√
		紙數	*			*				√
		行數	*			*	*		*	√

①　法蘭西科學院敦煌研究組編《巴黎國家圖書館所藏伯希和敦煌漢文寫本目録》共六卷。其中第一卷（2001—2500號），由謝和耐、吳其昱編寫，巴黎國家圖書館於1970年出版；第二卷（2501—3000號），由隋麗玟、魏普賢編寫，迄今尚未出版；第三卷（3001—3500號），由蘇遠鳴主編，聖·波利尼亞基金會於1983年出版；第四卷（3501—4000號），由蘇遠鳴主編，法蘭西遠東學院於1991年出版；第五卷（上下冊，4001—6040號），由蘇遠鳴主編，法蘭西遠東學院1995年出版；第六卷著録藏文卷子背面的漢文寫本，2001年於巴黎出版。

續表

目 錄			羅目	海外分類目錄	伯希和目錄		王目(附"索引新編")	隋目	黃目	漢文寫本目錄
					羅譯目	陸譯目				
2	總體數據	每行字數	*				*			√
	文獻外觀	裝幀形式	*	*			*			√
		首尾存況	*	*	*	*	*			√
		界欄	*							√
		紙質紙色	*		*		*	*		√
		墨色	*		*		*			√
3	錄文(內容)					*	√			√
4	文獻首題			*	*		√			√
	文獻尾題			*	*		√			√
5	同件抄寫多個文獻的情況						√			√
6	內容與對照本核對結果				*		√		*	√
7	標注同類文獻				√	√				
8	可相綴合的文獻						*		*	√
9	朱筆				*	*	*			√
10	字體	書法		*	*	*	*			√
		武周新字				*	*			*
11	題記		*	*			√	√		√
	印章		*	*	*	*	*		*	√
12	年代		*	*	*	√	*	√		√
13	卷背內容			*	√	√				

續表

目　錄		羅目	海外分類目録	伯希和目録		王目(附"索引新編")	隋目	黄目	漢文寫本目録
				羅譯目	陸譯目				
14	説明					√		＊	√
15	作者按語	＊		＊	√				
16	索引	分類							√
		題名				√			√
17	研究信息								√
18	參考資料			＊	√				

注: 本表的著録項目主要參考了方廣錩先生《英國圖書館藏敦煌遺書》之"條記目録·凡例",其中"√"表示已成體例的著録條目;"＊"表示編目中有所提及,但並未形成統一體例的著録條目。

　　由上表可見,不同時期的編目成果呈現出獨有的時代特色。上述十種目録體現了不同的編目特徵: 第一,編目類型。不同於英藏敦煌漢文文獻存在數種流傳較廣的分類目録,目前法藏敦煌漢文文獻僅有"海外分類目録"一種分類目録,其他均按館藏流水號編目。其中"王目"(附"索引新編")、"黄目""漢文寫本目録"屬於相對完整的目録,其他各種均非完備性目録。值得一提的是,"漢文寫本目録"附有詳細的分類索引,極便於查閱和利用。

　　第二,所依文獻載體。"伯希和目録""王目""漢文寫本目録""隋目"均是依託原卷進行的編目,其他則各有所據:"羅目"大部分是抄録自伯希和所攜簡目;"羅譯目"和"陸譯目"主要是翻譯自第三方抄録的《伯希和目録》,屬於對"成品"的二次加工,幾經傳抄的人爲失誤不可避免;"海外分類目録"基本是據"羅譯目"進行的分類,所以對"羅譯目"中伯希和未能準確定名的"殘經"未作分類(如 P.2022"金剛般若波羅蜜經"、P.2023"妙法蓮華經"、P.2345"妙法蓮華經"等),甚至連"背有梵寐書"(P.2740)、"背面唐末公文有一衸可汗事"(P.2992)、"背爲詩經"(P.2129)此類與佛經分類無關的信息都照搬過來,該目在分類時未能注明文獻正背面,亦屬一種退步;"黄目"所依據的編目對象是縮微膠卷。

　　第三,編目效果。"羅目""陸譯目""羅譯目"和"海外分類目録"屬於介紹性的知見目録,囿於客觀條件,輯録文獻數量較少,著録體例簡單,如"羅目"刊佈於伯希和正式編目之前,所以只見題名,没有編號。"羅譯目""陸譯目"反映的伯希和目録具備一定的體例,但頗顯潦草①,由此可窺知伯氏編輯目録時挑選性强,稍具主觀性和隨意性。"王目"和"漢文寫本目録"的著録體例相對成熟,比較而言,"王目"在中國古籍、俗文學的著録方面具有優勢,"漢文

---

① 王重民《敦煌遺書總目索引·後記》,北京: 中華書局,1983 年,第 547 頁。

寫本目録"以中國學者所編初目爲基礎,在文物性質的著録上稍勝一籌。由於"漢文寫本目録"出自不同人之手,後出分卷的著録在改進前卷條目的同時也不可避免地衍生新的問題,造成體例的不盡一致。"索引新編"在文獻定名、内容的著録方面,相較"王目"有很大進步,因非依據原卷修訂,故在釋文的勘補方面存在不同程度的"改對爲錯"現象(例如 P.2100《四部律並論要用抄》卷上的題記"申年八月廿七日沙門明潤於此曩恭禮寫記","王目"釋録正確,"索引新編"未能釋讀"恭"字,且將"禮"誤作"川",實則"川"形乃"禮"字的草書楷化),尤其對朱筆文字的著録有所遺漏。在《英藏敦煌文獻》全面刊佈和 IDP(國際敦煌項目)已經普及的今天,有對《敦煌遺書總目索引新編》進行重新修訂之必要。

第四,著録特色。"羅譯目"加入了作者按語,提示一些參考資料信息,具有開創價值。"王目"是法藏敦煌文獻的全部漢文寫卷的第一個相對完整的目録,詳細著録首尾題、題記等重要信息,部分提示寫卷形態、書法優劣、朱筆句讀等,並附説明和索引。"黄目"在佛、道經殘片的比對上成就顯著,並增加了對"王目"未及的數百號文獻的著録。"漢文寫本目録"首開著録文物信息之先河,體現了敦煌文獻目録的編纂從注重文獻性質到文獻、文物與文字的三重性質的轉變過程,該目按伯希和編號排列,便於檢索,且附分類索引,算得上是迄今爲止已出版的敦煌漢文寫本目録中最佳的一種①。"隋目"以寫本題記的紀年順序爲綱,對研究者頗有參考價值。

第五,相互關係。伯希和目録是其發揮學識對法國藏卷所作的定名梳理,是進行正式編目的前提。"羅譯目""陸譯目"均以伯希和目録爲母體,只是"陸譯目"在體例編排和翻譯精確度上較"羅譯目"更佳;"漢文寫本目録"充分利用了王重民先生在法所編的流水號目録;"王目"補正了伯希和編目的缺失和不足;"黄目"對"王目"的成果吸收較多,但在某些"一號多文獻"的著録和定名方面出現退步現象,與黄氏未察縮微膠卷影印疏漏有關,這也是不依據原卷編目所顯現的弊端。其他目録相互之間的關聯性並不顯著,不同時期著録條目的數量變化和精簡狀況沒有明顯的繼承性。

1995—2005 年,由上海古籍出版社和法國國家圖書館聯合編纂的《法藏敦煌西域文獻》陸續出版完成,首次全面影印出版了伯希和所獲敦煌文獻,在法藏敦煌文獻的整理和刊佈方面具有里程碑的意義。加之近年來不斷有學者對於法藏敦煌文獻的定名有新的推進,使得涵蓋信息豐富、定名更加精確的"法藏敦煌漢文文獻"目録册的編輯成爲可能。另外,由方廣錩先生首創的"條記目録"開啓了敦煌文獻編目的新紀元,其條目的設置對於讀者瞭解、利

---

① 榮新江《海外敦煌吐魯番文獻知見録》,南昌:江西人民出版社,1996 年,第 46 頁。

用和研究敦煌文獻具有重要價值①,尤其給沒有條件親睹原卷的研究者提供了莫大的方便。雖然"條記目録"在著録體例方面尚存有待改進之缺點②,但其著録範式已爲業界同類工作的開展樹立了標杆,亦爲法藏敦煌文獻目録册的編纂提供了極佳的範例。期待法藏敦煌漢文文獻目録册的早日問世,以饗學界。

三、法藏敦煌藏文文獻編目成果述評

(一)法藏敦煌藏文文獻編目成果簡介

藏經洞所出藏文文獻的抄寫年代大致在公元 8 至 10 世紀,内容豐富,涉及廣泛,是研究吐蕃王朝及吐蕃統治結束後歸義軍歷史的重要材料。法藏敦煌藏文文獻有數千號之多,迄今可見三種編目成果。大約自 1933 年開始,法國學者拉露在巴考初編目録的基礎上,積近三十年之功,編纂齊全《法國國立圖書館所藏敦煌藏文寫本注記目録》(以下簡稱"注記目録")三大卷册,著録 P.t.0001—2216 號,首次系統梳理了法藏敦煌藏文文獻,揭示了這批文獻的豐富内涵。20 世紀 80 年代初,中國獲得了法藏敦煌藏文文獻的縮微膠卷。由王堯主編的《法藏敦煌藏文文獻解題目録》(以下簡稱"解題目録")公佈了法藏敦煌藏文文獻的全部目録,共計 4 450 個編號,由於 P.t.2224—3500 之間空缺了 1 276 個編號,實有 3 375 個卷號。2006—2020 年,歷時十五載的《法國國家圖書館藏敦煌藏文文獻》目前已全部完成整理出版,每册都編有藏漢文對照目録(以下簡稱"法藏藏文文獻目録"),尤其是對同一卷號的内容分别著録,有助於讀者全面瞭解該卷號的性質、内容等。

(二)法藏敦煌藏文文獻編目成果評述

爲了便於比較和説明,先將所涉條目匯總如下(見表二):

表二　法藏敦煌藏文文獻編目成果著録條目一覽表

		注記目録	解題目録	法藏藏文文獻目録
	著録範圍	P.t.0001—2216	P.t.0001—2224、P.t.3501—4450	P.t.0001—3358
1	卷號和盒號	√	√	√
2	文獻名稱(篇章、卷數等)	√	√	√
3	拉丁字母轉寫	√		

① 郝春文《〈國家圖書館藏敦煌遺書〉的五大貢獻》,《光明日報》2006 年 8 月 22 日。

② 郝春文《中國國家圖書館藏敦煌遺書總目録評介》,《敦煌學輯刊》2019 年第 4 期,第 4—5 頁。

續表

			注記目録	解題目録	法藏藏文文獻目録
4	寫本外觀	首尾存況	＊	√	√
		紙數	＊		√
		行數	√	√	√
		紙質紙色	＊	＊	
		裝飾、孔洞等	＊	＊	
5	録文(内容)			√	√
6	同件抄寫多個文獻的情況				√
7	首行藏文		√	√	
8	末行藏文		√	√	
9	藏譯文獻來源			＊	√
10	字體		√	＊	
11	朱筆			＊	
12	題記		＊	＊	
13	專有名詞		√		
14	注解		√	√	
15	背面内容		√	√	
16	研究狀況			√	√
17	主題索引		√		

注:"√"表示已成體例的著録條目;"＊"表示編目中有所提及,但並未形成統一體例的著録條目。

上述三種目録體現了不同的編目特徵:第一,編目類型。"注記目録""解題目録""法藏藏文文獻目録"均屬於按館藏順序號編目。第二,所依文獻載體。"注記目録"是依託原卷進行的編目,"解題目録""法藏藏文文獻目録册"所依據的編目對象主要是縮微膠卷,兼有對原卷的參考。第三,編目效果。"注記目録"對原卷外觀和内容的描寫相對完整;"解題目録"對内容的判斷較爲準確;"法藏藏文文獻目録"在文獻的定名方面超出以往所編目録,尤其對佛教文獻的定名有較大突破,對不少原來定名爲"佛經"的文獻給出了具體的名稱。但仍存留一些未能解決的問題有待今後的進一步研究①。第四,著録特色。"注記目録"注重從寫本的文物性角度進行編目;"解題目録"的著

---

① 才讓《敦煌藏文文獻編目整理、出版方面的成果回顧及未來研究趨勢之展望》,《台大佛學研究》第 22 期,臺北:臺灣大學文學院佛學研究中心,2011 年,第 106—136 頁。

録方式更容易被中國學者所利用,創新性地添加了完備的研究信息;"法藏藏文文獻目録"配合高清圖版,採用漢藏雙語對照,盡力譯出所有題記,並考訂年代、人物、事件等重要信息,對於非藏文學者利用這批材料大有助益。第五,相互關係。"解題目録"充分吸收了"注記目録"的編目成果,後出的"法藏藏文文獻目録"則在二者的基礎上實現新的推進。

四、法藏敦煌其他胡語文獻著録成果

漢藏文獻之外,伯希和自藏經洞還獲得一定數量的回鶻文、粟特文、于闐文和梵文等胡語文獻。《法藏敦煌西域文獻》刊佈了于闐文、粟特文的部分圖版。在法藏敦煌其他胡語文獻的著録方面,國外學者的貢獻巨大。20世紀40年代,法國學者邦旺尼斯特發表《粟特文獻選刊——國立圖書館所藏寫本(伯希和文庫)》,刊佈的粟特文寫本共有30個編號,影印了除 Pelliot sogdien 4《佛説善惡因果經》之外幾乎所有法藏粟特文寫卷,此書爲粟特文獻的研究提供了重要的原材料。同年,邦氏還出版了《粟特語文獻》一書,也是除了《善惡因果經》,把法藏粟特文寫本一一作了外觀概述、拉丁轉寫、法文譯注,附有詞彙索引[①]。1983年,旅法學者吳其昱所撰《巴黎國家圖書館藏敦煌所出梵文寫本》收録13號梵文佛教文獻。1986年,法國學者哈密頓所撰《敦煌9—10世紀回鶻文寫本彙編》,影印了24號敦煌回鶻文寫本的全部圖版,並做了精心的轉寫、翻譯、注釋和詞彙索引。1987年,由張廣達、榮新江合著《巴黎國立圖書館所藏敦煌于闐語寫卷目録初稿》,介紹了68號于闐文寫本,包括一件從繪畫上揭下的紙片。該目録是按號作詳細的提要,包括文獻名稱、葉數、正背、行數、同卷其他内容、印章等,提示可相綴合寫本信息,及内容相同或有關寫卷的信息等[②]。總體而言,上述成果稱不上嚴格意義的編目成果,但兼具目録的屬性。

五、結　　語

編目工作是一項非常艱難、複雜、繁瑣的工作,所有的編目工作者都爲此付出了極其艱辛、巨大的努力。綜上所述,法藏敦煌漢文文獻的編目成果具有三個顯著特點:其一,相較英藏敦煌漢文文獻的編目成果,法藏敦煌漢文文獻目録出現最早,幾乎與伯希和獲取敦煌文獻相同步。羅振玉、董康等根據親見寫卷撰寫目録提要,並將伯氏所寄照片及時影印出版,爲初創期的敦煌

---

① 回鶻文與粟特文的相關介紹,主要轉引自榮新江《海外敦煌吐魯番文獻知見録》,第68—50頁。
② 白化文稱其"可視爲一篇簡潔的于闐語寫卷研究情況和目録工作的歷史性追溯的介紹性文章"。參閱《敦煌文物目録導論》,第164頁。

學提供了豐富資料。同時激勵國人遠赴巴黎調查抄閲敦煌寫卷,自 20 世紀 20 年代開始,劉復、王重民、于道泉、姜亮夫等學者先後踏入法國國家圖書館對其館藏敦煌文獻進行專門的調查和研究,取得豐富的成果,爲 20 世紀敦煌學的蓬勃發展奠定了堅實的基礎。其二,法藏敦煌漢文文獻的編目時間持續長,編目成果數量多,從敦煌文獻發現早期的知見性目録,到著録成熟的綜合性編目成果,達十種之多,但距今時間最短的"漢文寫本目録"問世已有十數年之久,在著録條目的精細化和統一化方面還有很大的提升空間。其三,法藏敦煌漢文文獻的編目類型相對單一,亟待高品質的分類編目工作的早日開展。

法藏敦煌藏文文獻編目的起點較高,"注記目録"給予後出編目成果提供了高品質的參考文本,"法藏藏文文獻目録"將刊佈圖版與編輯目録相結合,極爲方便讀者將二者相互參照來盡可能多地瞭解文獻信息。

法藏敦煌所出其他胡語文獻,從目前所見的幾種成果來看,學術性較強,編目特色不明顯,或可稱之爲"類似目録成果"。由於上述成果的出版時間均較早,且近幾十年已經出現諸多針對法藏胡語文獻的研究成果,故亟需借鑒目前成熟的漢文及藏文編目成果對胡語文獻進行重新整理。相較漢文文獻,藏經洞所出回鶻文、粟特文、于闐文和梵文等胡語文獻的數量不多,建議將相同語種的胡語文獻(藏文文獻除外)進行跨越國界的統一編目,將更有利於國内外學者瞭解相關胡語文獻的内容和價值。

杏雨書屋藏敦煌遺書編目整理綜論

定　源(王招國)(上海師範大學)

　　敦煌遺書自 1900 年發現之後,逐漸開始流散,目前散藏於世界各地。以往人們認爲,敦煌遺書主要集中在中國國家圖書館、英國大英圖書館、法國國家圖書館以及俄羅斯東方科學研究所聖彼得堡分所(現改爲俄羅斯科學院東方文獻研究所)等四大收藏單位。而現在我們瞭解到,就收藏文獻的實際長度(或面積)而言,日本杏雨書屋藏敦煌遺書實際已超過了俄藏,堪稱第四大收藏。

　　杏雨書屋位於大阪市淀川區,它是日本武田科學振興財團(武田長兵衛所創立)屬下的一個藏書機構,原以庋藏東洋醫書著稱,後因藏敦煌遺書而享譽國際敦煌學界。

一、杏雨書屋藏敦煌遺書的來源

　　日本學界接觸敦煌遺書,最早可以追溯 20 世紀初期。1909 年 5 月,伯希和結束敦煌考察之後來到北京,在北京六國飯店首次向中國學者展示敦煌經卷,當時便有日本人田中慶太郎(1880—1951)參與其中。同年 11 月,田中慶太郎以"救堂生"爲筆名在北京出版的日本人雜誌《燕塵》上發表《敦煌石室中的典籍》一文,這篇文章是日本學界發表最早的敦煌遺書論文,成爲日本學術界獲知敦煌遺書發現的一個重要信息來源。1910 年,清政府下令,將先後被斯坦因、伯希和劫餘的藏經洞敦煌遺書運回北京。京都大學得知這一消息後,隨即派遣内藤湖南等五人到達北京,在清學部看到約七百件寫經,回國後並作了報告,在日本引起很大的反響。不過,敦煌遺書流入日本,主要集中在 20 世紀 20 年代以後至新中國成立以前的二三十年間。目前,日本的許多公、私立博物館、圖書館以及各地方文庫、寺院乃至個人手中都收藏有或多或少的敦煌遺書①。日本國内目前到底收藏有多少敦煌遺書,因公開程度不一,至今尚無法精確統計,初步統計約 2 000 多號。其中僅杏雨書屋藏敦煌遺書就有 775 號(因有缺號,實際只有 758 號,其中含少量吐魯番文書),可謂日本現

---

　　①　日本藏敦煌遺書,除杏雨書屋外,收藏較多的還有東京書道博物館有 145 號、三井文庫 112 號。此外,静嘉堂文庫、藤井有鄰館、寧樂美術館、國立國會圖書館、東洋文庫、御茶之水圖書館、大東急紀念文庫、永青文庫、龍門文庫、京都國立博物館、東京國立博物館、龍谷大學、大谷大學、天理大學、九州大學、高知大學、東京大學、慶應大學、京都大學、國學院大學、唐招提寺、四天王寺、藥師寺、東京蓮念寺、名古屋西嚴寺、静岡縣磯部武男氏、東京井上書店等都有收藏。

藏敦煌遺書數量最多的機構。

杏雨書屋藏敦煌遺書的來源比較複雜，其主體部分是李盛鐸（1858—1937）舊藏的第 001 號至第 432 號部分。這批藏品流入日本的背景，以及最後歸藏杏雨書屋的經過，長期以來，迷雲重重，根據高田時雄先生的考察，目前已爲學界所熟知，無需贅述[①]。而第 432 號之後部分的遺書來歷，也已基本清楚，它們分別來自古書店佐佐木竹苞樓（日散 0433—0436 號，日散 0448—0450 號，日散 0456、0457 號，日散 0461—0464 號）以及羽溪了諦（日散 0451—日散 0455 號）、高楠順次郎（如日散 0459 號）、西脇濟三郎（日散 0468—0473 號）、中村敏雄（日散 0474—0480 號）、富岡謙藏（日散 0460 號，日散 0501—0550 號）、清野謙次（日散 0551—0590 號）、江藤濤雄（日散 0591—0736 號）、中尾萬三（日散 774、775 號）等人的舊藏。由此可知，相對李盛鐸舊藏而言，日散 432 號之後的這些遺書來源更爲複雜，基本來自當時日本學者的私人收藏，輾轉通過出售或贈送等方式，且主要經日本學者羽田亨（1882—1955）之手，最終歸杏雨書屋所有。當然，還應該注意，即使是日散 432 號之後的遺書，在傳入日本之前，也有李盛鐸的舊藏，有些經過何彥昇、羅振玉、梁素文、王樹枏、張廣建、許承堯、孔憲廷、兼泉、吳芝瑛、向燊、端方等人之手。

我們知道，李盛鐸是敦煌遺書流散史上最具焦點的人物之一，他在僞造敦煌遺書方面也最具爭議。由於杏雨書屋藏敦煌遺書來源複雜，且與李盛鐸有關，因而使得這批遺書的真僞，長期成爲學界關注的問題。日本已故敦煌學家藤枝晃先生（1911—1998）曾經指出，包括杏雨書屋藏敦煌遺書在內，日本收藏的敦煌遺書百分之九十以上都是僞卷。他的這一比較夸大的看法，影響頗大，成爲後來許多日本收藏單位或個人不願公開自己收藏敦煌遺書的原因之一。可能受到這一觀點的影響，號稱最後一批敦煌學"寶藏"的杏雨書屋藏敦煌遺書，在國際敦煌學界許多學者的廣泛呼籲下，遲至 2009 年才開始陸續公開，至 2013 年全部圖版公諸於世，讓敦煌學研究者得以一睹其"廬山真面目"。從目前來看，杏雨書屋藏敦煌遺書除了有若干僞卷或少量真僞可疑的遺書之外，大部分屬於真品，來源可靠。因此，這批遺書不僅對我們研究中古時期的宗教、社會、經濟等方面有著極高價值，而且對考察敦煌遺書流散歷史，以及在敦煌遺書辨僞方面也具有特殊的意義。

二、杏雨書屋藏敦煌遺書的研究與編目

關於杏雨書屋藏敦煌遺書研究，迄今爲止大體經歷了四個階段：

---

① 可參見高田時雄《李滂と白堅——李盛鐸舊藏敦煌寫本流入日本の背景》，載《敦煌寫本研究年報》（創刊號），2007 年 3 月，第 1—26 頁。

（一）李盛鐸舊藏未傳入日本階段。李盛鐸所獲敦煌遺書始於 1910 年，其攫取手段頗不光彩，但因其所得遺書頗多精品，故欽羨及求觀者甚多。中國學者羅振玉以及日本學者羽田亨、瀧川政次朗、松本文三郎、高楠順次郎以及富岡謙藏等人，或來華親見原件，或根據圖版，對李盛鐸舊藏中的《摩訶衍經第八》（日散 0001 號）、《洞玄靈寶天尊説十戒經》（日散 0003 號）以及《志玄安樂經》（日散 0031 號）、《大秦景教宣元本經》（日散 0431 號），以及《序聽迷詩所經》（日散 0459 號）、《一神論》（日散 0460 號）等遺書進行介紹、録文與研究，尤其對以上四種景教寫本關注程度頗高，撰寫了一些專題論文。李盛鐸舊藏之所以引起日本學者羽田亨等人的關注，最早與其所藏景教寫本有一定關係，這也是後來李盛鐸舊藏流入日本的背景之一。

（二）研究空白階段。1935 年，李盛鐸舊藏由李盛鐸的第十個兒子李滂通過白堅賣給時任京都大學文學部部長的羽田亨（1882—1955）。次年，李盛鐸舊藏運抵日本。1938 年羽田亨升任爲京都大學校長，他將這批遺書放在校長辦公室，當時除了他自己偶有研究外，詳情並不爲外人瞭解。不久，因第二次世界大戰爆發，羽田亨擔心這批遺書燬於戰火，於 1945 年 8 月將它從校長辦公室搬出，運至兵庫縣多紀郡大山村西尾新平氏家的倉庫保存。之後，直至 1991 年在京都羽田亨紀念館發現羽田亨當年所攝的照片，由於李盛鐸舊藏的去向長期不爲外界所知，可以説這一時期的相關研究基本屬於空白。

（三）根據照片研究階段。1991 年以降，李盛鐸舊藏的下落逐漸被國際敦煌學界所瞭解，雖然杏雨書屋當時尚未正式公開這一特藏，但該特藏的照片逐漸浮現。直至 2009 年杏雨書屋正式開始刊佈圖版之前，期間至少有池田温、高田時雄、岩本篤志、落合俊典、湯谷祐三、牧野和夫、張娜麗、林悟殊、林敏等中日學者，根據各自所得的照片，對其中若干遺書進行了整理與研究。不過，這一階段獲睹照片者畢竟不多，研究成果仍然有限。而且由於當時大家看到的都是黑白照片，清晰程度不高，因此，某些文本整理的質量並不理想。

（四）研究熱潮階段。2009 年 3 月，杏雨書屋以“敦煌秘笈”爲名，由杏雨書屋館長吉川忠夫負責編輯開始出版該特藏中的第一册圖版（同年一同出版的還有《敦煌秘笈目録册》），直至 2013 年 3 月全部出版完畢，圖版共九册，加《目録册》，共十册。在圖版刊佈過程中以及全部刊畢之後，儘管刊佈的圖版質量仍然差強人意，但畢竟是彩色印刷，較之以前的黑白照片，清晰許多，故而引起了中日學者對這批遺書的廣泛關注，研究論著也不斷涌現。至目前爲止，據不完全統計，利用該特藏遺書進行研究的相關論文已達到數百篇之多。

可以說,《敦煌秘笈》的出版,業已掀起了一股敦煌學史上少見的研究熱潮①。可以預料,這一研究熱潮在今後將不斷持續,並升溫發展。

除了以上四個階段的研究外,從李盛鐸舊藏發展至杏雨書屋現藏的敦煌遺書規模,不同時期編纂過不同的目録,這些目録可以説反映了杏雨書屋藏敦煌遺書流傳與研究的一個側面。

杏雨書屋藏敦煌遺書編目,在此之前,先後有過以下三種:

(一)《李木齋氏鑒藏敦煌寫本目録》,此爲李盛鐸舊藏未售日本之前的目録,原本現藏北京大學圖書館善本部,共著録 432 號。此目録内容最早分兩次發表於 1935 年 12 月 15 日及 21 日《中央時事周報・學舫》上,題爲《德化李氏出售敦煌寫本目録》。後來王重民編《敦煌遺書總目索引》以及黄永武編《敦煌遺書最新目録》均有收入。近年,陳濤指出《李木齋氏鑒藏敦煌寫本目録》各版本之間内容並不一致,不僅著録的號數有若干差别,受傳抄或釋讀的影響,各自著録的内容也稍有差異。此外,陳濤還將此目録與後續的《敦煌秘笈目録册》進行了比較,分別對兩種目録的排列順序及底本來源作了考察,值得參考②。

(二)《日本羽田亨收藏李木齋(盛鐸)舊藏敦煌遺書目録》,是羽田亨個人鑒定與整理敦煌遺書的手稿,抄寫於 20 世紀 40 年代,共著録 736 號。羽田亨晚年,將此手稿交給塚本善隆先生,之後塚本先生交給牧田諦亮博士,現爲落合俊典先生收藏。落合先生曾撰《羽田亨稿〈敦煌秘笈目録〉簡介》一文,對此目録有過簡單的介紹③。此目録目前雖然没有正式公佈,但根據落合先生提供的若干照片可以知道,其内容是在李盛鐸舊藏目録的基礎上修訂、增補而成的。值得一提的是,在落合先生的前揭文章中,他還提供了 1945 年 8 月 1 日及 2 日由西尾新平氏寄給羽田亨的兩封信件内容。根據這兩封信,我們可以進一步瞭解到,1945 年 8 月 1 日,敦煌遺書搬出京都大學校長辦公室之前,羽田亨還囑咐西尾新平氏抄有一種題爲《燉煌秘笈藏經卷疏開荷造目録》。這是一種搬運時的遺書清單,目的是爲了便於今後覈查。此目録與上述羽田亨手稿目録到底是什麽關係,有待進一步考察。總之,從羽田亨手稿

① 這一階段的部分研究成果,可以參見臺灣學者鄭阿財《杏雨書屋〈敦煌秘笈〉來源、價值與研究現狀》(《敦煌研究》(總第 139 期),2013 年第 3 期,第 116—127 頁)、陳麗萍、趙晶《日本杏雨書屋藏敦煌吐魯番研究綜述》以及《日本杏雨書屋藏敦煌吐魯番研究論著目録(2009—2014)》(《2014 敦煌學國際聯絡委員會通訊》,上海:上海古籍出版社,2014 年,第 74—85 頁,同書第 362—372 頁)。

② 具體參見陳濤《日本杏雨書屋藏〈敦煌秘笈〉與〈李(木齋)氏鑒藏敦煌寫本目録〉之比較》,載《史學史研究》(總 138 期),2010 年第 2 期,第 92—115 頁;同氏《日本杏雨書屋藏〈敦煌秘笈〉與〈李(木齋)氏鑒藏敦煌寫本目録〉之比較》(續),載《史學理論與史學史學刊》,2013 年第 1 期,第 315—340 頁。

③ 郝春文主編《敦煌文獻論集——紀念敦煌藏經洞發現一百周年國際學術研討會論文集》,瀋陽:遼寧人民出版社,2001 年,第 91—101 頁。

目錄可以得知,在 1936 年至 1945 年之間,羽田亨所藏敦煌遺書已從李盛鐸舊藏的 432 號增加到 736 號。

（三）《敦煌秘笈目錄》,1980 年,杏雨書屋第二任館長,即羽田亨的兒子羽田明先生提出重新編錄的想法。隨後,他將這一具體的編目工作委托給了時任大阪四天王寺大學教授古泉圓順先生。根據古泉先生《〈敦煌秘笈〉目錄書後》一文交待①,《敦煌秘笈目錄》初稿完成於羽田明先生去世的 1989 年。但是,目錄的定稿以及正式出版,則晚至 2009 年,前後相隔約二十年。此目錄共著錄有 775 號,這是目前杏雨書屋藏敦煌遺書唯一一部完整的目錄。

以上三種目錄分別反映了從李盛鐸舊藏到杏雨書屋藏敦煌遺書不同時期的收藏情況,爲我們瞭解該特藏的遺書增廣以及編目情況提供了關鍵信息,不同程度促進了敦煌學發展。然而,從現在看來,上述目錄已有如下不足:

（一）上述目錄均是早年所編,最後一種完成時間距今也有 30 多年。前兩種目錄除了偶有記錄紙數、首尾殘況,以及標注寫本年代的卷末題記等之外,大部分僅著錄經名,或未及定名。總體上內容過於簡單,分類也不盡合理,難以滿足敦煌學日益發展的需求。

（二）上述目錄,不同階段由不同研究者分別完成,體例不一,繁簡有別。尤其是隨著近年該特藏圖版的公佈,發現其中紕漏較多。

（三）敦煌遺書具有文物、文獻、文字三個方面的研究價值,上述目錄基本上從文獻角度進行著錄,未能充分挖掘其中有關文物與文字方面的信息。

（四）杏雨書屋藏敦煌遺書大多爲佛教文獻,由於主客觀條件的限制,加之當年沒有現在中華電子佛典集成 CBETA 等檢索工具,上述目錄對某些文獻未作定名,或者不能正確定名。

總體而言,上述三種目錄已難以全面反映杏雨書屋藏敦煌遺書所蘊含的價值。因此,對杏雨書屋藏敦煌遺書進行重新編目已是我們面臨的重大任務。

三、杏雨書屋藏敦煌遺書新編
目錄的特點和意義

我們知道,敦煌遺書具有文獻、文物、文字等三個層面的研究價值。如何全面、正確反映敦煌遺書所蘊含的這三個層面的研究信息,使研究者盡可能地全面把握敦煌遺書,是引領敦煌學健康發展的關鍵。就杏雨書屋藏敦煌遺書而言,目前其圖錄已經全部公開,但僅僅公開這些原始資料是遠遠不夠的,還需要一部通過不斷加工並能全面反映杏雨書屋藏敦煌遺書各種信息,而且

---

① 《敦煌秘笈目錄册》,大阪：武田科學振興財團杏雨書屋,2019 年,第 293 頁。

内容翔實、編排科學、使用方便的目錄。

敦煌遺書分藏於世界各地，《世界散藏敦煌遺書總目錄》至今尚未面世，這無疑嚴重阻礙了敦煌學的健康發展。實際上，《世界散藏敦煌遺書總目錄》的編纂只能從個別收藏單位逐一進行。而且與以往不同的是，當前人工智能等電子科技的發展日新月異，已進入雲數據的網絡時代，人文學科如何借助當代電子科技進行有效突破和研究，已是每位人文學者需要思考的問題。就敦煌遺書的編目來看，除了每個收藏單位編纂並出版內容翔實、編排科學、使用方便的紙質本目錄之外，彙總世界各地收藏敦煌遺書編目信息納入同一個數據庫平臺，使分散在各地的敦煌遺書形成一個有機整體，打破素來"挖寶式"的研究，爲研究者提供更加便利而豐富的信息，是當前我們面臨的巨大問題。不過，欲將世界散藏敦煌遺書的信息全部納入一個數據庫，形成一個整體，發揮每一件遺書的最大價值，必須有一個前提，那就是要按照同一種體例採集敦煌遺書數據，否則將無法納入同一個平臺。爲此，方廣錩先生在長期從事敦煌學研究以及敦煌遺書編目過程中，已作出了有益探索，並總結出一種能充分反映敦煌遺書固有價值的編目體例。方先生根據自訂的新體例，主持編纂並出版了《中國國家圖書館藏敦煌遺書總目錄》，而英藏、法藏敦煌遺書總目錄的編纂也指日可待，同時方先生還編纂出版了多種中國大陸及港、臺地區散藏敦煌遺書目錄。此外，方先生以這些統一採集的數據爲基礎，創建了"敦煌遺書數據庫"平臺。目前，這個數據庫雖然尚未正式上綫公開，但間接地爲敦煌學研究提供了許多便利。

本次對杏雨書屋藏敦煌遺書進行重新編目，除了想彌補《敦煌秘笈目錄》等存在前所述及的不足之外，還有一個考慮，那就是希望將此目錄信息統一納入"敦煌遺書數據庫"，以便發揮它更多、更大的研究價值。基於這一點，本次編目嚴格按照方先生既訂的體例進行。方先生所製度的編目體例，共設十四大項、四十多個小項。不過，結合杏雨書屋藏敦煌遺書的實際情況，本次編目採用了其中十二大項、二十七個小項。十二大項的條目，具體如下：

1. 著録編號，包括日散號、現編號與原編號及文獻名稱、卷本、卷次；

2. 著録文物性的總體資料，包括每紙長度、高度、紙數、行數等資料以及外觀性描述；

3. 著録首尾文字對照結果；

4. 著録首尾題；

5. 著録內容對照結果；

6. 著録綴合情況，同本而不能直接綴合者，亦予説明；

7. 著録題記、題名、勘記、印章、雜寫、護首以及扉葉内容等;

8. 著録書寫年代,無書寫年代者,依該文獻紙質、書寫風格、内容等綜合判定;

9. 著録字體,如有武周新字、避諱字、合體字等,予以説明;

10. 著録原藏者以及近現裝裱等;

11. 著録該文獻在《敦煌秘笈影片册》中的册數與頁數;

12. 備注項,著録參考資料及其他須要説明的問題。

在以上十二個項目下,爲了進一步採集更詳細的數據,又需分出許多小項。比如,1. 著録編號,1.1 項爲日散號,1.2 項爲分類號,1.3 項爲文獻名稱、卷本、卷次,1.4 項爲原藏編號。所謂日散,是日本散藏敦煌遺書的簡稱。如前所述,日本散藏敦煌遺書總數大體在 2000 號以上。敦煌遺書在日本的收藏單位比較分散,並且還有少量藏在私人手中,爲了今後可能將所有日本散藏敦煌遺書數據納入同一個數據庫,從現在開始就需要實行統一的編號管理。所以,無論它原收藏單位的編號是什麼,我們將日本散藏敦煌遺書的編號統一冠以"日散"二字。由於日本散藏敦煌遺書的總數最多不會超過千位數,所以在"日散"二字後只用了 4 位阿拉伯數字加以表示。此外,在日本散藏敦煌遺書中,杏雨書屋藏敦煌遺書數量最多,因此我們以該特藏的第 1 號作爲日散編號之首。如此一來,杏雨書屋藏敦煌遺書第 1 號,本次編目則以"日散 0001號"示之,隨後的編號依此類推。

再如,2. 著録文物性的總體資料,此下同樣分出四個小項,即 2.1　著録遺書的總體數據。包括長度、寬度、紙數、正面抄寫總行數與每行字數、背面抄寫總行數與每行字數。2.2　著録每紙數據。包括每紙長度及抄寫行數或界欄數。這方面的數據必需依原件採取,因客觀條件所限,這方面的數據本次編目僅著録了部分遺書。2.3　著録遺書的外觀,包括(1) 裝幀形式;(2) 首尾存況;(3) 護首、軸、軸頭、天竿、縹帶,經名是書寫還是貼簽,有無經名號、扉頁、扉畫;(4) 卷面殘破情況及位置;(5) 尾部情況;(6) 有無附加物(如蟲繭、油污等);(7) 有無裱補及其年代;(8) 有無墨欄;(9) 修整;(10) 其他需要交待的問題。2.4　著録一件遺書抄寫多個文獻的情況,並盡可能説明各文獻之間的相互關係。

嚴格來説,要想編出一部含蓋敦煌遺書所有數據的目録,採集數據肯定越全面、越精確越好。本次編目,具體大、小項的内容情況,詳情可參閲《杏雨書屋藏敦煌遺書條記目録》前所附的"凡例"。

對杏雨書屋藏敦煌遺書進行重新編目,其意義至少可以體現以下幾個方面:

（一）按照新體例，重新編纂一部更科學的目錄，可以補充此前目錄之不足，並糾正其錯誤，力求全面反映杏雨書屋藏敦煌遺書具有文獻、文物、文字三個方面的研究價值，爲綜合研究這批敦煌遺書奠定鞏固的基礎，並且將採集的所有信息納入"敦煌遺書數據庫"，進一步體現它的實用價值。

（二）日本收藏敦煌遺書相對分散，公私收藏單位較多，至今沒有一部綜合目錄。本次編目是《日本散藏敦煌遺書目錄》的重要組成部分，可以爲今後編纂日本其他散藏敦煌遺書目錄起到導向性作用。不僅如此，如前所述，《世界散藏敦煌遺書總目錄》的編纂只能從個別收藏單位逐一進行，從這個角度來看，本目錄屬於《世界散藏敦煌遺書總目錄》的一部分，可以爲早日實現這一目標而添磚加瓦。

（三）有助於彌補當前佛教研究在敦煌學等諸多學科領域中的薄弱環節。據不完全統計，世界散藏敦煌遺書總數約有 7 萬號，其中 90% 以上是佛教文獻。雖然從敦煌藏經洞發現至今已逾百年，但許多敦煌佛教文獻還沒有得到很好的整理與研究，甚至有些還無人問津。因此，與敦煌學其他領域相比，敦煌佛教文獻研究仍然十分薄弱，需要加強。本次編目尤其關注杏雨書屋藏敦煌佛教文獻的定名與著錄，並且對某些珍稀的佛教文獻進行了錄文整理，希望能爲今後進一步研究提供便利，促進敦煌學研究的全面發展。

四、杏雨書屋藏敦煌遺書數據簡析

（一）文獻號數據

根據《敦煌秘笈目錄》，杏雨書屋藏敦煌遺書的編號總數有 775 號，但是，從 486 號至 500 號完全空缺，而 714 與 724 兩號爲圖像，《敦煌秘笈》沒有提供圖版。對此兩號，本次編目僅循例說明。如此算來，杏雨書屋正式公開的敦煌遺書圖版實際只有 758 號。本次編目爲了能與《敦煌秘笈目錄》編號一一對應，依然按其原來的流水號進行編目，原已空缺者，仍舊空缺。也就是說，本次編目儘管最後一號是日散 0775 號，但實際的遺書號數只有 758 號。需要說明的是，由於本次編目採用的體例與《敦煌秘笈目錄》不同，雖然遺書號數兩者一致，但文獻號數卻不相同。按文獻內容，本次編目共有 1109 號。所謂文獻號，是指每一個文獻，給予一個獨立號。我們知道，敦煌遺書的抄寫情況比較複雜，有些遺書只抄一種文獻，有些遺書則抄多種文獻，有時單面抄寫，有時兩面抄寫，甚至有時同一件遺書抄寫多卷內容，如果遇到這類情況，則按照不同卷數進行分別著錄。也就是說，凡是多主題文獻的遺書，根據不同情況，給號方式也不盡相同，例如日散 0022 號，它是單面抄寫了兩種文獻，按文獻著錄，第一個文獻編爲日散 0022 號 1，第二個文獻編爲日散 0022 號 2。再如,日散 0020 號是兩面抄寫各自不同文獻的遺書,正面文獻編爲日散 0020 號,背面文獻編爲日散 0020 號背。如果正面或背面同時又抄寫多主題文獻,則按日散 0020 號背 1、日散 0020 號背 2 等編號來處理。另外,還有一些遺書雖然擁有同一個編號,但卻由多個殘片裝裱而成,而且每個文獻之間有斷裂。比如日散 0069 號,由兩個殘片裝裱而成,每個殘片獨立爲一個文獻。對此,我們將第一個殘片編爲日散 0069 號 A,第二個殘片編爲日散 0069 號 B。如果有更多殘片,則循此例後推即可。

(二) 文獻內容分類數據

杏雨書屋藏敦煌遺書,內容豐富,宗教文獻方面,有佛教、道教、景教、摩尼教。其中佛教文獻最多,按文獻號計算共有 961 號,佔總數 1109 號文獻的 86.6%。道教文獻有 21 號,佔總數的 1.8%。景教文獻僅 4 號,佔總數的 0.3%。摩尼教僅 1 號 (粟特文殘片)。此外,剩餘的 122 號文獻,其內容更爲複雜多樣,涉及經籍、史籍、文學、經濟、科技、占卜、音樂、醫藥、譜牒、法律、契約文書等多方面。比如,經籍文獻有《論語》《毛詩》《春秋》《禮記》《尚書》《莊子》《孔子見項橐》等;史籍文獻有《十六國春秋》《漢書》等;文學文獻有《秦婦吟》《王梵志詩》《千字文》等;科技文獻有《算經》;法律文獻有《開元律疏議》《燉煌縣燉煌郡龍勒鄉都鄉里卑婁羅天寶六載籍》;占卜文獻有《發病書》《雲氣占》等;音樂文獻有《舞譜》《舞曲》等;譜牒文獻有《大唐天下郡姓氏族譜》《天下五姓族譜望》;契約文書有《吳安君分家契》《癸未年史喜酥買馬契》。由此可見,杏雨書屋藏敦煌遺書,非宗教類文獻只佔了 11.3%左右,而宗教類文獻中又以佛教文獻居多,這與其他散藏敦煌遺書的情況基本一致。

(三) 文獻抄寫年代數據

在杏雨書屋藏敦煌遺書 1109 號文獻中,有明確抄寫年代題記的文獻共有 93 號。然而,其中至少有 8 號文獻題記,有偽造的嫌疑,它們分別是:

1. 日散 0002 號《維摩義記》,末尾有"甘露二年(257)"題記。

2. 日散 0461 號《金剛般若波羅蜜經》,卷末有"上元二年(675)"題記。

3. 日散 0611 號《方廣大莊嚴經》卷五,末尾有"甘露二年(257)"題記。

4. 日散 0626 號《大般涅槃經》卷二五,末尾有"開皇元歲次辛丑(581)"題記。

5. 日散 0629 號《心惠菩薩本願經》,末尾有"大唐貞元辛巳十七年(801)"題記。

6. 日散 0732 號 2《大般若波羅密經》卷八九,末尾有"龍朔三年(663)"題記。

7. 日散 0763 號《大般涅槃經》卷一六,末尾有"開皇九年(589)"題記。

8. 日散 0768 號《戒緣》卷上,末尾有"元康五年(295)"題記。

這 8 號遺書的年代題記有造僞可能,並非意味著內容也是造僞的。我們觀察到,除了上述第 5 種日散 0629 號《心惠菩薩本願經》可能爲整卷僞造之外,其餘 7 號僅題記真僞可疑而已。這裏姑且將此 8 號文獻的題記排除,在具有明確抄寫題記且值得信賴的另外 85 號遺書中,東晉寫本有 2 號,即日散 0429 號《大般涅槃經》卷三十三(建始二年,404 年)和日散 0725 號《大般涅槃經疏》(擬)(義熙六年,410 年)。南北朝時期寫本有 12 號,分別抄於北魏泰常三年(418)、正始元年(504)、延昌二年(513)、永安三年(530)、永熙二年(533),西魏大統五年(539)、大統八年(542)、大統十六年(550),以及北周武成二年(560)、保定三年(563),南梁普通四年(523),西梁大定五年(559)。隋代寫本有 16 號,剩餘 55 號則爲唐代寫本(包括吐蕃統治時期、歸義軍時期)和宋代寫本。年代最晚的是雍熙三年(986)寫本,即日散 0052 號《大雲寺牒》。

除了有明確年代題記的遺書外,其餘遺書雖然沒有明確的抄寫題記,但從字跡、行款等方面推斷,東晉寫本至少有 5 號,再加上前述建始二年(404)、義熙六年(410)寫本,東晉寫本共有 7 號。推斷是南北朝寫本有 114 號,隋代寫本有 9 號,7—8 世紀唐代寫本有 258 號,吐蕃統治時期寫本 292 號,歸義軍時期寫本 271 號,西夏時期寫本、刻本共 2 號。此外,有 1 號文字太少,有 1 號殘絹,有 1 號殘片素紙沒有文字,有 1 號粟特文殘片,有 4 號彩繪佛像,對此 8 號,本次編目未作出年代判定。

需要説明的是,對沒有明確抄寫年代的寫本,我們所作的年代斷定或有疏誤之處,但從以上揭示的大體數據來看,在杏雨書屋藏敦煌遺書中,僅唐以前抄寫的遺書就達到 158 號(7 號東晉寫本,126 多號南北朝時期寫本,25 號隋代寫本),佔總數約 14.2%強,這一點是極其難得的。隋代以後的寫本,又以吐蕃統治時期的寫本爲最多,這一點與一般單位散藏敦煌遺書的年代結構基本一致,反映了吐蕃統治時期敦煌地區佛教的發展和影響。

(四) 文獻語言數據

在杏雨書屋藏 1109 號敦煌文獻中,有 4 號文獻沒有文字,即有 2 號畫像,1 號殘絹,1 號爲素紙。除了這 4 號,有文字的僅 1105 號。不過,日散 0719 號爲粟特文殘片,日本學者吉田豐氏判定它是摩尼教內容。有 2 號西夏文,分別是日散 0772 號《大方廣佛華嚴經》卷四十一(印刷本)、日散 0773 號《大方廣佛華嚴經》卷七十四(寫本)。需要指出,學界普遍認爲,敦煌藏經洞封閉於西夏王朝入侵敦煌以前,藏經洞遺書目前尚未發現有西夏文,故這兩號文獻肯定不是藏經洞的遺品。此外,有 11 號藏文遺書(日散 0441—0445 號,0447,0548,0549,0564—0566 號),這 11 號文獻内容都是《大乘無量壽宗要經》。除以上三種語言之外,其餘文獻皆爲漢文。不過,漢文文獻中實際有 6 號遺書,個別地方雜抄有藏文,由於其主題文獻的語言是漢文,故一並歸入漢文文獻計算。

五、杏雨書屋藏敦煌佛教文獻的研究價值

如前所述,杏雨書屋藏敦煌遺書的研究,大體經歷了四個研究階段,尤其從 2013 年刊佈全部圖版以來,更是興起了一股前所未有的研究熱潮,且至今方興未艾。然而,從已經取得的研究成果來看,應該承認,學界此前的研究成果比較關注該特藏中的景教寫本、經籍、史籍、文學以及其他社會經濟文書等資料的探討,而對其中保存的大量佛教文獻研究明顯不足。實際上,該特藏中的佛教文獻所佔比例近 90%,這種文獻内容結構顯然與學界的研究現狀是極不相符的。因此,今後有必要加強關注該特藏中的佛教文獻,努力挖掘這部分文獻的研究價值,以求敦煌學研究的全面平衡發展。

以下,從文獻内容方面簡要敘述該特藏中我認爲比較重要的一些佛教文獻,略示其研究價值之一二。

(一) 經律論注疏文獻

經律論注疏大多是中國僧人所撰,對於瞭解中國佛教的接受史以及思想發展史等方面,具有極高的文獻價值。然而,這類文獻很少被古代佛教藏經收入,許多已經亡佚。敦煌遺書發現以後,重見天日的佛教文獻甚多,也包含了這類注疏文獻。就杏雨書屋藏敦煌遺書而言,其中所見經律論注疏文獻有不少,内容涉及《法華經》《金剛經》《涅槃經》《勝鬘經》《維摩詰經》《法句經》《温室經》《四分律》《起信論》《成實論》《十地經論》《百法明門論》等注釋書,甚至有些注疏文獻目前僅見於該特藏。比如,屬於《金剛經》注釋書的孤本至少有《金剛波若波羅蜜經傳外傳》卷中(日散 0141 號)、《金剛般若經開玄記》卷二(日散 0550 號)、《金剛般若經開玄記》卷三(日散 0446 號)。《金剛波若波羅蜜經傳外傳》原本應該有三卷,此前我們僅知道保存卷下部分内容的斯 2670 號(《大正藏》卷 85 有録文)和斯 6788 號,而上、中兩卷完全闕如。日散 0141 號爲其卷中内容,雖然卷首稍殘,但正好可補其缺。此外,《金剛般若經開玄記》卷二、卷三也是非常重要的文獻。此書爲蜀郡沙門公哲撰,它是對唐知恩《金剛般若依天親菩薩論讚略釋秦本義記》的解釋書,《新編諸宗教藏總録》著録有六卷,韓國松廣寺現藏有該書的高麗刻本卷四、卷五、卷六。此前我們從敦煌遺書中只知道俄 00700 號爲此書的卷一部分,僅存 1 紙,5 行。日

散 0446 號與日散 0550 號的存世,剛好可以補足此書的卷二、卷三部分。

再如,杏雨書屋特藏中還保存多種《涅槃經》注釋書,且以南北朝時期寫本居多,均是歷代藏經未收的著作,雖然目前還不知道這些注疏的具體作者,但對我們研究南北朝時期的涅槃學派具有重要的文獻價值。

此外,僅見於杏雨書屋特藏中的經律論注疏文獻還有《法華行儀》(日散 0011 號)、《百法明門論疏》(擬)(日散 0351 號)、《大乘起信論疏》(日散 0333 號背)、《誠實論義記》卷四(日散 0128 號)、《大乘十地論義記》(日散 0726 號)、《四分律疏》(日散 0726 號背)等,其中《法華行儀》①與《大乘十地論義記》②雖然已受到學界的關注,但其他文獻目前尚無人問津。

(二)南北朝佛教類書與論議文獻

南北朝時期,佛教類書大量出現,如《衆經要抄》《義林》《經律異相》《金藏論》《法寶聯璧》《内典博要》《真言要集》《衆經要攬》等。不過,其中除了寶唱編纂的《經律異相》因被歷代藏經收入而得以全本流傳之外,其他類書或已散佚,或僅殘存。比如《金藏論》和《衆經要攬》,學界已發現在敦煌遺書中均有殘存。今就《衆經要攬》而言,敦煌遺書現存七號,即斯 00514 號、斯 08749 號、BD03000 號、BD03159 號、俄 10700 號、日散 0635 號與日散 0727 號③。《衆經要攬》原僅一卷,合爲十章,即:“檀章第一、尸羅章第二、羼提章第三、毗梨耶章第四、禪章第五、般若章第六、出家章第七、孝順章第八、制色章第九、利養過患章第十。”但從敦煌遺書現存《衆經要攬》內容來看,斯 00514 號所存文字最多,含蓋內容有“衆經要攬序”以及“檀章第一”至“出家章第七”。而之後的“孝順章第八、制色章第九”內容目前雖僅見於 BD03159 號,但“制色章第九”的後半部分尾缺不全,而日散 0635 號現存“制色章第九”全部,恰可補 BD03159 號的尾殘內容。至於“利養過患章第十”內容,目前獨存於日散 0727 號。由此可見,杏雨書屋現存的日散 0635 號和日散 0727 號具有不可或缺的文獻價值。

關於南北朝的論議文獻,主要是指南北朝時期的佛教義學並以問答體形式展開議論的文獻。這一部分文獻歷代藏經基本沒有收入,而在敦煌遺書有所留存。就杏雨書屋藏敦煌遺書而言,日散 0271 號《義記》(存卷一至卷五)

---

① 落合俊典《李盛鐸舊藏開元廿二年寫〈法花行儀〉初探》,載高田時雄編《草創期の敦煌學》,東京:知泉書館,2002 年,第 203—224 頁。筆者按:文末附有《法華行儀》的録文和根據録文所作的科文,但是,可能由於當時是依黑白圖版録文,該録文與目前所見的彩色圖版相比較,錯録的文字不少,需要注意。

② 李子捷《日本杏雨書屋藏敦煌佛教寫本〈入楞伽經疏〉(羽 726R)研究》,載《西北民族論叢》(第 14 輯),2016 年 12 月,第 53—63 頁。筆者按:李子捷認爲《大乘十地論義記》,内容實際是《入楞伽經》的注釋書,筆者贊同他的觀點。

③ 先前研究可參見李小艷《敦煌本〈衆經要攬〉研究》,載《敦煌吐魯番研究(第 15 卷)》,上海:上海古籍出版社,2015 年,第 279—320 頁。筆者按:此文中已談及杏雨書屋的兩號,但沒提到斯 08749 號。

屬於一部新出的南北朝時期論議文獻。學界此前研究指出①，它是南齊竟陵文宣王蕭子良《雜義記》二十卷的殘存部分。此書保存了南齊時期僧人與蕭子良之間圍繞"法身""涅槃""三寶""一乘""十地""四等""浄土""金剛心""六通""二諦""四諦""三乘同觀"等義理的討論，對研究南北朝佛教思想有極高價值。此外，杏雨書屋藏敦煌遺書日散 0158 號《新雜》卷第一，也是一件南北朝時期的論議文獻，目前還沒有學者關注，我認爲其內容與梁武帝或蕭子良當年舉行的義集（或法集）有一定關係。

（三）疑僞經、三階教文獻

疑僞經文獻，是指形式上雖然像翻譯佛經，但內容卻是中國人的撰述。由於這類經典被傳統僧人普遍認爲是擾亂正法，而沒有收入歷代藏經，所以亡佚甚多。敦煌遺書面世以後，發現有大量這類文獻，據目前計算大體有 110 多種，其中有兩種唯賴杏雨書屋藏敦煌遺書而得以保存。第一種是《照明菩薩經》（日散 0084 號），首殘尾全，存 9 紙，共 208 行。此經名稱最早見於《法經錄》的"僞妄錄"，隨後目錄多因襲之。此經內容比較駁雜，涉及持戒、善惡、數隨止觀還浄、十八不共法、三明六通、佛性等，還談到阿闍世王害父等因緣果報內容。落合俊典先生最早關注此經，之後林敏先生有錄文整理和進一步研究②，指出此經與同樣是疑僞經的《妙好寶車經》有一定的關係，是研究中國佛教疑僞經的珍貴資料。第二種是《五百梵志經》（日散 0633 號 2），經文內容不長，現存首尾均全。此經最早見於《出三藏記集·新集安公失譯集錄》，但從《法經錄》開始將此經著錄爲僞經。近年曹凌撰文指出，此經並非一部僞經，而是一部東晉時期翻譯的經典，而且提出"人從五穀生"的觀點，它與佛教的固有思想多有扞格，可能與印度婆羅門教的古老奧義書思想有關。此外，曹凌還進一步指出此經又影響到《百喻經》，且在唐初被改編成爲該經的序言部分③。這是一個很有趣的觀點，因爲既然"人從五穀生"與佛教思想格格不入，爲何沒有被傳統佛教禁斷，反而藉此改編成爲另一種經典的序分內容而加以流傳呢？總之，此經爲我們研究印度外道思想對佛教內部的影響等方面提出了一些問題，值得進一步關注。

---

① 相關研究可見張凱《中國の南朝法身思想に關する一考察：特に〈敦煌秘笈〉羽二七"不知題佛經記義"をめぐって》，載《武藏野大學人間科學研究所年報》(3)，2013 年，第 95—108 頁。入澤崇、三谷真澄、臼田淳三《南齊竟陵文宣王所持の〈雜義記〉殘簡——〈敦煌秘笈〉羽二七一錄文研究》，載《龍谷大學佛教文化研究所紀要》第 52 號，2013 年，第 160—220 頁。

② 落合俊典《李盛鐸舊藏〈照明菩薩經〉探賾》，載《佛教學浄土學研究：香川孝雄博士古稀紀念論集》，京都：永田文昌堂，2001 年，第 21—32 頁。林敏《照明菩薩經》（題解、整理本），載方廣錩主編《藏外佛教文獻》第 10 輯，北京：中國人民大學出版社，2008 年，第 25—49 頁。

③ 曹凌《婆羅門教、佛教"有無之辯"的交集——〈五百梵志經〉初探》，載《西南民族大學學報》，2019 年 10 月，第 68—72 頁。

此外,杏雨書屋藏敦煌遺書中,還確認有四種三階教文獻,即《七階佛名經》(日散 0039 號、日散 0642 號 A)、《人集録明諸經中對根淺深發菩提心法》(日散 0411 號 1)、《明乞法》(日散 0411 號 2)以及《普親觀盲頓除十惡法》上下卷(日散 0728 號 1、日散 0728 號 2)。前三種文獻,其他散藏敦煌遺書亦有所見,唯獨第四種《普親觀盲頓除十惡法》兩卷現僅存於杏雨書屋,爲三階教研究提供了新資料。日本學者西本照真先生對《普親觀盲頓除十惡法》已有初步研究和全文翻刻[1],可見其已引起學者的注意。

論及三階教文獻,需要指出的是,日散 0555 號《大般涅槃經鈔》也許與三階教有關,因卷末有"清信女氾四娘受持同學人優婆夷廿人開元十年正月十七日寫/了集録修撰老師馬同子寫"題記,其中的"集録",我懷疑就是《三階集録》。三階教素來重視引述《大般涅槃經》,在《三階佛法》中就抄録了不少相關內容。所以《大般涅槃經鈔》很有可能就是三階教徒所抄的作品。當然,這僅是我的推測,詳情待考。

(四)禪宗文獻

衆所周知,敦煌遺書保存有大量禪宗文獻,是研究早期中國禪宗史,尤其是北宗禪的歷史與思想提供了重要資料。現就杏雨書屋藏敦煌遺書來看,其中也有若干禪宗文獻,值得關注。比如日散 0395 號就是多種禪宗文獻的寫本,內容依序爲《菩薩總持法》《了性句》《澄心論》《除睡咒》《入定咒》《大般涅槃經卷十摘抄》以及《修心要論》。這些文獻內容雖然也見於其他散藏敦煌遺書,但作爲一種校本,具有珍貴的校勘價值。此外,日散 0025 號 A《十大弟子讚兼諸禪師法門》也是一種禪宗文獻。此遺書首部已經殘損,卷末僅存屬於諸禪師法門中的 12 位禪師的語録內容。經過覈查,這些內容大體與達摩撰《二入四行論》相同,只是最後二位禪師語録不見於《二入四行論》。可是,從現存的尾題來看,前半部分當是抄寫了十大弟子的讚文。這裏的十大弟子,是否指佛陀的十大弟子,還是指禪宗五祖弘忍座下的十大弟子,這一點不好斷定。無論如何,依此一題名推測十大弟子讚文與諸禪師語録聯合抄在一起的寫本,目前僅見於此,這是值得注意的。

(五)其他僅見於杏雨書屋的佛教文獻

除了上述類別的文獻之外,杏雨書屋還保存一些目前尚未見於其他散藏的敦煌遺書,比如《普賢華嚴經五乘觀門》(日散 0083 號 1),這是一部題名安國寺沙門明現撰述的作品,篇幅文字雖然不長,但其內容除了五乘觀門之外,其中述及三軌義、六即義、十法成乘義實際與天台思想的關係更爲密切。可

---

[1] 西本照真《杏雨書屋所藏三階教寫本〈普親觀盲頓除十惡法〉の基礎的研究》,載《印度學佛教學研究》第 63 卷第 1 號,2014 年 12 月,第 1—10 頁。

見這一文獻所反映的華嚴思想與天台思想的交集是值得關注的。再如《大乘顯實論》（日散 0284 號 1），首殘尾全，有明確尾題。從字跡風格上看，爲 8—9 世紀寫本，通篇基本以問答方式構成，討論了净心、佛性、三業、六相等内容，涉及思想比較複雜，值得研究。再如日散 0323 號寫本，是一部古逸佛典，内容爲樓蘭國優陀延王請佛，佛先後派遣比丘迦多衍那、比丘尼尸羅前往樓蘭，爲國王、大臣以及后妃、宮女説法等事，其中涉及造像功德、僧人不宜入宮爲女衆説法、女身不净、出家功德等思想觀念。此經以樓蘭國的敘述爲背景，很可能是成書於于闐地區的一部佛經。遺憾的是，此寫本首尾殘缺，不知其具體經名，根據内容可暫擬名爲《優陀延王問佛經》，詳情有待進一步研究。除此之外，目前僅見杏雨書屋的敦煌遺書還有《佛説大獻樂謹（經）》（日散 0027 號背 2）、《塵空觀門》（日散 0598 號）、擬名《唯識疏抄》（日散 0649 號）、《大涅槃經》靈裕序（日散 0762 號）、擬名《真諦譯經記》（日散 0747 號 B）等。這些文獻儘管有些所存文字不多，但均爲新出内容，對我們瞭解宋以前佛教歷史、思想等方面均有很高的學術價值。

（六）與通行本内容不同、卷次不同的文獻（異本、異卷）

敦煌遺書的發現，既爲佛教研究提供了不少前所未聞的孤本文獻，也保存了許多與通行本不同系統的所謂異本文獻。就杏雨書屋藏敦煌遺書來看，屬於異本文獻至少有日散 0154 號 2《大乘四法經》、日散 0175 號《佛名經》卷一、日散 0594 號《十誦比丘尼波羅提木叉戒本》、日散 0619 號《增壹阿含經・比丘尼品》（擬）、日散 0628 號 A1《延命壽經》、日散 0650 號《修習止觀坐禪法要》、日散 0742 號《預修十王生七經》等。這些異本文獻中，我想特別指出，《修習止觀坐禪法要》是天台智顗的作品，智顗作爲天台宗的創始者，他的作品此前未見於敦煌遺書，日散 0650 號爲首次出現，而且與《大正藏》本《修習止觀坐禪法要》内容差異較大，顯然是另一系統的文本。日本學者關口真大先生早年對《修習止觀坐禪法要》的版本有過非常細緻的研究，指出該書存在刻本系統與寫本系統的區別，而寫本系統更接近該書的原貌。日散 0650 號《修習止觀坐禪法要》爲唐寫本，是該書現存最早的抄寫本，而且内容上與日本現存的寫本相近，説明日本寫本來源有自，内容可靠，進一步爲考察《修習止觀坐禪法要》的版本源流提供了重要史料。此外，日散 0619 號爲東晉寫本，内容載述多位比丘尼的情節，頗似《增壹阿含經・比丘尼品》的增廣本，同時與《分別功德論》也有近似之處。值得注意的是，脈望館藏敦煌遺書第 39 號（近墨堂 1002.hs，中散 2689 號）《增壹阿含經・比丘尼品》（異本），也是東晉寫本，字體與日散 0619 號類似。業師方廣錩先生指出，這兩種寫本可以直接綴合，脈望館藏本内容在後。有關這兩號的具體關係，臺灣釋長叡有進一步研究,可以參見①。

除了異本外,杏雨書屋藏敦煌遺書還有不少與通行本不同分卷的所謂異卷的佛教文獻。據本次編目統計,至少有 58 號文獻與通行本的分卷不同,主要集中在《大般涅槃經》《妙法蓮華經》《摩訶般若波羅蜜經》《大方廣佛華嚴經》等。這些異卷文獻雖然不涉及文本内容,但對我們研究文本在流傳過程的演變與裝幀等方面具有重要意義。

六、結　語

本文首先綜合論述了杏雨書屋藏敦煌遺書的來源及此前的研究與編目情況,並説明在已有的目録上之所以重新編目的原因,以及新編目録的特點和意義。其次,簡要總結了本次重新編目所得的相關數據,以明確該特藏的基本情況,並突顯它在整個敦煌遺書中的特點。最後,就該特藏中的佛教文獻,從内容分類角度,分別略述了這批文獻所具有的研究價值。

杏雨書屋藏敦煌遺書號稱是敦煌學研究最後的"寶藏"。這批"寶藏"來源複雜,前後經歷了不同研究階段,尤其是從 2013 年公開全部圖版之後,相關研究不斷涌現。長期以來,對某件遺書的個案研究,雖是敦煌學研究的基本範式,但如果想要總體把握杏雨書屋藏敦煌遺書的基本情況,通過查閱該特藏的目録則是一種有效途徑。杏雨書屋藏敦煌遺書此前的三個目録,反映了不同時期該特藏的發展情況。然而,隨著時代的進步和敦煌學研究的發展,該特藏的現有目録已經無法滿足當前學術研究的需求。尤其在當今的數字化時代,國際敦煌學界需要打破原來的挖寶式研究,而應該通過數字化方式彙集世界各地散藏敦煌遺書,並需要將採集的數據納入同一個平臺,以便發揮更大、更多的研究價值。正是基於這一點,對杏雨書屋藏敦煌遺書進行重新編目,既可以彌補該特藏現有目録之不足,也是彰顯該特藏遺書所藴含的文物、文獻、文字等三個方面研究信息的最佳方式。此外,本次編目既作爲日本散藏敦煌遺書編目的一部分,同時也是世界散藏遺書編目的一部分,而且,將本次編目採集的數據納入"敦煌遺書數據庫"後,數據可活用,成果可升級,無疑也爲敦煌學研究提供更多的便利,進一步體現它的實用價值。

通過編目,我們瞭解到,杏雨書屋藏敦煌遺書具有不少值得關注的特點。第一,杏雨書屋藏敦煌遺書來源複雜,主體部分是李盛鐸舊藏,而李盛鐸又是敦煌學史上僞造敦煌遺書的爭議性人物之一,所以該特藏對我們研究敦煌遺書的散布及僞造遺書方面具有獨特的價值。第二,杏雨書屋藏敦煌遺書中有

---

① 釋長叡《"杏雨書屋"所藏"羽 619"與"阿含部類"的關係研究》(臺灣法鼓文理學院佛教學系,2015 年)。

一些孤本,其中除了著名的四件景教寫本之外,還有不少目前僅見於該特藏的佛教文獻,需要今後加以關注和研究。第三,與國圖藏、英藏、法藏、俄藏相比,杏雨書屋藏敦煌遺書的號數雖然不多,但總體面積超過了俄藏,而且唐以前的寫本所佔比例比較大,難能可貴。

基金項目:本文是筆者主持的國家社科一般項目"杏雨書屋藏敦煌遺書編目與研究"(批準號:15BZJ015,已結項)研究報告的導論部分。

"2020 敦煌論壇：紀念藏經洞發現 120 周年暨中國敦煌吐魯番學會會員代表大會"在莫高窟隆重召開

游自勇（首都師範大學）

2020 年 11 月 7—8 日，"2020 敦煌論壇：紀念藏經洞發現 120 周年暨中國敦煌吐魯番學會會員代表大會"在甘肅省莫高窟隆重召開。本次會議由敦煌研究院、中國敦煌吐魯番學會主辦，得到了中國敦煌石窟保護研究基金會、國家社科基金社科學術社團主題學術活動的資助。來自國内各高校及科研機構的 150 多位學者參加了本次會議。

1900 年 6 月 22 日，敦煌莫高窟藏經洞現世，數以萬計的古代珍貴文獻得以被世人所知，由此逐漸形成了涵括敦煌歷史、科技、宗教、地理、石窟藝術、語言文字、文學、音樂、舞蹈等諸多内容的綜合性交叉學科——敦煌學。由於歷史原因，大批敦煌文獻流散海外，敦煌學也成爲海外漢學的重要組成部分。改革開放之初，中國的敦煌學研究落後於國外，以至於有"敦煌在中國，敦煌學在國外"的説法，這直接刺激了一大批學者奮起直追。經過四十多年的努力，我們已經徹底改變了"敦煌在中國，敦煌學在國外"的局面，我們不僅在敦煌學的各主要領域都取得了國際領先的業績，也完全掌握了國際敦煌學的主導權和話語權。與此同時，中國敦煌學界高舉"敦煌在中國，敦煌學在世界"的旗幟，積極推動敦煌學的國際化。2019 年 8 月 19 日，習近平總書記在敦煌研究院座談時發表重要講話，充分肯定了敦煌文化的重要意義，要求加強敦煌學研究，講好敦煌故事，傳播中國聲音。敦煌學再次成爲舉國上下的熱點話題。本次會議就是在這樣的背景下召開的。

會議開幕式上，甘肅省委宣傳部副部長王國强、甘肅文物局副局長陳于柱、故宮博物院副院長趙國英、中國敦煌吐魯番學會會長郝春文、敦煌研究院院長趙聲良先後致辭。隨後，在爲期 2 天的學術會議中，先後有 73 位學者發表報告。這些報告有對敦煌文書、典籍的研究，也有對敦煌藏經洞織物、紋飾、經巾等物質文化方面的探討，還有對於敦煌石窟美術史的研究，涉及古代粟特、犍陀羅、龜兹、吐魯番、西藏、西夏、雲岡、長安等絲路沿綫的諸多地區，這必將有助於我們進一步深入認識敦煌文化及"一路一帶"沿綫國家的歷史文化。本次會議報告的另一大亮點是敦煌文獻和文物的數字化，這是敦煌學歷經 120 年發展的必然趨勢，也是對習總書記講話中提到的"要通過數字化、信息化等高技術手段,推動流散海外的敦煌遺書等文物的數字化回歸,實現敦煌文化藝術資源在全球範圍內的數字化共用"的最好注解,展示了今後敦煌學的光明未來。

在會議的間隙,舉行了中國敦煌吐魯番學會會員代表大會。1983 年 8 月,在鄧小平等黨和國家領導人的親切關懷下,中國敦煌吐魯番學會在蘭州成立,季羨林先生長期擔任會長。作爲全國性的民間學術團體,中國敦煌吐魯番學會成立 37 年來,始終以組織與團結國內敦煌吐魯番學研究者開展相關學術研究與文物保護、推進國際學術文化交流爲宗旨,對敦煌學的發展起到了不可替代的推動作用。2010 年郝春文教授繼任會長後,致力於推動敦煌學的國際化,大批中國學者的研究成果走出國門,我們逐步掌握了國際敦煌學的主導權和話語權。本次會員代表大會面臨新老交替,大會通過了學會章程修訂案、會費徵收標準修訂案等文件,選舉産生了新一屆理事會和領導機構,北京大學榮新江教授當選新一屆學會會長。

敦煌學是一門國際性顯學,本次會議旨在總結敦煌學百餘年來的研究成果和歷史經驗,推動 21 世紀敦煌學的更大發展。在未來五到十五年間,我國將實施包括出版新版敦煌石窟全集、建立全球敦煌文獻資源共享平臺等敦煌學界的八項重要工作。相信在中國敦煌吐魯番學會的組織和領導下,國內外的敦煌學者能夠繼續保持開拓進取的研究態勢,推動國際敦煌學研究取得進一步突破性進展。

"涼州與中國的民族融合和文明嬗變"學術研討會綜述

路　陽（上海師範大學）

2020年9月，"涼州與中國的民族融合和文明嬗變"學術研討會在甘肅省武威市舉行。本次會議由中國社會科學院古代史研究所、中共武威市委、武威市人民政府主辦，由武威市涼州文化研究院承辦。此次會議緊緊圍繞"涼州與中國的民族融合和文明嬗變"主題展開，共提交40篇論文，囊括了先秦至明清各個時段的研究成果，内容涉及歷史學、考古學、語言學等學科。研究視角包括政權更替與多元格局、絲路貿易與經濟開發、文明嬗變與文化傳播、民族融合與社會變遷、遺址探尋與文獻考據等五個方面，依次介紹如下。

一、政權更替與多元格局

政治演變始終是古代史研究的主題，五涼政權的更替、涼州的戰争與和平歷來被學界重視。朱艷桐《從刺涼到帝涼：論前涼政權的獨立》探索了張氏身處兩晉之交政治格局變動中從刺涼到霸涼、從涼王到涼帝，走向獨立的進程。劉再聰、魏軍剛《魏安焦氏家族興起與五涼後期政治的演進》研究了魏安焦氏家族的興盛衰亡與五涼政權演進的互動關係，其中代表人物焦朗先後周旋於後涼、後秦、南涼、北涼、西涼各政權之間，反映了河西"小姓豪族"作爲一個特殊社會階層在五涼王國中政治命運的沉浮。馮培紅、殷盼盼《唐代"安門物"史實考辨》注意到唐代"安史之亂"爆發後，河西武威也很快發生了粟特胡人的反唐鬥争，這場鬥争以武威郡九姓商胡安門物爲主導。作者縱覽傳世史籍、出土墓誌與詩文，梳理武威群胡反唐鬥争的背景、起因、過程、影響等史實，指出安門物拉攏河西兵馬使孟庭倫，聯合突厥、鐵勒各部族聚衆六萬人掀起反唐鬥争的事實，探究出"安史之亂"時期唐帝國面臨東西兩地、前後兩方威脅的整體困局與嚴峻形勢。

周永傑《東亞秩序視域下的西夏建國》一文將西夏、遼、宋及其藩屬國等東亞地區視作具有一定結構的歷史世界，研究西夏從方鎮到國家的歷史。周氏首先探究定難軍時期的政權形態，然後考察西夏建國與遼、宋二元格局形成之關聯過程，以及西夏在宋遼秩序中的政治譜系，試圖揭示西夏建國過程對東亞世界格局轉變的意義。該文以西夏建國的對外交涉行爲爲中心，以時間爲綫索，從東亞整體格局的角度分析西夏的版圖疆界及相關政治地位的變化,拓寬了關於西夏問題的研究視野。梁繼紅《從河西之戰看宋夏關係變化》認爲西夏征服涼州六谷吐蕃和甘州回鶻的河西之戰是宋夏實力發生變化的一個分水嶺,奠定了西夏與宋、遼三足鼎立的政治格局。關於宋夏關係研究的還有陳朝陽《宋夏熙寧時期的第一次較量》、尚平《從"橫山"到"河南地"和"西涼、右廂之地"——北宋崇寧四年之後的西北拓邊及其意圖》。金蓉《涼州會盟的歷史意義及時代啓示》歌頌了涼州會盟在邊疆治理、穩定社會、關注民衆等方面給予後代的寶貴經驗。

二、絲路貿易與經濟開發

絲綢之路作爲連接不同國家交往的走廊,貿易交流和經濟發展成爲近來學界的研究熱點。楊富學《唐回鶻絹馬互市實質解詁》關注到唐回鶻絹馬互市時期唐代中原摩尼寺院功能異化問題,從唐與回鶻不對等的絹馬貿易行爲出發,分析了唐與回鶻在滿足自我需求之外進行大規模絹馬貿易的不同目的,肯定了唐朝希望通過經濟手段對回鶻實行羈縻以對抗吐蕃的政治意圖。楊氏還考察了回鶻對絲綢之路的控制及其與粟特商人的聯繫,進一步指出唐與回鶻絹馬互市的實質在於胡商與摩尼僧相勾結,借回鶻國之力以超低價攫取唐朝的絹匹,再以高價售賣,居間牟取暴利。薛海波、張爽《突厥與六世紀歐亞大陸的絲綢貿易探析》認爲6世紀突厥的擴張和征服實際上是突厥遊牧民族與粟特商業民族結成利益共同體,在歐亞絲路上競逐經濟利益,構建絲綢貿易網絡的經濟擴張。突厥利用中國北方政治分裂的機會,通過勒索式的貿易方式,從中國北方獲取了大量的絲綢等物資。論文同樣指出6世紀歐亞絲路主要國家和遊牧民族間的大規模戰爭和交往,其背後都蘊含著爭奪歐亞絲路控制權等經濟意味。王申《論中國古代多元貨幣體系中的糧食——以西夏經濟文書爲中心》從現存西夏經濟文書的記載來看,糧食與銅錢的功能沒有太大區別,在缺乏銅錢或使用糧食更爲便利的場合,糧食作爲貨幣被時人使用。王璞《清代祁連山西端礦產開採利用情況初探》對清代出於軍需或生活需要對祁連山西端進行硫磺及其他礦產的開採利用進行了梳理和考證。

三、文明嬗變與文化傳播

作爲多元文明交匯的涼州地區,文化具有多樣性,文明起源與相互影響受到學界廣泛的關注。劉迎勝《絲綢之路與中國——貢獻者與受益者》立足文明的起源與傳播,提示我們應注意中國在絲綢之路交流中的雙重角色,綜合文獻與文物,讚揚了遊牧民族在聯結地中海世界與東亞中扮演溝通東西的角色,探索了中國打製石器、製車、冶金等技術的起源,中國小麥與大麥的種植以及馴養牲口與騎馬等行爲的傳播,以此證實古代中原人民是東西交流的受益者。何玉紅《走向以"人"爲中心的絲綢之路研究》指出既往絲綢之路研究多以道路交通、貿易往來、文化交流爲切入點,呼籲學術界眼光向下轉換,由關注上層精英到注重下層民衆,關注個體人物、不同族群,深入發掘下層民衆日常生活、社會心理及群體屬性等方面的史料,將絲綢之路研究推向新的高度,走向話語體系建構。劉永勝《陸上絲綢之路的多民族遷移與定居——以居延 E.P.T59.582 簡和懸泉置里程簡記載的驛站名爲考察中心》考察古老少數民族的活動足跡,揭示其在絲綢之路沿綫的遷移、定居情況以及西北民族大融合的趨勢。雷博《中國思想傳統中的"大"概念探析》認爲有必要對"大"這一核心概念進行有意識、成體系地標識、詮釋和應用,助力於中西部廣袤的空間和地方文化資源研究。

談及五涼,讖緯與政治文化便不得不提。吕宗力《五涼政治文化中的讖言與讖謠》將讖言與讖謠與前涼、後涼、南涼、北涼、西涼五個地方性政權更迭的政治氛圍結合,考察讖言與讖謠在不同時期的詮釋、驗證和利用,總結了讖言與讖謠在五涼政治文化中的雙刃劍作用。吕氏將讖言發起人與群體行爲選擇結合,全面討論了讖言與讖謠的特點、屬性、意圖、結果及其影響因素,揭露出五涼時期的讖言與讖謠多爲基於現實常識的政治判斷之本質。

宗教方面的研究以佛教的傳播與發展爲主,主要涉及本地佛教人物和相關地域佛教傳播與發展。嚴耀中《論曇無讖的佛學》從曇無讖翻譯佛經之難、宣揚大乘戒法之艱、使用密術之死等方面肯定了五涼時期的曇無讖作爲華土涅槃學的奠基者與密教傳入的先行者的身份,把曇無讖密教咒術推行與其個人命運遭際結合起來,從大乘佛教理論與實踐的角度,理性審視曇無讖的佛教人物形象,深入剖析了史料記載不同背後的歷史文化原因,指出五涼時期大乘佛教在不同地域的發展狀況。嚴先生以曇無讖爲僧侶代表,指出河西走廊多種文化混雜背景下次生宗教形態的發展,具體分析河西走廊在促進中西方宗教文化交流的意義。姚瀟鶄《涼州道人釋慧常考述》根據道人釋慧常參與的譯經活動及其與道安僧團人際關係,考察了慧常的人生經歷,利用有限史料探討了慧常在前涼張天錫時期的譯經思想、傳送活動,藉以研究涼州佛教向内地的傳播。柴多茂《從"涼州石窟"到"雲岡石窟"——曇曜其人其事簡述》介紹了北魏時期涼州高僧曇曜對佛教文化的貢獻、對雲岡石窟的建造之功。吳洪琳《涼州、平城與佛教》則從十六國北朝帝王政治與佛教發展的角度,探討了絲綢之路上的涼州與平城這兩個城市之間的聯繫。陳大爲《從疏勒到高昌——絲路北道的佛教傳播》從佛教代表人物、佛教寺院信衆、信仰經典方式、譯經禮佛活動等不同角度,探討了 10 世紀以前佛教在絲路北道傳播的歷史,梳理了不同地域在佛教傳播中的相互關係,結合不同地域國情研究了新疆佛教在不同文化交流下的生機與活力。程嘉静、楊富學《遼朝佛教在西夏境内的流播與影響》借助黑水城出土文獻及敦煌文獻研究遼朝與西夏佛教思想及藝術上的共性,發現西夏積極吸收了以華嚴思想爲基礎的遼朝佛教因素;同時遼朝佛教繪畫、造像也對西夏產生了重要影響。孫伯君《元代西夏後裔在傳播漢傳與藏傳佛教方面的貢獻》梳理了元代道安發起刊行《普寧藏》、慧覺編譯《河西藏》、管主八雕刊《普寧藏》《河西藏》、補刻《磧砂藏》的情況,肯定了西夏遺民在元代佛教方面的主導地位和對溝通漢傳與藏傳佛教的貢獻。

五涼文化對敦煌學也產生了深刻影響。劉進寶《"五涼文化"孕育下的敦煌學》點明了敦煌文化與"五涼文化"的内在關係,認爲五涼歷史文化是敦煌學產生的基礎,敦煌文化是在河西相對穩定的政治、繁榮的經濟、濃厚的漢晉文化傳統的土壤下孕育而出的,指出敦煌文獻、敦煌石窟、敦煌史地都受到"五涼文化"的影響,立足文化的產生、傳播與發展闡述了敦煌文化的不同作用。

四、民族融合與社會變遷

河西作爲不同民族遷徙的目的地、不同群體的轉換站,成爲民族融合的前沿陣地,其社會歷史發展與變遷不容忽視。張安福《環塔里木歷史文化資源調研路徑研究》指出調查整理與研究塔里木地區的歷史文化資源在路徑上需要根據塔里木地區及周緣不同時期人群流動的趨勢和文化融合的特點,以代表性的文化遺存地爲基點,以塔里木盆地南北兩道爲主綫,研究塔里木盆地歷史文化的融合性、多樣性、輻射性的特點,探究塔里木文化遺存信息來源、匯融經過和最終流向,更爲客觀地解釋塔里木盆地的文化遺存現象和内在文化信息。

高榮《漢晉時期河西墓葬反映的社會變遷》研究了漢魏十六國時期河西走廊的墓葬形制結構、葬式、合葬情況,發現整個河西地區的墓葬中有同一墓室兩對夫妻上下兩層合葬現象。他對比兩漢時期與魏晉十六國的隨葬品及墓葬壁畫,發現西晉十六國時期的墓葬增加了有鎮墓文的鬥瓶,隨葬品普遍出現了銅、鐵質餐具、兵器,墓葬壁畫多有烤肉、家畜、碉樓等畫面,這些生產生活狀況反映出當時社會動盪、戰事不休、民族變遷與民族融合的社會背景。

馮曉鵑《五涼河西士族的崇文尚武特徵》指出與華北、江左士族相比,五涼時期的河西士族大多文武兼備,這既是河西士人維護家族社會地位的重要條件,也是五涼政權經營河西、西域的有力支撐;也因此河西士族家學文化得以累世傳承，並對後世文化產生了深遠影響。李元輝《五涼文化的影響》總結了五涼文化的三方面影響：一表現在對五涼時期江南、關中一帶的影響；二表現在對五涼之後北朝及隋唐的影響；三表現在隋唐以後對河西文脈傳承的影響。程對山《北涼匈奴貴族吸納漢族文化的功效意義》認爲北涼匈奴貴族吸納漢族王朝的"罪己文化"傳統，借鑒漢族政權方略建立國家治理之典章制度，重視文人儒士促進文化學術繁榮發展，開啓南北兩地文化交流通道，後世對隋唐文化發展產生重大影響。賈嫚《西夏樂論——以胡琴的源流考證爲中心》以今甘肅、寧夏、内蒙地區遺存的樂舞圖像爲研究對象，並以西夏人的馬尾胡琴爲中心，探討以黄河流域上游爲中心的西夏人文化活動的一個方面。馬悦《江淮屯戍移民對明代洮州文化的影響》考察明代遮罩蒙番目標下的戍邊移民蹤跡，關注江淮移民在洮州的宗教信仰、社會習俗等獨特文化，以移民群體爲中心探尋區域文化之間的聯繫和影響。吴浩軍《涼州明清進士著述考》致力於考述明清兩代涼州所出進士的著述，論其優劣得失。另外，尚永琪《銅奔馬所蘊含的地緣知識體系與時代風尚》關注武威銅奔馬造型背後的漢唐時期涼州、秦隴地區在馬匹養育方面的地緣技術傳承和時代風尚。

五、遺址探尋與文獻考據

　　囿於史料局限，學界對一些故城尋址、個別文字釋讀、許多文獻考據方面還有探究的空間。高啓安《萬斛堆故址在何處？》根據南涼焦朗設計的軍事阻擊綫路以及音韻學"脣舌通轉"現象推論出萬斛堆即後世亂古堆、論古，位於今靖遠縣永新鄉永新村。他依據萬斛堆的地貌及其與緝圍的距離，進一步判斷出萬斛堆很可能是居延里程簡（E.P.T59：582）"緝圍"前缺失的另一驛置處。趙爾陽《史籍和漢簡中的武威郡——以姑臧縣、張掖縣爲例》依據現有史地資料認爲兩漢魏晉時期的姑臧城一直在武威老城内，利用漢代的文書檔案和墓葬遺物探索張掖縣的地望，結合史書與出土漢簡以及漢墓發掘管窺了漢代武威郡姑臧縣、張掖縣基層鄉里和普通百姓生活。賈小軍《前涼姑臧城新探》則依據宋華墓地位置、墓表倒推出張駿修築之後的姑臧城大體位置，根據大雲寺位置及石羊河水系形態復原出前涼姑臧城的"凸"字形建制。

　　白玉冬《吐魯番雅爾湖石窟第 5 窟魯尼文題記釋讀與研究》統括了五涼據有交河時期的雅爾湖石窟第 5 窟魯尼文題記相關研究結果，將題記的宗教背景與墓誌資料相結合，認爲雅爾湖與西遷之後的西州回鶻關係密切。烏雲高娃《河西走廊多語本碑刻、題記考察與元史研究》探討河西走廊多語本碑刻資料在元代宗教文化、絲綢之路、民族、闊端家族、西道諸王問題中的重要性，注重在整體上研究和把握内陸歐亞的歷史進程，特別是多民族在内陸歐亞古代歷史中的連接作用以及演變過程。作者結合河西走廊實地考察,思索河西走廊的未來走向,並指出河西走廊多文種文物研究的困境,期待各個領域多角度多手段進行全面整理並形成綜合整理研究的機制。

六、結　　語

本次會議圍繞“涼州與中國的民族融合和文明嬗變”這一主題,進行了深入的研討和廣泛的交流,學術價值極高。會議總體上呈以下特點:

(一)議題兼具宏大敘事和微觀探究。學者重視不同地域之間的文明交流,既關心相對國際而言的東方與西方文明溝通,又關注相對國內而言的東部與西部文化交流,縱向探究文物、遺址、文獻等前後影響,橫向觀察語言、文字、習俗等内外傳播。

(二)注重史料應用與歷史書寫。不少與會人員注重利用多種史料相互補充印證來論證史實,通過發掘新材料探究研究對象的蛛絲馬跡,並運用歷史書寫的方法來推動課題研究的深度。

(三)注意動態研究與視角轉換。學者從不同視野下的研究出發,都强調以人爲核心,關注流動的人口、流傳的文化、傳承的技藝,推動學術整體研究,避免碎片化。有些議題打破傳統研究範式,注重内外聯動,關注交互雙方、動態過程、影響鏈條,視角獨特。

(四)社會廣泛參與。本次會議除高校教師、單位研究員、在校學生,還有相關機關人員。參會人員既有著作等身的學界名宿,又有名聲斐然的中年學者,還有朝氣蓬勃的學術新星,老、中、青三代學術研究者集聚一堂,共同致力學術發展。

綜上所述,本次會議得到武威市各級政府的支持與學界的幫助,對涼州歷史上出現的政權及其相關軍事活動、經濟交往、文化交流進行了深入的探討,對五涼時期的民族融合和文明嬗變進行了熱烈的討論,鼓舞了學界研究涼州歷史文化的熱情,是一場意義非凡的學術交流會。

《敦煌與絲綢之路研究叢書》九種簡介

李柯瑩　石元剛（蘭州大學）

　　絲綢之路是東西方文明碰撞、交融、接納的通道，絲綢之路沿綫産生了大大小小很多文明，絲綢之路文明是這些文明的總匯。敦煌是絲綢之路上的一顆明珠，它的出現是絲綢之路開通的結果，而絲路文明的結晶又在敦煌得到充分的體現。敦煌藏經洞出土的大量文獻文物，爲我們認識古代絲綢之路文明提供了豐富且珍貴的原始材料。蘭州大學敦煌學研究所鄭炳林教授主編的《敦煌與絲綢之路研究叢書》，正在由甘肅文化出版社陸續出版，2020 年共出版九種，分別是錢光勝《唐五代宋初冥界觀念及其信仰研究》，買小英《敦煌家庭儒釋倫理關係研究》，韓鋒《敦煌儒韻：以敦煌儒家文獻爲中心》，魏郭輝《敦煌寫本佛經題記研究：以唐宋寫經爲中心》，聶葛明《元魏譯經研究》，劉永明《絲綢之路道教歷史文化論集》，魏迎春、馬振穎《敦煌碑銘讚續編》，王使臻《敦煌遺書中的唐宋尺牘研究》，柳慶齡《〈方氏像譜〉研究》。這些著作多是圍繞敦煌藏經洞出土文獻展開研究，深入探討了敦煌社會、敦煌佛教、敦煌道教、敦煌碑銘讚等方面的問題，在前人的研究基礎上，多有創新之處。此外，這些著作視野寬闊，關注點既在敦煌，又不局限於敦煌，西域、河西乃至整個絲綢之路都有涉及，既體現了敦煌學的交叉學科性質，又展現了敦煌與絲綢之路研究的寬度與厚度。總之，《敦煌與絲綢之路研究叢書》這一批成果的面世，展現了敦煌與絲綢之路研究的最新進展，也必將全面推動敦煌學研究的新發展、新進步。下面我們就對這九種著作略作介紹。

一、《唐五代宋初冥界觀念及其信仰研究》

　　《唐五代宋初冥界觀念及其信仰研究》一書的作者爲錢光勝博士。全書共計八章，主要以敦煌吐魯番文獻與《太平廣記》中的入冥故事展開研究，通過對文獻的梳理和解讀，描繪了唐五代宋初時期的冥界圖景，豐富並加深了人們對這一時期社會生活的認識。

　　唐五代宋初冥界觀念及其信仰作爲中土傳統文化的一部分，對中古時期民衆生活及精神世界產生了深刻影響。引言部分作者對唐五代宋初冥界觀念及其信仰的相關研究作了綜述，綜合各家對"冥界"作了定義，指出儘管學界對這一課題的研究已經相當深入，但相關研究較爲零散，特別是在對《太平廣記》文獻價值的深入發掘，以及傳世文獻與敦煌吐魯番、黑水城文獻的結合上,需要進一步深入,尚有較大研究空間。該書第一章在對初唐冥界觀念及其信仰進行概括的基礎上,對唐五代宋初冥界中的神明進行了考述,指出了這一時期山川神的冥界化趨勢,探討了冥界神靈在數量及空間上的發展。第二章對唐五代宋初冥界觀念及其信仰中官吏的名稱、地位、影響及其來源進行了論證,並以敦煌願文爲中心,考察了冥界官吏的佛道融合及其世俗化,並以道家韓真人演變爲個例,探討了願文中的"保人可韓"和"專使可嚙官"的重要史料價值。第三章以道教對唐五代宋初冥界的影響爲視角,對冥判、冥訴、天曹、算、簿籍、坑以及冥界中的地獄進行了考述,意在闡明漢魏六朝以來的道教與中土原有冥界觀念對唐五代宋初冥界觀念及其信仰的重要影響,並對冥界與地獄的關係有所討論。第四章以冥界與官禄、科舉及政治,冥界與婚姻、財富和食禄,冥界與疾病等爲論述重點,闡述了唐五代宋初的冥界前定思想。第五章著重考察了冥界觀念及其信仰下民衆的生活,論述了敦煌社邑在十王信仰下的造像活動,考察了冥界信仰之下刺血寫經意義在唐五代的轉變,並以《佛說壽生經》爲例論述了紙錢在冥界信仰下功能的轉變。第六章以《盂蘭盆經》和盂蘭盆會爲個例,論述了民衆冥界觀念從"餓鬼"向"地獄"的轉變,以齋會爲例,考察了齋會之"禁殺"與殺生入冥的關係,指出唐五代時期斷屠政策的實行進一步促進了冥界觀念及其信仰的傳播。第七章探討了唐五代冥界觀念及其信仰對藏地的影響及其演變,首先探究了冥界觀念與墓葬文書中死後世界之間的關係,其次注意到《格薩爾》《西藏度亡經》與目連救母變文、《閻羅王授記(十王)經》之間的關係,認爲唐五代宋初的冥界觀念及其信仰對藏地有所影響。第八章綜合先前所述,從文獻學的角度,考察了從《唐太宗入冥記》到神魔小說《西遊記》中冥界之演進。結論部分對唐五代宋初的冥界觀念及其信仰提出了幾點結論,並從現實世界與冥界的關係變化上,指出了宋元以後儒釋道三教合流的傾向及意義。

總之,該書的研究在一定程度上爲唐五代宋初時期冥界研究成果的系統化、深入化提供考察思路。同時使得學術界對於這一問題的關注側重點有所改變,之前對佛教地獄觀念影響下的民衆冥界觀研究較多,對於中土原有冥界前定觀念在唐五代的發展演變關注較少,如今更多的學者關注到這一問題。

二、《敦煌家庭儒釋倫理關係研究》

《敦煌家庭儒釋倫理關係研究》一書的作者爲買小英博士。全書共計五章,從探究中古家庭倫理的理論基礎與思想來源入手,分別闡述敦煌家庭的親子關係、夫妻關係、兄弟關係以及僧俗關係。另附有後論,補充探究教育、制度、倫理等有關中古時期敦煌家庭倫理得以落實的若干問題。8—10 世紀的敦煌家庭是中國古代社會家庭的縮影,其家庭關係深受中國古代傳統倫理(主要是儒家倫理)與佛教倫理的相互影響與作用。現今留存的大量敦煌史料證明,8—10 世紀敦煌的家庭關係作爲中國古代家庭倫理發展的個案,在中國古代家庭倫理發展、演變的過程中,實現了儒家家庭倫理與佛教家庭倫理在"理論"與"實踐"上的相互印證,體現了同一性中的差異性、多樣性中的統一性。

該書第一章對中古家庭倫理的理論基礎與思想來源展開討論。儒家倫理思想包括倫理基礎、倫理核心及道德規範三個方面,佛教倫理的思想來源包含倫理基石、倫理準則與倫理規範三個方面,二者實現了理論與實踐的相互融通,作者認爲這既是佛教中國化與儒家豐富自身理論的需要,也是二者適應中古時期中國社會的結果。第二章結合敦煌文獻、壁畫以及造像等材料分析敦煌家庭的親子關係。儒家家庭倫理"以嚴正慈、以慈輔嚴"的慈父倫理和"以孝致敬、承教繼志"的孝子倫理,與佛教倫理的"孝"及佛教親子倫理,共同形成了 8—10 世紀敦煌地區家庭親子關係的若干實踐途徑及儒釋結合的孝道倫理特徵。第三章闡述敦煌家庭的夫妻關係。儒釋家庭倫理中夫妻之間同甘共苦、相敬如賓的夫妻關係,體現在敦煌家庭中的夫與妻在婚姻關係維繫和婚姻關係解除兩種不同情況下,"禮"和"法"的形式,已經成爲夫妻之間彼此所遵循的倫理規範與道德要求。第四章分析研究敦煌家庭中的兄弟關係。儒釋倫理的兄弟之間遵循著兄仁弟悌、兄友弟恭、平等互助、患難與共的手足情義,展示出在家庭倫理、經濟倫理和社會倫理的共同作用下,敦煌家庭兄弟之間同居共御、慈悲友悌和"勝似血親"的倫理關係。第五章闡述敦煌家庭的僧俗關係。佛教在敦煌長期流行和傳播,佛教組織在敦煌長期生存和發展,形成了敦煌地區僧俗關係的變化,即家庭中僧中有俗、俗中有僧、僧俗相依的倫理關係。後論部分針對以核心小家庭爲主的平臺問題、寺院教育取代官辦教育、法律與宗教雙重維護的制度問題、儒釋道並存倡導"忠君孝親"的倫理問題以及以儒家價值體系爲主導的地位問題進行深入研究,更爲全面、細緻地呈現中古時期敦煌社會倫理道德實況,深層次地把握敦煌文化發展的理論積澱和內在動力,展現這一時期敦煌家庭的儒釋倫理關係。

三、《敦煌儒韻:以敦煌儒家文獻爲中心》

《敦煌儒韻:以敦煌儒家文獻爲中心》一書的作者是韓鋒博士。敦煌儒家文獻與傳世刻本儒家文獻不同,敦煌儒家文獻主要是寫本,而且在時間上從六朝到五代宋初皆有保留,較宋元善本爲早,傳承更加有序。敦煌儒家文獻爲儒學和中國傳統文化的研究提供了大量珍貴的文獻資料,具有很高的學術和歷史價值。

　　全書由緒論、正文七章和附錄組成。在緒論中作者對全書的主要内容和學術史進行了陳述與梳理,首先對研究對象和範圍做了嚴格的界定,將自己研究的材料主要限定在敦煌遺書中的儒家文獻内,也參考了西北其他地區出土的儒家文獻。作者又對敦煌儒家文獻作了限定,認爲敦煌儒家文獻,有狹義和廣義之分。狹義的敦煌儒家文獻,主要指 1900 年在敦煌莫高窟第 17 號窟出土的、被稱作敦煌遺書中的有關儒家人物思想歷史等一批有知識信息、有價值的寫本資料,這些資料的抄寫時間,最早的是六朝時期,最晚的到五代宋初,絕大部分爲隋唐五代時期寫本。而廣義的敦煌儒家文獻,在材料上增加了漢晉竹木簡,地域上還要包括吐魯番、黑水城、庫車乃至歷史上的整個西域,時間上則可上溯到漢代。

　　該書第一章"儒學在敦煌地區的傳播",從三個方面論述了儒學在敦煌地區傳播的有利條件,即特殊的地理和歷史環境爲儒學在敦煌地區的傳播創造了良好的條件,統治者的政策和措施爲儒學在敦煌地區的傳播提供了有力的保障,文學碩儒促進了儒學在敦煌地區的繁榮和發展。第二章"敦煌儒家文獻的來源",提出敦煌儒家文獻的來源主要有兩個,即本地撰述和外地傳入,在此之下並作了更加細緻的分類,有利於從整體上系統性把握敦煌儒家文獻的來源。第三章"敦煌儒家文獻的分類",認爲敦煌儒家文獻卷帙衆多、種類繁雜,因此爲了更好的研究敦煌儒家文獻,首先要對其進行明確的分類。在考察了歷代圖書目錄演進和敦煌儒家文獻的特點之後,作者將敦煌儒家文獻分成四大類,即經典類、歷史類、蒙訓類和雜著類,並對每個大類再分綱、目。第四章"敦煌主要儒家經典文獻的整理研究",首先對敦煌儒家經典類文獻進行概括性闡述,探討了敦煌儒家經典類文獻的多寡存失與科舉制之間存在聯繫,然後對敦煌儒家文獻中保存數量較多、資料相對集中的《尚書》《詩經》《論語》《孝經》進行了系統深入地論述和分析。第五章"敦煌主要儒家歷史文獻研究"和第六章"敦煌主要儒家蒙訓文獻研究"分別對敦煌儒家歷史類和蒙訓類文獻的現存基本情況進行了詳細的梳理,對敦煌儒家歷史類和蒙訓類文獻的研究及作用作了深入的討論。第七章"敦煌儒家文獻的價值",認爲敦煌儒家文獻價值主要體現在史料價值和歷史價值兩個方面。史料價值方面,敦煌儒家文獻可爲考證古書的時代及真僞、校補古書訛脱、釋讀古書文義提供可靠的依據,在古籍考校方面發揮重要作用;敦煌儒家文獻在書法上有極高的價值,爲我國書法史的研究提供了大量珍貴的材料。歷史價值方面,敦煌儒家文獻可以窺知唐五代時期敦煌地區的學校教育情況,可以進一步深入探討敦煌地區儒、佛之間的關係,藏文儒家典籍的發現,爲我們研究唐蕃關係及其文化交流提供了新資料、新證據，可以使我們清楚地瞭解歸義軍時期的歷史，對隋唐五代政治、經濟史研究也有所裨益。

四、《敦煌寫本佛經題記研究：
以唐宋寫經爲中心》

敦煌佛教文獻佔敦煌文獻的絕大部分，其中有題記者頗多，所涉時代從東晉十六國至北宋，時間跨度很大，具有極高的學術價值，許多學者對此進行了整理和研究。該書作者爲魏郭輝博士，全書以唐宋時期敦煌寫本佛經題記爲主要材料，對唐宋時期敦煌寫本佛經題記進行綜合整理，並進行了詳細考證，探討了佛經題記的内涵思想，填補了敦煌寫本佛經題記整體性研究的不足。書中總結了敦煌寫本佛經題記的意義在於瞭解敦煌各階層人士信仰的漸次變化，探索佛教經典的隆替和祈願對象、功德内容的變化以及文化演變情況，並可以重構以佛經及其題記爲載體的唐宋敦煌佛教文化交流史。

全書分爲緒論和正文五章，在緒論部分對研究對象作了界定，將研究限定於唐宋時期，以英、法、俄、國圖藏及各地散藏敦煌寫本佛經題記爲主要研究對象，並對唐宋時期敦煌寫本佛經題記進行全面系統的梳理，總結了敦煌寫本佛經題記的重要意義和研究價值，並詳細、系統地梳理了關於敦煌佛經題記的學術史。第一章"敦煌寫經題記概況"，重點論述寫經題記的源流，並對早期敦煌寫經題記進行了介紹，然後對寫經題記的内容、寫經題記的功能進行歸類，同時闡釋寫經題記的歷史價值。與此同時，還重點介紹了幾件新見敦煌寫經題記及其研究價值，如日本書道博物館藏《藥師琉璃光如來本願功德經》題記、日本書道博物館所藏《維摩詰經卷三》題記、首都博物館藏敦煌文獻 Y51《佛説無常經》題記、首都博物館藏敦煌文獻 32·1324《佛説藥師經》題記等。第二章"敦煌寫本譯經題記研究"，作者在研究寫經題記的過程中，對敦煌文書中的譯經題記進行了歸納整理，並進行了相關研究。此章重點研究玄奘、義浄所譯佛經題記及其所反映的唐代前期譯經制度，介紹了敦煌寫本譯經題記的分佈，分別研究了玄奘和義浄的譯經題記，並以兩人譯場爲中心對唐代前期譯經制度作了詳細探討。第三章則是對敦煌疑僞經題記進行了研究，分別對佛經門類中的各疑僞經寫經題記予以整理，並重點探討部分疑僞經在敦煌地區流行情況、流行原因及特點。此章首先對疑僞經概念及敦煌疑僞經研究情況進行了細緻梳理，接著將敦煌疑僞經寫經題記分布及整理作了探討，並重點探討幾部敦煌疑僞經流行情況，解釋了他們流行的原因。第四章"寫經題記的抄寫者——抄寫者信仰及抄寫制度研究"，從敦煌佛經寫經的抄寫者角度，按照官吏、僧尼、民衆、中央書手和地方經生進行分類，系統歸納不同階層人士的寫經題記,分析他們寫經目的、寫經特點及其所反映的相關社會問題。第五章"寫經題記的地域分佈——以敦煌與周邊地區文化交流爲探討",以專題爲主綫,結合吐魯番、中原(房山石經)寫經及傳世文獻、筆記小説及石刻資料,依題記分類歸納整理不同地域的寫經(敦煌本地寫經題記不在歸納整理之列),並著重探討了吐魯番(麴氏高昌)、荆州、靈州、四川寫經的由來及其與敦煌的文化交流。總之,《敦煌寫本佛經題記研究》從整體上研究唐宋時期的寫本佛經題記,填補了學界在這方面研究的不足,將佛經題記詳加歸納論述,展示了佛經題記豐富的内涵思想,推動了學術界的進一步研究,也顯示了作者敏鋭的學術眼光和深厚的學術功底。

五、《元魏譯經研究》

與印度文化口耳相傳的傳統不同,中國文化歷來有重視書寫、記載的傳統。但是佛教畢竟是外來宗教,主要經典都用梵語、西域胡語等外來語傳承,而絶大部分的中國信衆是不懂外來語的,對佛教經典的翻譯成爲傳教的第一步,如《高僧傳》等僧傳一般將《譯經篇》作爲卷首來敘述,可見譯經對中國佛教的重要性不言而喻。《元魏譯經研究》一書的作者是聶葛明博士。全書通過對佛教文獻的研究,除去重複、闕本和公認的疑僞經外,勘定了現存大藏經中屬於元魏所譯的經論有 73 部,合 257 卷。魏晉南北朝是我國佛教發展史上一個很重要的階段,而元魏佛教又是其重要的組成部分,作者認爲元魏譯經在元魏佛教中亦佔有特殊地位,是南北朝佛教發展的基礎之一,也是隋唐佛教宗派所據經典的重要來源。

全書共分六章,以時間爲序,將元魏譯經分爲平城時代、洛陽時代和鄴城時代三個階段,材料主要是傳世的佛教大藏經和佛教譯經史料(包括僧傳、經録、經序、注疏等)。緒論部分,作者提出研究對象爲北魏及東魏、西魏三朝時期的佛教譯經。第一章"譯場與元魏譯經",主要介紹了譯場與元魏譯經的關係,對應上述三個階段,分述譯場和譯經者及其出經情況,是對第二、三、四、五章的總述。第二章"平城時代的譯經",對平城時代的譯經進行了詳細的考察,大致按照元魏時期譯者及所譯經典的順序,對譯經作了一一分析,並對傳爲元魏所譯的《賢愚經》進行了考辨。第三章、第四章"洛陽時代的譯經",是對洛陽時代譯經的考察;第三章主要考察曇摩流支、勒那摩提及其與菩提流支的合譯經;第四章主要是對"譯經之元匠"菩提流支譯經的剖析。第五章"鄴城時代的譯經",對鄴城時代的譯經進行了研究,主要是分析瞿曇般若流支、毗目智仙、佛陀扇多等人的譯經。第六章"元魏譯經的意義",對元魏譯經的意義作了重要的探索,同時對元魏儒家經學的發展與元魏譯經的關係進行了考察。另有兩篇附錄，一是"元魏出經論表"，以譯者爲綫索對整個元魏時期所譯經論進行了詳細的統計，便於讀者瞭解元魏譯經的概況；二是"元魏佛教大事編年"，起於北魏皇始二年（397），止於東魏武定五年（547），主要依據傳世史料對此時期内佛教大事進行了梳理，是元魏時期佛教發展的縮影。總之，《元魏譯經研究》一書集中展示了元魏時期佛教譯經的面貌，對南北朝佛教史特別是譯經史的研究具有重要作用。

六、《絲綢之路道教歷史文化論集》

《絲綢之路道教歷史文化論集》是有關絲綢之路道教歷史文化的系列論文合集，其主編是劉永明教授。論文集圍繞絲綢之路道教這一中心，按照"絲綢之路道教""敦煌道教""敦煌曆日與敦煌道教""蘭州地區的道教""河洮岷地區的道教與民間信仰""崆峒山道教與隴東道源文化""道教問題探研"七個專題或方向組織展開，論集共收入論文 25 篇，展現了敦煌與絲綢之路道教歷史文化領域内的最新研究成果。

"絲綢之路道教"專題收入 1 篇論文：劉永明《絲綢之路甘肅段古代道教文化資源述要》，對絲綢之路甘肅段特別是敦煌文獻中的道教文獻進行了細緻研究。

"敦煌道教"專題收入 7 篇論文，包括劉永明《皇甫隆與漢魏之際的神仙道教及相關問題》、路旻與劉永明《從敦煌本〈度人經〉及南齊嚴東注本看道教天界觀的形成》、寇鳳凱《道教講經文初探——以敦煌道教講經文爲核心》《新發現道教講經文——P.3899 研究》《敦煌本 P.2467〈諸經要略妙義〉研究》、張鵬《〈唐寫本《五土解》〉性質再探》《〈敦煌秘笈〉羽 673R 的綴合及金籙齋儀的再探討》。

"敦煌曆日與敦煌道教"收入劉永明的 4 篇論文，以敦煌文獻中的具注曆日爲主要研究史料，對敦煌曆日進行了系列研究，取得了豐碩成果，包括《敦煌道教的世俗化之路——道教向具注曆日的滲透》《唐宋之際曆日發展考論》《散見敦煌曆朔閏輯考》《敦煌曆日探源》。

"蘭州地區道教研究"收入 2 篇論文，主要研究了明清時期在蘭州地區的道教發展狀況，包括趙宇翔《劉一明〈演道二十四首〉演繹》、周雷傑和路旻《明朝肅王系道號考辨》。

"河洮岷民族地區的道教與民間信仰"收入 4 篇論文，主要是作者在西北少數民族地區進行道教發展狀況調研時，收集材料整理研究所得，彌補了學界對西北少數民族地區道教研究的不足，價值極高，包括李勇進與劉永明《洮州〈于氏派衍家譜〉與少數民族地區的道教歷史》、李勇進《洮州〈王氏家譜〉

與全真華山派在家道法脈的傳承、道士家族的生存方式》《李土司家族與道教關係初探——以〈建廣福觀碑記〉〈降母神祠廟記〉及〈碾伯重修真武廟記〉爲中心》《道教對漢藏交界地區民間信仰的影響——以洮州龍神信仰爲例》。

"崆峒山道教與隴東道源文化"收入 3 篇論文,對甘肅省東端的道教及其文化進行了細緻研究,包括劉永明《"黄帝問道廣成子"對道家和道教的影響——兼議隴東與道家道教文化》《道家智慧的經典故事——"黄帝問道廣成子"探析》、張鵬《信仰與詮釋:涇川西王母信仰的一個側面》。

"道教問題探研"收入 4 篇論文,對道教教義中的某些概念和問題進行研究,有利於理清道教的發展演變,包括張曉雷《陶弘景關於"太上"的注解與東晉南朝上清經中的神真"太上"》、路旻《道教三天觀新論——以清微天等三天與九天關係爲例》《道教早期"六天"觀新探——以鄷都山六天爲例》《道教"三天觀"形成考》。

《絲綢之路道教歷史文化論集》全面展示了敦煌與絲綢之路道教歷史文化研究方向上的重要成果,對西北道教的深入研究具有重要意義。論集中部分論文在材料的搜集和研究角度的選取上有很強的借鑒意義,如研究時注重田野考察,從坊間搜集第一手史料;道教教義問題的研究,對敦煌文獻中數量繁多的佛教文獻同樣具有重要的參考價值。

七、《敦煌碑銘讚續編》

魏迎春教授與馬振穎博士合著的《敦煌碑銘讚續編》,是《敦煌碑銘讚輯釋》(甘肅教育出版社,1992)和《敦煌碑銘讚輯釋(增訂本)》(上海古籍出版社,2019)之後,又一部敦煌碑銘讚整理與研究的大作。《敦煌碑銘讚續編》將《敦煌碑銘讚輯釋(增訂本)》中一些未予收錄,但與碑銘讚密切相關的資料進行輯釋、補充,因此《敦煌碑銘讚續編》與《敦煌碑銘讚輯釋》(增訂本)存在互補共參的關係,在閱讀和研究的過程中可以相互參閱。

《敦煌碑銘讚續編》分爲上、下兩編,上編主要以敦煌文獻爲主進行相應的搜集整理研究,下編主要以敦煌石窟和敦煌藝術品爲主進行相應的收集整理研究。該書上編收錄了敦煌文獻中與敦煌碑銘讚內容有關的寫本,主要是敦煌文獻中保存的部分敦煌地區以外的碑抄、傳記和讚文,以及和敦煌碑銘讚有關係的部分文獻,共收錄 60 篇。這些文獻中有許多人物讚文出自敦煌地區文人學者,對於瞭解當時敦煌地區的文化發展水平非常重要。保存在敦煌文獻中的人物傳記類文獻很多,主要有傳、別傳、行狀、實錄、述略等。還有許多流傳至敦煌地區的中原地區名僧的讚文,這些讚文有的是出自敦煌名人名僧之手,也有的是從中原或者敦煌以外其他地區流入敦煌並在敦煌地區產生了很大影響。

下編對敦煌及其他地區的寫本和鐫刻的修功德記、功德碑和莫高窟出土的絹畫、幡畫和邈真像等藝術品中的修功德記之類文獻進行了釋錄。由於敦煌地區自古以來能夠鐫刻碑銘的石質匱乏，因此保留在敦煌地區的碑銘非常有限，即使是留存下來的碑刻，也多是被充分利用。很多功德記只有在敦煌文書中保存有抄本，而在敦煌地區找不到相應的碑文遺存。這些功德記、紀德碑對於研究敦煌石窟營建的歷史非常重要，同時對敦煌的歷史研究也具有很高的價值，因此《敦煌碑銘讚續編》對其予以收錄。書中對書寫在石窟內的修功德記進行了重新輯錄和注釋，總共收錄了 47 篇漢文修功德記、5 篇西夏文修功德記。另外在敦煌莫高窟出土的絹畫、幡畫和邈真像等藝術品中，也抄寫有功德記之類的材料，書中收錄 31 篇。

在幾代蘭州大學敦煌學研究所學人的努力之下，敦煌碑銘讚的輯釋工作已經基本完備，《敦煌碑銘讚輯釋（增訂本）》與《敦煌碑銘讚續編》爲學界提供了較爲完整的敦煌碑銘讚資料，爲敦煌學的進一步研究提供了有力支撐。

八、《敦煌遺書中的唐宋尺牘研究》

敦煌地區出土了眾多的寫本文獻，保留了唐宋尺牘最原始的狀態，極大地豐富了歷史研究的資料。敦煌文獻不是一個個字的簡單羅列，而是具有他自身的文本和書寫規範，並集中表現在敦煌"尺牘"文獻之中。敦煌文獻中保存了數目較多的尺牘文獻，以唐五代宋初時期爲主，分散在書儀、公牘、檔案文獻中，國內外學者對敦煌尺牘的研究進展也主要是圍繞書儀和公牘等文獻展開。

該書作者是王使臻博士，全書對敦煌地區出土唐宋時期的漢文尺牘文獻進行了細緻的研究，特色在於對敦煌尺牘的分類研究，對敦煌尺牘的進一步研究具有啓發意義。該書由緒論和正文十章組成。在緒論部分，作者對研究對象和範圍作了限定，分析了選擇"尺牘"概念的原因，梳理相關學術史，對前人已經取得的成果進行了客觀地評價，提出以簡牘學、文獻學的方法研究唐宋尺牘的文本形態、文體分類等問題。第一章從敦煌尺牘書寫特徵著手，將其分爲草稿、定稿、副本、抄件等文本形態，將抄件納入敦煌尺牘研究具有創新意義。第二章到第六章按照敦煌尺牘的文體分爲五個大類、十幾種文體，分章節集中論述。在每一章中先論述敦煌尺牘文體的源流和發展演變的過程，重點論述此類尺牘文體在唐宋時期社會生活中的實際應用。第七章論述了敦煌尺牘的附屬品問題，考察附屬于敦煌尺牘上的附言、批答、署名、印信、封緘方法等附屬品情況，對敦煌尺牘文體特徵進行了全方位的透視研究。第八章從敦煌尺牘的書寫人入手,論述敦煌歸義軍時期的尺牘教育狀況,以及由敦煌尺牘反映出來的敦煌地區教育水平。第九章論述敦煌尺牘的地域來源,將包括敦煌和由中原内地、靈州、涼州、肅州、伊州、西州、甘州、于闐等地傳入敦煌的尺牘都納入研究的範圍之内,探討唐宋時期信息傳遞的環節、途徑和機制。第十章以曹氏歸義軍爲中心,考察敦煌尺牘反映的曹氏歸義軍政權對河西走廊的政治經營,以專題形式探討唐宋時期地方藩鎮與中央政府的信息溝通、臨近藩鎮之間的政治關係、藩鎮内部的權力關係和結構等。總之,作者將敦煌尺牘的文本研究與歷史研究結合起來,從宏觀與微觀兩個維度綜合研究了敦煌尺牘的歷史價值。

九、《〈方氏像譜〉研究》

《〈方氏像譜〉研究》一書的作者爲柳慶齡博士。全書分爲上、下兩部分,上篇分爲四章,從古代中國寫真像及肖像畫、方氏祖宗像、方氏家族世系及服飾衣冠等方面進行研究分析,下篇主要是對《方氏像譜》文獻錄文的校釋。

《方氏像譜》文字資料包括方氏先祖的行狀、墓誌、墓表、詩文,以及當地名流撰寫的跋文等。方氏一族祖籍浙江烏程縣三陂鄉,元末明初歸附朱元璋。二世祖方榮,在參加朱元璋北伐遼東的戰役中病故。其嫡長子方青襲替父職,繼續參加朱元璋北伐蒙古的戰役,後又在明成祖發動的"靖難之役"中,英勇善戰,屢立戰功,從小旗、總旗、百户、副千户、正千户,一路晉升,最後升爲青州左衛指揮同知。永樂年間,明成祖爲了減少居於漠北的蒙古貴族對内地的侵擾和破壞,進行了五次親征。方青在參加第一次親征的過程中傷殘回還,由於年老體弱,嫡長子方真襲替父職。方真又參與了明成祖親征漠北的第三次、第四次、第五次戰役,隨後又參加了明宣宗御駕平定漢王朱高煦的叛亂,宣德三年(1428),參加明宣宗御駕親征降服兀良哈等戰役,宣德七年(1432),調陝西都司蘭州衛指揮同知,自此四世祖方真及後世子孫居家蘭州。《方氏像譜》中的文字記載,顯露了從明初至清初方氏歷代先祖的生平事蹟、武職襲替、婚姻家庭等事項,作者在這個主綫中考證解釋一些專有名詞、歷史事件,有助於進一步研究明代的武職封贈、襲替制度,並且還可作爲研究明代西北地區社會生活狀貌之佐證。

該書第一章對古代中國寫真像的淵源、發展以及《方氏像譜》家族系列肖像畫進行深入研究,分類討論了禮教化時期、宗教化時期、文學化時期以及宗族組織化情況下的寫真像,並指出在"昭孝事祖"傳統美德的影響下,加之繪畫具有記錄性與紀念性的社會實用功能,在一定程度上促使祖宗像盛行。第二章對《方氏像譜》祖宗像進行細緻研究,第三章則側重於對方氏家族世系的考述。地方譜牒雖然爲家族性的記事文書,但裏面涵蓋的信息也是瞭解某一歷史時期社會文化的一把鑰匙。蘭州市所轄榆中縣博物館所藏明清時期的《方氏像譜》,圖文結合,用肖像畫的方式記錄了 46 位逝世的祖先遺容,這些祖宗寫真像繪製於明初至清初,經過十一代的積累,形成家族的系列先祖肖像系譜,與文字記載的"家譜"相對應。其形式與早在魏晉南北朝、隋唐、五代、宋初時期的敦煌地區邈真像有著諸多相似性,反映了西北地區以祖宗崇拜爲目的的肖像畫傳統的悠久歷史和地域特徵,同時也傳承著元代册頁形式的小型像譜和繪畫的技法理論。所有的圖像資料,也是研究明清時期衣冠服飾不可多得的材料。因此第四章根據《方氏像譜》中所傳遞的信息,對明清衣冠服飾進行考釋。下篇主要是對《方氏像譜》文獻進行錄文整理並加以注釋,共計四十篇。

基金項目:甘肅省科技計劃軟科學項目"絲綢之路(甘肅段)文化景觀溯源再現研究"(20CX4ZA084)

五種"絲綢之路"學術集刊簡介

李崎凱(上海師範大學)

近年來,隨著國家"一帶一路"倡議的提出,"絲綢之路"的學術研究煥發著新的生機,優秀的學術成果不斷涌現。學术界也出現了不少以"絲綢之路"爲研究主體的集刊,其中最具代表性的是《絲路文明》《絲綢之路研究集刊》《絲綢之路考古》《絲綢之路研究》和《絲路文化研究》。本文對這五種"絲綢之路"學術集刊略作介紹。

一、《絲路文明》

《絲路文明》由浙江大學"一帶一路"合作與發展協同創新中心與中國古代史研究所聯合主辦,劉進寶教授主編,上海古籍出版社出版發行。《絲路文明》於2016年創刊,至今已經出版5輯,刊發論文一百餘篇。《絲路文明》發刊詞指出此刊旨在將"絲綢之路"置於中外政治、經濟、文化交流的大背景下,刊登相關歷史文化研究、絲綢之路古遺址的考古發掘和考察新發現,從文明交流與互鑒的角度對絲路沿綫出土文獻與文物進行解讀。集刊内容主要由三部分組成,第一部分刊登"絲綢之路"相關的學術論文,側重於從文明交流的角度對絲綢之路的相關問題進行研究,内容則涵蓋了絲綢之路上的文化、交通、民族、飲食和技術等諸多方面。第二部分刊登有關"絲綢之路"的學術史内容,主要包括對相關學者研究成果和事蹟的回顧與考證,如第一輯劉進寶《孟列夫與俄藏敦煌文獻研究》敘述了孟列夫對俄藏敦煌文書研究所作的貢獻,第五輯唐曉峰《李希霍芬的中國考察與其學術再造》論述了李希霍芬在中國的實地考察情況及其對"絲綢之路"概念提出所帶來的幫助。第三部分則以書評爲主,書籍多以新出版爲主,既是評論,亦是介紹。集刊所選取的論文作者大多在絲綢之路研究領域具有一定的權威性,使得該刊在一定程度上反映了學界關於相關問題的最新研究成果。如第一輯敘述有關俄國敦煌學發展的學術史上,選擇了劉進寶、柴劍虹、府憲展等人的文章,他們都對俄國敦煌學有深入的研究,也親身經歷了俄國敦煌學的發展,因此探討得更爲深刻。同時,該刊非常重視國際學者的研究動向,收取了日、英、美等國家學者的研究成果,在《絲路文明》特邀的二十多名編委名單中,不僅有中國學者,還包括波波娃、荒川正晴等國外學者。

二、《絲綢之路研究集刊》

《絲綢之路研究集刊》由陝西師範大學歷史文化學院和陝西歷史博物館聯合主辦,陝西師範大學沙武田教授主編,商務印書館出版發行。《絲綢之路研究集刊》於 2017 年五月創刊,至今已出版 5 輯,刊發論文一百餘篇。該刊重點關注考古、藝術、圖像資料,倡導"以圖證史"的研究方法,通過考察更爲形象的"藝術"和"圖像"實物來探尋絲綢之路真實、複雜、生動、有趣和"見物見人"的"形象歷史"。首先,該刊非常重視利用歷史圖像或壁畫來探討相關歷史問題,如第一輯肥田路美、盧超《西域瑞像流傳到日本——日本 13 世紀畫稿中的于闐瑞像》、張世奇《和田達瑪溝出土棕地黃色蓮花舞蹈狩獵圖案錦時代考》、第二輯朱生雲《莫高窟第 217 窟壁畫中的唐長安因素》、第三輯公維章《西夏晚期瓜州石窟群中的〈玄奘取經圖〉》、第五輯趙燕林《西魏黃帝信仰及其形象——莫高窟西魏第 249 窟西披圖像新解》等均利用圖像來更爲生動地探討歷史。其次,該刊亦重視出土文物,從考古的角度對絲綢之路的相關歷史問題進行探討,如第一輯高啓安《胡瓶傳入和唐人注酒方式的改變》,第二輯沈睿文《太原金勝村唐墓再研究》,第三輯周銀霞、李永平《敦煌西晉墓出土"李廣騎射"彩繪磚及相關問題》,第四輯 Matteo Compareti、李思飛《兩件中國新見非正規出土入華粟特人葬具:國家博物館藏石堂和安備墓圍屏石榻》等均通過實物資料來探討相關歷史。敦煌學雖自成一門學問,但基於敦煌石窟和敦煌文獻在史學研究方面,特別是絲綢之路研究方面的作用,該刊選取了大量敦煌學相關的論文。作者方面,由於該刊重點關注"藝術"和"圖像"實物,因此集刊所選取的作者除了研究絲綢之路和敦煌學的學者,還有許多美術史、藝術史領域的學者,在一定程度上體現了絲綢之路在藝術史研究領域的重要成就。

三、《絲綢之路考古》

《絲綢之路考古》由中國考古學會絲綢之路專業委員會和寧夏文物考古研究所籌備出版,羅豐教授主編,科學出版社出版發行。《絲綢之路考古》於 2017 年創刊,至今已經出版 4 輯,共刊發論文近一百篇。集刊主要有兩部分組成,第一部分重點收錄有關絲綢之路考古的相關論文,内容既包括絲綢之路出土的墓葬、文物和石窟及其壁畫、石像等實物資料及其相關研究,又包括基於實物考古研究所展現的不同文化之間的交流與碰撞,如第二輯馬健《公元前 8—前 3 世紀的薩彦—阿爾泰——早期鐵器時代歐亞東部草原文化交流》就通過考古資料,重新梳理了薩摩—阿爾泰地區考古學文化的發展序列;

探討了薩摩—阿爾泰地區與東、西方文化的交流情況和薩摩—阿爾泰考古學文化對春秋戰國時期中國北方的影響;又如第 4 輯于建軍《農牧文明的邊界——人類學視野下的早期歐亞草原考古》則通過對歐亞草原的考古發掘,嘗試在歐亞草原廣闊的背景下,闡釋農牧文明之間互動的文化現象。第二部分爲書評,既包括新出版書籍的評介,又包括對相關學術成果的綜述,主要側重於考古學的相關內容,其中還包括了對於考古研究報告的解讀,如第三輯黃純艷《舶商與私販——〈南海 I 號沉船考古報告之二——2014—2015 年發掘〉的貿易史解讀》從貿易史的角度解讀了"南海 1 號"沉船的考古學內容;又如第 4 輯白玉冬《隋唐元蒙古高原歷史研究的珍貴資料——評森安孝夫、敖其爾編著〈蒙古國存遺跡碑文調查研究報告〉》對蒙古國遺跡碑文的考古調查進行了回顧與解讀。作者方面,由於該刊重點關注絲綢之路考古方面的研究,使得該刊選取的論文作者包含大量的考古學家,反映了考古學界在絲綢之路領域的相關研究成就。除此之外,該刊不僅選取了來自日、俄、美地區學者的論文,同時也有對國外學者的論著和研究成果的評介,充分吸收了國際的學術研究成果。

四、《絲綢之路研究》

《絲綢之路研究》由中國人民大學"一帶一路"經濟研究院、經濟學院、國學院與生活·讀書·新知三聯書店合辦,李肖教授主編,生活·讀書·新知三聯書店出版發行。《絲綢之路研究》於 2017 年創刊,至今共出版一輯,近三十篇論文。該刊在發刊詞指出,本刊以溝通古代東西方文明交流的絲綢之路爲支點,秉承"一帶一路"倡議,挖掘絲路沿綫歷史文化,探索"絲綢之路"經濟帶的內在動力,致力於打造跨學科、多領域、高水平的國際學術平臺,爲全球文化交流與共同發展提供學術支撐。該刊雖然至今只創辦一期,卻具有重要的學術價值。首先,該刊選用的論文涉及多個領域,如段晴《山普魯氍毹上的希臘神話、蘇美爾神話——見於 6 世紀的毛毯》、顏海英《希臘化埃及的"末日審判"觀念》和賈妍《"逾界"與"求訴"——從〈伊施塔入冥府〉神話的兩大主題看古代兩河流域伊施塔崇拜的一些特質》和張悠然《"生命樹"與古埃及來世信仰》均涉及宗教學的相關內容;辛維廉《粟特語的再發現》、吉田豊《粟特語摩尼教文獻所反映的 10 至 11 世紀河中與吐魯番關係》則涉及了語言學的相關內容;瑪利亞·瑪利諾娃《新疆早期印歐人溯源》則涉及了人類學的相關內容。其次,選取的國內學者如段晴、顏海英、榮新江等人,都是其所研究領域權威式的人物,使得該刊的質量非常之高。除此之外,該刊非常重視國外學者的研究成果,國內外學者的論文數量基本持平,所選取論文作者涉及英國、日本、保加利亞、意大利、德國等多個國家，亦邀請了十多位國外學者担任編委，充分吸收了國外相關研究的成果。

五、《絲路文化研究》

《絲路文化研究》由南京大學中華文化研究院、揚州大學佛學研究所和中國天楷文化研究院聯合主辦，賴永海教授主編，商務印書館出版發行。《絲路文化研究》於 2017 年創刊，至今已經出版三輯，發表論文近六十餘篇。該刊側重於絲綢之路在文化交流方面的重要作用，將論文内容分成絲路史探、絲路文脈、絲路文獻、絲路宗教、絲路書鑒、絲路訪談等多個板塊，内容涉及文學、宗教、地理等多個方面。特別需要指出的是，該刊所收録的論文不僅包含研究古代絲綢之路的歷史與文化，更把視野延展至當下和"一帶一路"沿綫地區和國家，如第二輯陳光軍《"絲綢之路經濟帶"戰略構想及相關問題研究》通過研究認爲，建設絲綢之路經濟帶應分爲起步、擴展、完善三個階段；第一輯陳梓瀚《韓國對"一帶一路"倡議的認知、考量及政府應採取的政策選擇》針對韓國與"一帶一路"倡議的對接，建議應該從政治互信、基建投資和民心對接三個方面打牢合作基礎，這些研究均將研究範圍延伸至當下，深度解析了國際當代經濟發展趨勢，是中國用東方文化和東方思維關照世界、引領世界經濟發展的體現，對"一帶一路"戰略的推進具有一定的理論指導意義。

概言之，學術集刊作爲與學術期刊互補的一種學術刊物，在編輯理念和出版體例上又不同於一般期刊。上述"絲綢之路"的集刊雖然都是對絲路相關歷史的研究，卻各有側重，從不同角度加深了人們對絲路文化的理解。值得注意的是，它們還大量選取了國外優秀學者的論文，並邀請相關領域的國外專家擔任編委，這也契合國家"一帶一路"加強國際友好合作的倡議，並爲文明交流互鑒與共同發展提供學術支持。

《當代中國敦煌學研究（1949—2019）》出版

沈延昭（上海師範大學）

　　郝春文、宋雪春、武紹衛著《當代中國敦煌學研究（1949—2019）》已於2020年11月由中國社會科學出版社出版發行。

　　本書對1909年以來中國學者有關敦煌學的研究成果做了全面回顧，並對研究中存在的問題和今後發展動向進行了深入討論。本書分上、中、下三篇，將中國敦煌學的發展劃分爲四個階段。第一階段（1909年至1949年）以1930年爲界分爲前後兩個時期，前一個時期是敦煌學興起的時期；1931—1949年中華人民共和國成立是第二個時期，這一時期我國學者所接觸的敦煌文獻大爲增多，研究領域逐步擴大。第二階段（1949年至1978年）則以1966年“文化大革命”開始劃分爲兩個時期。前一時期研究重心在大陸，後一時期研究重心轉移到了港臺地區。第三階段（1978年至2000年）是我國敦煌學的快速發展時期，中國學者基本完成了敦煌文獻原材料的公佈工作，並最終掌握了國際敦煌學的主導權和話語權。第四階段（2001年至2019年）是我國敦煌學開始轉型的階段，學者在延續傳統題目和傳統方法、範式的同時，開始著力探索用新範式和新視角開闢敦煌學的新領域，實現敦煌學的創新與轉型。

　　本書堪稱一部迄今爲止最爲完整系統的中國敦煌學史著作，它的出版既是對長達110年敦煌學研究歷史的全面總結，對今後敦煌學發展具有理論指導意義。同時也是貫徹落實習近平總書記視察敦煌研究院重要講話的優秀成果，對於我們加快構建中國特色哲學社會科學“三大體系”，堅定文化自信，推進社會主義文化强國建設，具有重要的現實意義。

《從學與追念：榮新江師友雜記》出版

林文涵（上海師範大學）

　　榮新江著《從學與追念：榮新江師友雜記》已於2020年9月由中華書局出版發行。

　　本書是作者紀念饒宗頤、季羨林、貝利、鄧廣銘、藤枝晃、周一良等老一輩中外學者的文章合集。内容包括：饒宗頤教授與敦煌學研究，季羨林先生主持的"西域研究讀書班"側記,貝利教授與于闐語文獻研究,重讀敦煌書序:追念恭三先生,藤枝晃教授與敦煌學研究,才高四海　學貫八書——周一良先生與敦煌學,周一良先生與書,紀念馬爾沙克——兼談他對粟特研究的貢獻,哭季先生,季羨林先生與書,讀書須先識字——記王永興先生的教誨,季羨林先生《西域佛教史》讀後,鄧恭三與陳寅恪,馮其庸先生與西域研究,敦煌:饒宗頤先生學與藝的交匯點,懷李福清——記斯卡奇科夫藏書調查的學術因緣,追思寧可先生,一位嚴格又和藹的老師——田餘慶先生,墊江灑淚送浦江,追念中國伊朗學的開拓者葉奕良先生,學術、家世及其他——喜見《周一良全集》出版,憶王堯先生對我的教導與關懷,從粟特商人到馬可波羅——紀念楊志玖先生,馮其庸先生敦煌學二三事,考古撼大地　文獻理遺編——紀念宿白先生,承繼先哲之業　開拓學術新涯——追念"通儒"饒宗頤先生的教誨,敬畏學術　尊老攜幼——追念沙知先生,情系高昌著述多——紀念陳國燦先生,重讀《安樂城考》追念李征先生,一支譯筆潤春秋——追念耿昇先生。

　　本書講述的是學者之間的真情,記錄的是成就了大事業的那些學者的偉大學行。文中介紹的老一輩學者的生平事蹟和治學方法以及作者自身的治學經驗,具有十分重要的學術價值。

華戎交匯的歷史圖景

——讀陸慶夫《敦煌民族文獻論稿》

劉子凡(中國社會科學院)　馬俊杰(中國政法大學)

　　20世紀初敦煌藏經洞的發現,不僅爲中國學術增加了一條新的脈絡,也展現出了唐五代宋初河西地區民族往來交融的歷史。敦煌 P.2506 中的一首歌辭《獻忠心》寫道:"莫卻多少雲水,直至如今,陟歷山阻,意難任。"敦煌文獻中記載的這些民族,不知經歷了多少艱難險阻才到達河西,無論是"弃氈帳與弓劍,不歸邊土",還是最終走向他方,都在這片土地上留下了自己的足跡。南朝劉昭引《耆舊記》這樣描述敦煌,"國當乾位,地列艮墟,水有懸泉之神,山有鳴沙之異,川無蛇虺,澤無兕虎,華戎所交,一都會也"。千百年來,敦煌乃至河西地區就是華戎交匯的重要場所。至唐五代宋初,又有突厥、回鶻、鐵勒、粟特、龍家、党項等等民族共聚河西,尤其是敦煌文獻揭示出河西地區各民族日趨紛繁往來、互動交匯的獨特的文化景觀,是研究中古民族問題的極好的視角。

　　陸慶夫先生從20世紀90年代開始,就致力於敦煌地區民族文獻的搜集、整理與研究。如今,將其30年的授課心得和研究成果删繁就簡,編排歸類,整理成《敦煌民族文獻論稿》一書貢獻給學界。該書立足於敦煌的民族文獻,以民族文獻産生的背景爲起點,以河西民族發展的歷史和民族文化交融的軌跡爲旨歸,將傳世文獻與敦煌文獻相互補充發明,邏輯縝密、視野宏闊,實乃敦煌民族學研究之力作。

一、展示河西民族交匯的歷史畫卷

　　該書共分爲五篇二十章,雖然是由相對獨立的篇目構成,但内容又相互聯繫,脈絡清晰,系統地勾勒出唐五代宋初河西民族交匯的歷史畫卷。要利用敦煌文獻進行民族研究,首先要面對的是文獻史料的碎片化問題。陳寅恪先生在《敦煌劫餘録序》中指出,"一時代之學術,必有其新材料與新問題。取用此材料,以研求問題,則爲此時代學術之新潮流"。20世紀以來,得益於敦煌藏經洞的發現,敦煌學研究成爲世界性的顯學,産生了蔚爲壯觀的研究成果。但敦煌學有其固有之問題,周一良先生曾指出,"從根本上講,'敦煌學'不是有内在規律、成體系、有系統的一門科學"。究其原因,在於敦煌文獻雖然體量巨大,有數萬之巨,而且内容廣泛,但是不具有内在的系統性,部分文獻有不同程度的殘損亦不具有完整性。作爲敦煌文獻中的一個特定類別,敦煌民族文獻也有同樣的問題。作者在前言中也指出,"由於敦煌資料的特殊狀況,使之兼具原始性和豐富性的特點,很多資料爲正史所不載;但是較之正史編寫的系統性,敦煌資料又顯得支離破碎,有的甚至彼此毫無聯繫"。有鑒於此,作者綜合傳世文獻和出土資料,從自然地理、政治、經濟、軍事、文化等多角度系統地闡釋了各民族産生、交流、融合和發展的歷史軌跡。

作者將該書系統地劃分爲五篇。第一篇概論篇,旨在從總體上論述敦煌民族文獻産生的歷史背景、内容分佈、價值意義。其下又分爲四章,第一章總論敦煌民族文獻中所見的古代民族,可謂提綱挈領;第二章介紹敦煌所出判集告身、表狀書信、書儀、方志、行記、户籍契約、帳簿、碑記真讚、文學作品等各類文獻中的民族資料,對於敦煌漢文文獻來説可謂是竭澤而漁、面面俱到;第三章總論敦煌民族文獻的史料價值;第四章則是專論敦煌壁畫中所見的西北民族。在概論之後,作者所列四篇分別爲遷徙篇、交通篇、歸義篇、融合篇,除歸義篇專論歸義軍民族問題外,其他幾篇都是涉及整個河西地區各民族往來遷徙、交通互動與交流融合的内容。這樣就從整體上把握了這些民族在交流往來上的互動性和共時性。同時,各篇雖然是橫向地分類編排,但閱讀下來還是可以看到其中隱含的縱向脈絡,如作者對粟特人在河西的活動、歸義軍政權興衰及其與周邊民族的交往等問題的論述,都是貫穿於遷徙、交通、歸義、融合四篇之中,可以清晰地看出各自的發展過程。例如,在遷徙篇中有《唐代絲綢之路上的昭武九姓》,在交通篇中有《粟特人與龍家的關係源流》,歸義篇中《歸義軍政權與蕃兵蕃將》也交代了粟特人在歸義軍中的位置和作用,融合篇中則有《唐宋間敦煌粟特人之漢化》,這樣就可以對這一時期粟特人在河西的活動有一個全面而貫通性的認識。通過這樣的編排,作者把這些零碎的文獻連綴起來,將各個民族的往來發展聯繫成相互關聯的問題,由此勾勒出唐五代宋初河西民族的整體面貌。

二、理清唐末五代至宋初河西各族的來龍去脈

該書的著眼點主要是唐末五代至宋初,這是敦煌文獻記載最爲豐富的時段,同時也是河西歷史上民族交匯最爲頻繁複雜的時期。敦煌 P.3720《張淮深造窟記》載:"河西異族狡雜,羌、龍、嗢末、退渾,數十萬衆。"S.5697《申報河西政情狀》中稱:"河西諸州,蕃、渾、嗢末、羌、龍狡雜,極難調伏。"當然這是站在歸義軍的立場來看待河西各族,不過還是可以體現出吐蕃統治結束後河西各族衝突、交融的場景。除了上述各族,還有留在當地的漢人、吐蕃人、粟特人以及西遷的回鶻各部等,情況錯綜複雜,當日的歸義軍節度使已經覺得難

以措手,今日憑藉有限的史料想要理清其中的脈絡也是非常困難的。本書則非常細緻地串聯起了傳世史料與敦煌文獻,從分散的歷史碎片中打撈、拼接起了一個個細節,使河西各族的來龍去脈和相關事件的綫索逐漸清晰起來。

研究内容方面,本書討論了唐五代至宋初在河西地區活動過的漢、吐蕃、回鶻、粟特、思結、龍家、達怛、党項、嗢末等衆多民族,以及歸義軍、金山國、甘州回鶻、凉州六谷等先後在河西地區建立的小政權中的民族問題。可以説是基本涵蓋了與這一時代河西民族相關的方方面面。研究方法上,作者除了注意各族在河西的活動外,更重視對其遷徙過程及互動關係的考釋。如《從焉耆龍王到河西龍家》一文,作者注意到了河西龍家就是來源於焉耆的王族龍氏,並詳細考證了其離開焉耆遷徙河西的時間與背景。在《粟特人與龍家的關係源流》中,作者又指出粟特人很早就與焉耆人建立了密切的關係,並曾在焉耆活動,由此也很好地解釋了龍家遷徙後河西龍部落中存在粟特人的問題。《河西達怛考踪》一文,則是首次借助敦煌文獻對達怛部落在河西的活動進行了考索,論證了其遷入河西的時間及其在河西的興衰。在互動關係問題上作者的視野也十分廣闊,除了考證河西各族的交匯外,也大量涉及河西地方政權與唐朝、後梁、遼朝、吐蕃、西州回鶻、党項等等的交通。這就使得本書雖然是以河西民族立論,但研究範圍卻遠遠超越了河西的地域範疇,是以當時所處時代的中原—草原—河西互動關係的視角來進行考察,這樣也使河西的民族研究具有了更爲重要的時代價值。

三、漢化、吐蕃化與回鶻化: 對民族交融的闡釋

河西各族之間的互動,並不僅僅是政治上的交通往來,還有文化上的交流融合。尤其是經過了唐朝、吐蕃的先後統治,河西成爲了各民族相互交融的最爲引人矚目的舞臺。《張淮深碑》中就提到:"河西創復,猶雜蕃渾,言音不同,羌、龍、嗢末,雷威懾伏,訓以華風,咸會馴良,軌俗一變。"這展現了歸義軍張氏在脱離吐蕃統治後,希望以"華風"重新整合河西的願景。不過在本書所描繪的河西歷史畫卷中,民族的交流融合更加豐富多彩。作者在書中明確提到了河西地區曾經存在漢化、吐蕃化與回鶻化,當然這都是針對某一民族或某一政權來説,但還是體現出唐末五代至宋初河西民族交融的複雜性。

《唐宋間敦煌粟特人之漢化》一文提出,吐蕃統治時期粟特人的聚落形式被打破,粟特與漢人的界限消失,從而導致粟特人在職業、婚姻、社會組織和宗教信仰等方面融入當地社會,實現了快速的漢化。《論唐宋之際的凉州嗢末》則是展示了河隴地區唐人吐蕃化的案例,大致在吐蕃國内大亂之後,原先由吐蕃人驅使的各族奴從以"嗢末"之名構成了新的民族,並活躍於河西地

區,其中就包括了大量世居河西的漢人。嗢末首領杜論没悉伽、杜論心、蘇論乞祿論、崔延没等,顯然就是在其姓名中採用了漢人姓與吐蕃名的結合。除此以外,還有《歸義軍晚期的回鶻化與沙州回鶻政權》,考述了歸義軍政權在其衰微時代,面對東西兩側回鶻勢力的滲透逐漸回鶻化,歸義軍曹氏最終演變成回鶻的傀儡政權。值得注意的是,這些互動交融都是發生在唐末五代至宋初這一相對較短的時間段内,也體現出這一時期民族交融的多向性及不確定性。近年來,關於中原與内亞的互動以及胡化與漢化的問題,依然是學界討論的前沿熱點,本書提出的關於河西民族問題的討論,無疑會爲相關研究提供一個非常重要的視角。

當然,由於時代所限本書的寫作也稍有缺憾,如作者在前言中提到:"本書多以漢文資料爲重點立論。凡涉及少數民族文字資料,只能是利用他人研究成果或翻譯材料,這不能不説是一種遺憾。"實際上,作者在寫作過程中已經在嘗試利用黄盛璋先生翻譯的于闐史料等。此皆白璧微瑕,無需苛求。總體來看,陸慶夫先生數十年來關於敦煌民族文獻的研究,具有大量開創性的成果,開拓了河西古代民族研究的新境界,這部集結而成的《敦煌民族文獻論稿》,也必將在敦煌民族研究史上具有重要地位。

《織網與鑿井：中西
交通史研究論稿》評介

李若愚(蘭州大學)　于方方(蘭州文理學院)

　　中西交通史主要研究中西文明的交流與交融，劉全波博士新著《織網與鑿井：中西交通史研究論稿》(科學出版社，2019 年)即是作者近年來關於中西交通史研究成果的彙集，内容涉及西域問題、絲路民族問題、中古世家大族、西北行記等。本文將對《織網與鑿井：中西交通史研究論稿》的具體内容進行介紹，並對其中涉及的部分問題做補充闡釋，以期對該書做一評介。

　　第一章"《史記》《漢書》所載西域諸國'同俗'問題探析"是作者在閱讀《史記》《漢書》等原典時的所思所想。作者首先列舉了《史記》《漢書》中有關西域諸國"同俗"的記載，認爲在張騫通西域之前，漢王朝對西域知之甚少，故對西域的認知主要來自於張騫、李廣利等人在西域的見聞。《史記·大宛列傳》中分別是以匈奴、月氏、大宛爲中心討論諸國的風俗，這也就形成了一個認知諸國的關係網，即由熟悉的去類比不熟悉的。而隨著漢王朝對西域認知的不斷提升，有關西域諸國"同俗"的記載則逐漸減少，作者認爲"同俗"反映出《史記》《漢書》的編纂者想瞭解更多西方的情況，但是由於資料的限制，他們只能通過有限的材料，去構建一個適合當時人認知的模式或者框架，而誰與誰"同俗"就是一個模式與框架。其次，通過對比《史記·大宛列傳》《漢書·西域傳》中諸國户、口、勝兵情況，作者發現其中的且末、小宛、精絶、渠勒、皮山、無雷、莎車、姑墨、危須 9 國的户口比例相似，皆爲户均七人，作者認爲此現象也恰恰反映出《漢書·西域傳》資料來源的不準確性，即這些資料很顯然是經過人爲改動的，不然不會如此的巧合，而改動的原因肯定也是基於當時的認知，故我們要知曉《漢書·西域傳》所載户、口、勝兵數量的科學性與不科學性，不可全信亦不可不信。

　　第二章"月氏史實補説"是對絲綢之路上曾經的霸主月氏發展歷程的分析考察。作者首先通過研究《史記》《漢書》等傳世文獻，具體分析了月氏的户、口與勝兵數量，並將之與冒頓時代匈奴的兵力數量進行對比，説明了早年月氏稱霸的合理性與可能性。其次，作者通過研究懸泉漢簡等出土文獻，對月氏"歸義"的問題進行了補充説明。作者認爲有關西域的研究需要與當時的歷史大背景結合起來，只有在一個大的宏觀歷史背景下，才會知曉這是一個什麼樣的時代，爲何會出現這樣的故事。我們今天所見到的、所理解的道路山川、河流湖泊乃至風土民情與古代是迥然不同的,古人雖然是在漫漫絲綢之路上極其緩慢的行進,但他們卻從未停下腳步,這就是他們的偉大之處。對於民族遷徙問題,作者亦是有新發現、新闡釋,作者強調不能只看到民族遷徙中的主體,即遷徙人群,而忽略了民族遷徙中的不遷徙者,或者遷徙路上中途停下來的人群,如小月氏、滯留鮮卑的匈奴、融入契丹的回鶻,他們或許是少數,有時數量也不一定少,但是十分重要,因爲他們是點點星火,雖然還未燎原,卻如同種子一樣,被埋入了土壤,不經意間,就是姹紫嫣紅,這就是民族遷徙的真相,更是民族融合的基礎,是天下的本來面目。

第三章"《敦煌張氏家傳》小考"是以"敦煌張氏家族"爲主,通過研究其發展歷程思考中古敦煌、河西世家大族的發展、演進問題。作者通過《舊唐書》《新唐書》等傳世文獻以及碑刻墓誌等出土文獻,分析了敦煌張氏家族的發展歷程。作者認爲敦煌、河西的世家大族在帝國的發展與演進過程中具有重要的地位,擔當著重要的角色,但我們常常會忽略這些邊緣地區的家族,對他們的重要性沒有發掘好、闡釋好。人們總是認爲東部與南部才是帝國的中心,才是帝國的樞紐,其實宋代以前,西北才是帝國的樞紐,是帝國的核心,是比江南更重要的核心區域。具體到敦煌張氏家族,將傳世典籍與出土文獻中的張氏家族成員全部串聯起來,就可以得到一個龐大的家族譜系,這是一個從東漢至魏晉,從南北朝至隋唐的龐大家族,從這些文獻記載中我們可以看出,他們在帝國的發展過程中有著舉足輕重的地位,他們是敦煌的代表,是河西的代表,更是帝國的代表。而在河西,在敦煌,乃至吐魯番,這樣的家族還有許多,他們是那個時代的帝國的支柱,他們是瞭解天下局勢的明眼人,因爲他們既在邊緣又在核心。

第四章"論中古時期入華粟特人對儒學及科舉的接受"主要分析了一個粟特人家族逐漸演變成中原人的過程。作者首先列舉了國內外有關入華粟特人與儒學及科舉研究的成果,並在諸前輩研究的基礎上,對入華粟特人中原化問題進行了進一步的思考。粟特人成爲中原人的過程,是一個交融的過程,是一個由"蠻夷"而中華的問題。何妥成功地實現了從胡商之子到儒學名家的轉變,何稠則是隋煬帝寵信的匠人,唐末藩鎮割據中的何進滔諸人自稱是何妥的後人。在幾百年的歷史進程中,一個家族從商人變成了儒學教授、朝廷高官,又變成了藩鎮割據中的一方霸主,可見何妥家族的確是傳奇,這不僅僅是一個家族的傳承,同樣,這也是一個中國化的過程,是一個從異域到中華的過程。再者,作者根據出土墓誌,發現越來越多的粟特人,在他們的墓誌中說,如何習文儒,如何綴詩文,這或許是子孫對先人的恭維,但是當這個恭維變成風氣,亦可見他們的中原化之深,他們已經變成了中原人,已經變成了長安人、洛陽人，而儒學與科舉也變成了他們獲取功名的途徑。作者認爲中古時期的部分入華粟特人與儒學及科舉之間曾有過親密接觸，這親密接觸給入華粟特人的精神世界帶來了新的啓迪，對儒學爲代表的中華文化的接受愈多，粟特人身上的"胡"氣愈少，時光流轉，長河漫漫，入華粟特人最終融化在中華文明的血脈之中。

第五章"唐《西域圖志》及相關問題考"作者主要講述了唐王朝對西域邊疆的經營和管理。唐高宗時代，大唐王朝成功擁有了河中地區與吐火羅地區，這是意義重大的事情，不僅僅是軍事上的勝利，更是文化與制度、文明與交流的勝利，異域變成天下，四海成爲一家，爲了記載這個偉大的變化，許敬宗等人奉命編纂了《西域圖志》。《西域圖志》的編纂是從裴矩開始的，但由於時代的局限，裴矩的《西域圖記》僅有三卷。隨著唐帝國對河中地區和吐火羅地區認知的提升，《西域圖志》的內容逐漸豐富詳實，《西域圖志》逐漸增加至六十卷。而此後的幾十年，直至怛羅斯之戰，唐王朝與此地區的交往變得更爲緊密，粟特人、波斯人等大量進入中國就是證據，他們此時的身份也有了變化，不僅僅是從事絲路貿易的商人，更是大唐皇帝之百姓。西域諸國歸附唐王朝的重要原因是唐王朝開放包容的政策，使得其宗教信仰、風俗習慣、文化傳統得到維繫而不是破壞，而大批從事絲路貿易的商人，把中原的物產、文化帶到西方，把西方的物產、文化傳入中原，使得中西方文明之間交融達到一個前無古人的高度，唐王朝也在這種文化交融過程中拉開了大唐盛世的序幕。總之，不同的文明在相互碰撞、互鑒、交融和創新中不斷地將異域文化融入各自的本土文明，豐富、拓展了各自的文化內涵，爲世界文明的傳承與發展作出重要貢獻。

第六章"甘州回鶻、涼州吐蕃諸部與党項的戰爭及其影響"作者主要以甘州回鶻、涼州吐蕃諸部與党項的戰爭爲關鍵點，分析了 10 世紀至 11 世紀之交的中國政治格局尤其是西北政局的變化。作者認爲，唐末以來，河西乃至西域陷入割據紛爭，吐蕃與回鶻是兩大勢力，但是隨著吐蕃內亂，回鶻崩潰，一個個新的政權建立了起來，甘州回鶻、西州回鶻是兩大勢力，盤踞於絲綢之路的東西兩端，而其間亦有諸多割據政權出現，如敦煌張氏歸義軍、敦煌曹氏歸義軍、涼州嗢末、河湟唃廝羅等，其中發展勢頭最爲猛烈的是党項人的西夏，他們經過百餘年的發展，逐漸強盛起來。宋王朝出於對各個政權的防範，遊走於和戰之間，於是諸政權間交往與爭鬥成爲常態，西夏最終統一了河西，再次造就了三足鼎立的局面，建國二百年，不被宋、遼、金所滅，其所依靠的就是河西之地的穩固與支持。甘州回鶻諸國與宋之間的交往亦是緊密的，多次的朝貢即是表現，他們出於貿易的需求，必然要和宋王朝交往，而當党項崛起之後,阻斷商路,甘州回鶻最先受到壓力,而曹氏歸義軍的發展,亦威脅甘州回鶻的貨源,於是一個相生相剋的諸國關係,成爲導致諸國爭鬥的導火綫。

第七章"晚清《西北行記》所見張掖至酒泉驛站道路考"與第八章"晚清民國《西北行記》中的肅州名勝"是一個專題,是利用西行文獻研究中西交通史的探索。無論是秦漢時期的道路驛站,抑或是晚清時期的道路驛站,被史書記載下來的僅僅是幾個重要的點,而我們卻希望得到更細緻的瞭解,即先民們在這個長長的道路上是如何行進的,每一天每一夜是如何度過的。西行文獻記載了西行之人的所見所聞,諸如風俗、物產、景觀等,這些信息彙聚起來,就是一個長長的時間軸上的多姿多彩的西北,西行文獻記載的豐富的内容,是我們瞭解這一切的鑰匙。作者認爲,近代以來,西方探險家蜂擁而至,留下了諸多考察日記之類的文獻資料,如斯坦因、伯希和等人的考察日記,皆是學界關注的寶貝,但是國人考察西北的西行文獻,尤其是晚清民國時期的西行文獻,卻沒有得到應有的重視。其實,國人看西北之眼光更是深邃,而他們的記載必然可以爲我們展現一個全新的西北。文化景觀是一個文化地理學的概念,作者也嘗試著利用西行文獻去還原晚清民國時期肅州地區的文化景觀,因爲經過肅州的西行之人,皆記載了此地的名勝古跡,而這些名勝古跡其實就是文化景觀,晚清民國距離現在,時間也不過一二百年,但是諸多的文化景觀卻被湮滅,而諸西行之人的記載恰恰可以彌補史書記載的不足,可以告訴我們當時的文化景觀,或許這些景觀並無法與享譽中外的景觀做比較,但是對於一個小地方而説,他們就是留在記憶與傳説深處的瑰寶。

第九章"從匹馬孤征到團結起來開啓敦煌吐魯番學研究新篇章"是關於敦煌吐魯番學學會成立史的考察,是對前輩學者的緬懷與崇敬。作者一再强調,前輩學者是覺醒者,更是開拓者,敦煌吐魯番學乃至各種學問的發展,皆是需要機緣的,就如藏經洞的發現,亦是千年一遇的機緣。20 世紀 80 年代,中國的敦煌吐魯番學得到了一個千載難逢的機緣,前輩學者的高聲吶喊,鑄就了中國敦煌學發展的根基,而中國敦煌吐魯番學會的成立,是關鍵中的關鍵,是中國敦煌吐魯番學得到發展的主要推動力。直至今天,中國敦煌吐魯番學的發展還是依賴於前輩學者的恩澤,而進入新時代的敦煌吐魯番學,必然還需要進行新的自我革新與改造,以適應新時代的發展需要。

從古至今,西域的重要性是不言而喻的。狹義上的西域主要指玉門關、陽關以西,蔥嶺以東的地區,而廣義的西域則是指凡是通過狹義西域所能到達的地區,包括中亞乃至更遠的地區。作者通過《史記》《漢書》中的記載,梳理總結了西域諸國之間的"同俗"現象,筆者十分感興趣,對形成"同俗"現象的原因做了一些思考,嘗試補充如下。

　　其一，塞種的影響。塞種人是存在於中亞地區的斯基泰人的一支，屬於東伊朗人，亦即雅利安人。他們自西向東遷徙，先秦至漢初，主要分佈在南山至蔥嶺一帶。塞種人未建立統一的王朝，而是各個部落獨自建立城邦國家，這些城邦古國，如同散落在西域、中亞大地上的明珠，在西域歷史舞臺上扮演著舉足輕重的角色。根據史料記載，塞人的故地位於伊犁河、楚河流域。①《漢書·西域傳下》載："東與匈奴、西北與康居、西與大宛、南與城郭諸國相接。本塞地也，大月氏西破走塞王，塞王南越縣度。大月氏居其地。後烏孫昆莫擊破大月氏，大月氏徙西臣大夏，而烏孫昆莫居之，故烏孫民有塞種、大月氏種云。"②公元前 177 年，大月氏被匈奴所破，西遷塞地，趕走了塞王，之後，烏孫破大月氏佔領了伊犁河地區。大月氏與烏孫佔領塞種的故地後與當時留在本地的塞種人共同居住了相當長的一段時間，這些留下來的塞種人也保留了大量的塞種文化，故月氏與烏孫的文化傳承發展必然受到塞人文化的深刻影響。後來隨著塞種自西向東不斷遷徙，塞人文化必然散播於中亞、西域諸地，這些同屬於塞種的諸城邦必然會有共同的文化基因。西域位於塞人自西向東遷移的必經之地，必然會受到塞人文化的影響，從而產生西域諸國之間"同俗"的現象。

　　其二，匈奴的影響。匈奴在前 3 世紀左右興起於北方草原，在冒頓時代迅速進入強盛時期，成爲北方草原強大的民族，對西域社會的發展產生了重要的影響，具有重要的地位。《史記·匈奴列傳》記載："定樓蘭、烏孫、呼揭及其旁二十六國，皆以爲匈奴。諸引弓之民，並爲一家。"③這句話一定程度上反映了漢武帝之前西域的形勢，在這一時期，西域深受匈奴勢力的影響，西域諸國的國家政治、經濟、文化和生活模式，在與匈奴的不斷接觸之中，都會不同程度地吸收匈奴文化。在匈奴控制西域的近百年時間裏，採取了一系列措施，在政治上，採用出使、和親、質子等措施，加強對西域諸國的掌控。《史記·大宛列傳》載："自烏孫以西至安息，以近匈奴，匈奴困月氏也，匈奴使持單于一信，則國國傳送食，不敢留苦；及至漢使，非出幣帛不得食，不市畜不得騎用。所以然者，遠漢，而漢多財物，故必市乃得所欲，然以畏匈奴於漢使焉。"④《漢書·西域傳》記載："樓蘭更立王，漢復責其質子，亦遣一子質匈奴。"⑤又："匈奴亦遣女妻昆莫，昆莫以爲左夫人。"⑥從以上史料記載，我們可以看出，爲了

---

① 余太山《塞種史研究》，北京：中國社會科學出版社，1992 年，第 1 頁。
② 班固《漢書》卷九六下《西域傳下》，北京：中華書局，1962 年，第 3901 頁。
③ 司馬遷《史記》卷一一〇《匈奴列傳》，北京：中華書局，1959 年，第 2896 頁。
④ 司馬遷《史記》卷一二三《大宛列傳》，第 3173 頁。
⑤ 班固《漢書》卷九六上《西域傳上》，第 3877 頁。
⑥ 班固《漢書》卷九六下《西域傳下》，第 3903 頁。

加強對西域諸國的控制,鞏固匈奴在西域地區的地位,匈奴向西域諸國採取了遣使、質子、和親等措施,這些匈奴人進入西域諸國後,必然會帶去匈奴文化從而對西域諸國的文化産生深刻的影響。在經濟上,匈奴與西域諸國之間的貿易往來亦會促進文化的交往,從而産生"同俗"的現象。匈奴自古就有"樂關市"①的傳統,"在控制西域地方的時候,匈奴應當繼承這一傳統,甚至可能推行更爲積極的政策,支持和鼓勵商貿的活躍"。②往來於西域和匈奴之間的商貿活動,一定程度上促進了西域諸國與匈奴的文化交往,西域諸國吸收了匈奴文化,同俗現象的出現是存在可能的。余太山認爲:"西域的地理位置決定了這裏的文化與其東、西兩方的文化必然有著或多或少的關係。"③如果説塞種的遷徙使得文化自西向東傳播,那麼,匈奴的統治也促進了匈奴文化自東向西的滲透。王子今認爲漢王朝與匈奴對西域的爭奪,在某種意義上主要是對東西方"交通綫",也就是絲綢之路控制權的爭奪,匈奴較早地控制了西域通路,因此會出現匈奴文化自東向西滲透、匈奴文明日漸西及早於漢文化的現象。④西域位於東西方文明的十字路口,自身的文明長期受到來自西方的塞種文化和東方的匈奴文化的影響,因此,西域諸國之間就會出現"同俗"現象。

其三,自然環境。西域獨特的地形、氣候特徵影響著這裏居民的生活方式。西域位於我國西部邊陲、歐亞大陸的腹心,北部是阿爾泰山,南部是昆侖山,中間是天山,廣袤的塔克拉瑪幹沙漠橫亙其中,在沙漠的周圍,由於降雨和高山融雪,形成了許許多多的河流和沖積扇地形,河流順勢而下,又形成了許多綠洲,相互連接,這些綠洲受地形影響形成了一個個相對獨立的地區。這些高山、盆地和沙漠構成的地形特點,直接影響了西域的土壤、植被、農牧業生産和當地居民的生活方式。余太山亦言:"這些特殊的地理環境,決定了定居農耕的生活方式。"⑤這種以一個大的綠洲爲中心,周圍較小的綠洲形成屏障,居民以農耕爲主的國家稱之爲城郭之國,這些具有相同生産方式的城郭國之間,可能存在著相同的生活方式、風俗習慣,具有共同的文化屬性。

"織網與鑿井"作爲本書的標題亦具有啓發意義,如作者所言,織網就是織一張知識的網,擴大認知,鑿井就是鑿一口思維之井,加深認知,兩者意味著從橫向和縱向、寬度與深度兩個角度、兩個維度探索、研究歷史。亦如作者所言,舊資料中有新問題,新材料的不斷涌現亦可以幫助我們探索舊問題,研

① 王子今《匈奴經營西域研究》,北京:中國社會科學出版社,2016年,第100頁。
② 王子今《匈奴經營西域研究》,第104頁。
③ 余太山《西域文化史》,北京:中國友誼出版公司,1995年,第45頁。
④ 王子今《匈奴經營西域研究》,第42頁。
⑤ 余太山《西域文化史》,第72頁。

究中要不斷地開發新材料，尋找新問題，更要重視舊材料，重視原典的新解讀。作者强調，舊材料是大家都在讀、都在用的材料，但是誰讀得更細心，誰就會發現新問題。每個人的知識背景是不一樣的，不同的人會産生不同的感覺，故歷久彌新、日新月異、仁者見仁、智者見智是必然會出現的結果。但面對舊材料最大的問題是想當然，自以爲是，自以爲别人是，這些都不可取，不管前輩學者做了多少工作，基礎材料還得自己梳理，不然就没法與前輩對話，没法與古人對話。而開發新材料，尋找新問題，最應該注意的是適當的選取，適當的使用，不能極端化與片面化，因爲這些材料或許本身就是邊角料，或許不如經典文獻，或許本身就是史料價值不足的小説、雜記，故在對他們進行探索的時候也不能誇大他們的價值。

當然，《織網與鑿井：中西交通史研究論稿》亦是有許多問題需要改進，如引用材料不厭其煩，故行文不夠流暢，部分章節的研究回顧雖洋洋幾千言，但具體到某一個問題，仍然不夠深入透徹，或有蜻蜓點水之憾。再如，關於月氏問題的研究，或許還需要聯繫最新考古進展；何妥及中古家族的考察，也需要緊密關注出土文獻的補正作用，而目前的狀況是，文獻資料不足的情況下，猜測的成分就比較大。總的來説，劉全波《織網與鑿井：中西交通史研究論稿》一書在西域問題、月氏問題、粟特問題、中古世家大族、西北行記等研究上皆取得了一定的進展，探索並解决了一些長久以來未曾解决的問題，用功甚勤，時有新見，堪稱一部近年來的中西交通史研究方面的力作。

基金項目：蘭州大學服務甘肅省經濟社會發展專項研究項目"一帶一路甘肅段文化和旅遊融合發展研究"（2019—FWZX—15）

《回鶻文契約文字結構與年代研究
——于闐采花》校對有感

王　琳　完惠娟　李勝楠　金　婉（陝西師範大學）

《回鶻文契約文字結構與年代研究——于闐采花》（以下簡稱《于闐采花》）是中華書局 2020 年 9 月出版的一本新書，作者是陝西師範大學歷史文化學院的劉戈教授。這本書是劉老師承擔的國家社科基金項目——《回鶻文契約中的文字結構及其與文書的年代研究》的結項成果（批准號：15BZS099）。本書標題在正式出版時有增刪。我們幾位研究生因爲參加了此書出版前書内各種表格及其數據的校對工作，所以對書的内容、結構以及研究做派有所瞭解，我們把一些感受整理出來，與各位研究工作初入門者共勉。

一、本書結構

這本書由三部分構成，第一部分是中華書局的著名學者柴劍虹先生寫的代序與該書作者寫的前言。第二部分爲正文，由兩篇組成：上篇是《再驗證篇》，副標題爲《鈔文書中的回鶻文晚期文字現象研究》；下篇是《普查試點篇》，副標題爲《條件式附加成分的年代因素研究》。第三部分是《主要使用的文獻》與《後記》。全書 15 萬字，字數不多，但内容豐富，證據充分，頗具説服力。

二、本書主要内容

何爲《再驗證篇》？看書之前言方知這項"驗證"研究之必要性。在此書之前，劉老師還承擔過一個國家社科基金項目，出版後的書名是《回鶻文契約斷代研究》，副標題是《昆山識玉》（以下簡稱《昆山識玉》，中華書局，2015 年）。據前言介紹，回鶻文契約是研究維吾爾族的祖先——回鶻及其相關歷史的第一手資料。但是，回鶻人在信仰伊斯蘭教之前採用動物生肖紀年，這很難與公元紀年對應，所以利用起來比較困難。因此，對文書進行斷代是開展相關研究的重要工作之一。

由於歷史上的各種原因，外國學者在回鶻文契約斷代方面的研究走在前面，他們在文字結構的年代特徵方面列出過一些因素。比如，t/d、s/z 有交替現象（即轉寫中的 td、sz），šγqn（即轉寫中的 šɣqṅ）等文字形態中有加點現象等，他們認爲，這都是 13—14 世紀回鶻文契約中的特別現象。

在《昆山識玉》的《發現篇》裏劉老師揭示了與前人説法不同的事實：在13—14世紀的回鶻文手寫契約裏，t/d、s/z的交替與它們的不交替現象，即td、sz與t/d、s/z是並存現象，šγqn形態中的加點與不加點是並存現象，並且，上述文字的不交替與不加點現象的數量多於它們的交替、加點現象。忽略多見現象，以少見現象爲斷代因素並以此對年代不確切的文書進行斷代，這是片面的認識與不科學的做法。劉老師在前言裏説："古文字的解讀既然是科學研究，那麼，其研究成果就應該經得起驗證。"所以，劉老師在《昆山識玉》的《探索篇》裏找了八件文書，設立了八小節文字對其發現進行了驗證，"當然，這些文書都是相關學術界公認的元代的回鶻文契約文書——每件都含有向蒙古皇帝繳納違約罰金的套語。驗證結果是令人滿意的"。劉老師發現的現象正是這一歷史時期回鶻文手寫契約中的一些規律性年代特徵。

在這本新書，即《于闐采花》裏，劉老師又找了一批13—14世紀的回鶻文契約，對《昆山識玉》一書中的觀點和證據進行了新的驗證，劉老師認爲，"如果前面研究的結果能夠在這批文書裏得到再次證實，那麼，筆者發現的上述規律性現象就可以做爲年代因素運用於文書的斷代工作中了。"此乃《于闐采花》中《再驗證篇》的由來與作用，也是我們在校對工作中反復聽其強調的研究思想："驗證、驗證、再驗證，經得起驗證的觀點才是原創性的科學研究成果，才具有使用價值，這樣的研究活動能夠使人破除迷信，有所建樹。"

何爲《普查試點篇》？在上本書，即《昆山識玉》的結語裏劉老師説："有些學者曾提出回鶻語法中的某些現象具有年代特徵，比如L.V.克拉克提出過：如果回鶻文書中的條件式附加成分是-sa/-se，那麼，這是13世紀以後的語法現象，如果是-sar/-ser，那就是之前時代的。這個語法現象也是他的斷代依據之一。"對此，劉老師持有懷疑態度，在上本書裏沒有展開研究。所以，在這本書裏劉老師以《普查試點篇》爲名展開了深入研究。在這部分内容裏，劉老師也是先找了一批國内外學者比較認可的13—14世紀文書進行了調查，並從中總結了一些規律性現象，即在13—14世紀的文書裏，-sar/-ser/現象的數量比-sa/-se多。

隨後劉老師就這一現象對條件式附加成分現象進行普查。普查對象爲日本學者山田信夫先生著作[1]中的100多件文書，除了殘件，這批文書均以動物生肖紀年。結果，劉老師在82件文書中也發現了類似現象：-sar/-ser/現象的數量比-sa/-se多。劉老師認爲，前人確定斷代因素時之所以只看到少數現象、忽略普遍現象，其原因有很多，最主要的是他們沒有以科學的態度對所研

---

[1] 小田壽典、P.茨美、梅村坦、森安孝夫編《回鶻文契約文書集成》，大阪：大阪大學出版社，1993年。

究對象進行系統的調查。這是前人在相關研究中的不足之處,也是歷史賦予後人創造性勞動的機會。

三、校 對 有 感

以前我們認爲,校對是一件簡單的事情,不就是找找錯別字? 此次校對工作讓我們眼界大開。

我們的校對工作主要面對的是書中各種文字的引文、突厥語的轉寫字和圖表中的數據。劉老師書中的回鶻文轉寫字主要引自山田信夫的《回鶻文契約文書集成》。劉老師強調,做研究所利用的材料一定要好,這部著作在這個研究領域裏學術價值是最高的。我們校對時用的是該書相關部分的影本。我們對轉寫字不明白的地方,劉老師會當即查閱原文圖版以解決疑問。

在校對過程中老師不止一次提到,許多研究對象是在校對各種材料的過程中發現的。劉老師說:初學回鶻文時,拉德洛夫的《回鶻文獻集》、山田信夫的《回鶻文契約文書集成》,以及 1996 年出版的李經緯的相關著作都是劉老師的案頭必備之書。每學寫一個詞,劉老師都要打開他們的同一篇文書的圖版,對照他們的轉寫認字。當發現轉寫不盡相同時便記錄下來,久而久之,發現三個譯本的差異很多,山田信夫的轉寫最接近文書圖版。劉老師曾專門拜訪耿世民先生探討過這個問題,耿先生肯定了劉老師在將諸人轉寫對照原文圖版進行比較研究過程中發現問題的做法。

校對時劉老師要求我們先把校對清樣按行折疊,不管是引文,還是那些整頁的表格;不管是十行還是幾十行,都要用折疊過的清樣比照著原文校對。劉老師反復交代:"轉寫中的黑體字是原文殘缺的部分,是日本學者研究之後補充的文字,是學者的科研成果,不標出來,既不符合文書原貌,也不尊重前人的勞動。原文中的斜體字、省略等各種符號都有其存在的原因,對它們的標識是否合理都是一些將來要研究的問題。所以,校對時一律要與原文等同。""引文是前輩學者的觀點,其中有些說法正是我要推陳出新的地方。我的理解是否正確? 是否像歪嘴和尚念經無中生有? 這要給原文作者與讀者一個交代,也是一個討論平臺。所以,校對的時候,一個字、一個標點符號都不能錯,否則,你的勞作毫無學術價值。"這種在注釋裏附引文外語原文的做法我們都是初次接觸。

爲了保證不出錯誤,每次校對都由三四個人合作完成。這個過程包括校對、出清樣和交叉校對,即一個人不能重複校對同一個檔。統計工作也是如此,全書表格裏的 2060 個現象及其數據我們核對過三次。其實,在我們校對之前還有過校對,因爲當核查出現問題的時候,老師會找出前期的各種表格,借此查找問題所在,而且我們看到,每一種表格的右上方都署有製表日期、校對順次、製表人姓名及聯繫方式。劉老師反復强調:"調查研究工作做徹底了,表格裏的數據準確無誤了,你的觀點也就産生了,文章中的章節水到渠成。"劉老師在這本書裏指出了一些外國權威學者研究中的錯誤,歸根到底是他們對回鶻文契約中的問題沒有徹查、沒有統計,對一些文字結構上的問題以走馬觀花、盲人摸象的態度輕率下了結論。現在劉老師發表了一些與國內外相關學者不同的觀點,要讓人信服,使它具有一定的學術價值、應用價值,就必須拿出系統的調查研究資料來論證,要努力做到"鐵證如山"。

對於回鶻文文獻研究領域裏中外學者的研究狀況,劉老師的比喻很有趣:"國外相關研究的成果雖多,但問題也很多,有時候感覺就像是康拜因割過的麥地,麥穗子撒得一地,跟在後面拾都拾不及……因爲不懂回鶻文契約的中國文化背景,很多問題外國人不好解決,因此中國學者在這個領域大有可爲。"

校對工作使我們看到了正確的認識是怎麼産生的,原創性的研究是怎麼進行的,精緻的作品是怎麼打磨出來的。這次校對工作給予了我們寶貴的科研經歷,此前校對中耗費的心血,在書籍出版後都變得彌足珍貴,因爲它正是我們成長過程中所需要的養分。

2020 年敦煌學研究論著目録

陶志瑩　張瀛之（上海師範大學）

　　2020 年度,中國大陸地區共出版敦煌學專著 40 多部,公開發表相關論文 400 餘篇。現將研究論著目録編制如下,其編排次序爲: 一、專著部分; 二、論文部分。論文部分又細分爲概説、歷史地理、社會文化、宗教、語言文字、文學、藝術、考古與文物保護、少數民族歷史語言、古籍、科技、書評與學術動態等十二個專題。

一、專　　著

郝春文、宋雪春、武紹衛《當代中國敦煌學研究(1949—2019)》,北京: 中國社會科學出版社,2020 年 11 月。

[英]F.W.托馬斯著,劉忠、楊銘譯注《敦煌西域古藏文社會歷史文獻》(增訂本),北京: 商務印書館,2020 年 2 月。

西北民族大學、上海古籍出版社、英國國家圖書館編撰《英國國家圖書館藏敦煌西域藏文文獻》(第十二冊),上海: 上海古籍出版社,2020 年 3 月。

西北民族大學、上海古籍出版社、英國國家圖書館編撰《英國國家圖書館藏敦煌西域藏文文獻》(第十三冊),上海: 上海古籍出版社,2020 年 10 月。

西北民族大學、上海古籍出版社、英國國家圖書館編撰《英國國家圖書館藏敦煌西域藏文文獻》(第十四冊),上海: 上海古籍出版社,2020 年 12 月。

郝春文、游自勇等編著《英藏敦煌社會歷史文獻釋録》(第十六卷),北京: 社會科學文獻出版社,2020 年 7 月。

西北民族大學、上海古籍出版社、法國國家圖書館編纂《法國國家圖書館藏敦煌藏文文獻》(第二十七冊——第三十五冊),上海: 上海古籍出版社,2020 年 9 月。

李宗俊《敦煌吐魯番文書與唐代西北史研究》,北京: 中國社會科學出版社,2020 年 5 月。

韓鋒《敦煌儒韻——以敦煌儒家文獻爲中心》,蘭州: 甘肅文化出版社,2020 年 12 月。

邵文實《敦煌文獻中的女性角色研究》,南京: 東南大學出版社,2020 年 8 月。

買小英《敦煌家庭儒釋倫理關係研究》,蘭州: 甘肅文化出版社,2020 年 8 月。

姚美玲、王泉《敦煌邈真讚與對應文獻詞彙研究》,上海: 上海古籍出版社,

2020 年 9 月。

魏郭輝《敦煌寫本佛經題記研究——以唐宋寫經爲中心》,蘭州:甘肅文化出版社,2020 年 12 月。

王惠民《敦煌歷史與佛教文化》,蘭州:甘肅文化出版社,2020 年 5 月。

趙静蓮《敦煌非經文獻疑難字詞考釋》,北京:中國社會科學出版社,2020 年 6 月。

何鴻《如何讀懂敦煌》,杭州:浙江大學出版社,2020 年 12 月。

何山《西域文化與敦煌藝術》(修訂版),桂林:廣西師範大學出版社,2020 年 4 月。

寧强《敦煌石窟藝術:社會史與風格學的研究》,北京:文物出版社,2020 年 6 月。

趙聲良《敦煌藝術書系:敦煌談藝録》,北京:文物出版社,2020 年 7 月。

胡同慶《敦煌藝術書系:敦煌藝術中的人與自然》,北京:文物出版社,2020 年 7 月。

張寶洲《敦煌莫高窟編號的考古文獻研究》,蘭州:甘肅文化出版社,2020 年 10 月。

王冀青《斯坦因敦煌考古檔案研究》,蘭州:敦煌文藝出版社,2020 年 1 月。

楊富學《北國石刻與華夷史跡》,北京:光明日報出版社,2020 年 1 月。

高天霞《敦煌寫本〈籯金〉系類書整理與研究》,北京:中國社會科學出版社,2020 年 4 月。

李應存、史正剛《敦煌醫學研究大成:總論卷》,北京:中國中醫藥出版社,2020 年 5 月。

朱向東、袁仁智《敦煌醫學研究大成:養生與雜論卷》,北京:中國中醫藥出版社,2020 年 5 月。

袁仁智、王燕《敦煌醫學研究大成:人物與專著卷》,北京:中國中醫藥出版社,2020 年 5 月。

李金田主編《敦煌醫學研究大成:本草卷》,北京:中國中醫藥出版社,2020 年 9 月。

李金田、嚴興科、魏玉婷《敦煌醫學研究大成:針灸卷》,北京:中國中醫藥出版社,2020 年 10 月。

王杏林《敦煌針灸文獻研究》,天津:天津古籍出版社,2020 年 1 月。

榮新江《三升齋隨筆》,南京:鳳凰出版社,2020 年 6 月。

劉屹《龍沙論道集》,南京:鳳凰出版社,2020 年 6 月。

郝春文主編《2020 敦煌學國際聯絡委員會通訊》,上海:上海古籍出版社,

2020 年 10 月。

榮新江《從學與追念：榮新江師友雜記》，北京：中華書局，2020 年 9 月。

葉文玲《此生只爲守敦煌：常書鴻傳》，杭州：浙江人民出版社，2020 年 6 月。

郝春文主編《敦煌吐魯番研究（第 19 卷）》，上海：上海古籍出版社，2020 年
　7 月。

二、論　　文

（一）概説

郝春文《用新範式和新視角開闢敦煌學的新領域》，《敦煌研究》2020 年第
　6 期。

榮新江《迎接敦煌學的新時代，讓敦煌學規範健康地發展》，《敦煌研究》2020
　年第 6 期。

張涌泉《更全·更精·更清晰邁入新時代的敦煌語言文學研究》，《敦煌研究》
　2020 年第 6 期。

劉進寶《繼承傳統，努力提升敦煌研究院的地位》，《敦煌研究》2020 年第
　6 期。

郝春文《改革開放後的敦煌遺書整理研究》，《中國社會科學報》2020 年 4 月
　20 日。

劉波《敦煌學學術史邁入綜合性研究階段》，《中國社會科學報》2020 年 4 月
　20 日。

黃正建《彰顯敦煌學研究成就與當代學術史地位》，《中國社會科學報》2020
　年 12 月 28 日。

［日］赤木崇敏撰、馮培紅編譯《二十年來的日本敦煌學》，《中國史研究動態》
　2020 年第 2 期。

張彩梅、柴劍虹《切實改進，注重品質——淺議敦煌學國内研究成果翻譯中存
　在的問題及對策》，《敦煌研究》2020 年第 2 期。

馬俊峰、馬喬恩《建設"一帶一路"，弘揚敦煌文化的五重意蘊》，《天水師範學
　院學報》2020 年第 1 期。

李并成《絲綢之路：東西方文明交流融匯的創新之路——以敦煌文化的創新
　發展爲中心》，《石河子大學學報》2020 年第 4 期。

吴鈞、胡和勤《敦煌文獻英譯策略與方法——以敦煌醫學術語英譯爲例》，《燕
　山大學學報》2020 年第 5 期。

王志遠《"一帶一路"語境下敦煌壁畫藝術的創新傳承與文化傳播研究》，《藝
　術評鑒》2020 年第 1 期。

李驊、王屹《弘揚敦煌文化精神　深化敦煌哲學研究》,《絲綢之路》2020 年第 2 期。

馮培紅《"眼光向下"看敦煌民衆情感世界》,《中國社會科學報》2020 年 7 月 13 日。

朱羿《著力打造敦煌學研究高地》,《中國社會科學報》2020 年 8 月 28 日。

朱羿《敦煌學研究走過 120 年》,《中國社會科學報》2020 年 12 月 7 日。

柴劍虹《敦煌寫本的"約定俗成"——關於中古時期寫本文化的一點思考》,《敦煌吐魯番研究(第 19 卷)》,上海:上海古籍出版社,2020 年 7 月。

宋翔《鑄以代刻? ——論敦煌寫卷刊印中木刻的使用》,《敦煌吐魯番研究(第 19 卷)》,上海:上海古籍出版社,2020 年 7 月。

成兆文《敦煌人的特質及其人文啓示》,《天水師範學院學報》2020 年第 1 期。

劉顯《〈敦煌遺書總目索引新編〉商補》,《遼東學院學報》2020 年第 2 期。

俞天秀、吳健、趙良、丁曉宏、葉青《"數字敦煌"資源庫架構設計與實現》,《敦煌研究》2020 年第 2 期。

盛潔臨、李曉霞《"數字敦煌"與我國文化遺産檔案數字化開發研究》,《哈爾濱師範大學社會科學學報》2020 年第 5 期。

于天歌《文化遺産的數字化保護利用研究——以敦煌莫高窟爲例》,《文化産業》2020 年第 27 期。

楊晗燁《淺析敦煌文化價值及其在新媒體時代下的傳播與發展》,《新聞研究導刊》2020 年第 15 期。

牟雅娜《從檔案視角淺談敦煌遺書的檔案價值及其挖掘利用途徑》,《檔案》2020 年第 12 期。

師俊傑《二十六年來敦煌學研究的圖書情報學分析——以中文核心期刊庫與 CSSCI 庫爲數據源》,《敦煌研究》2020 年第 4 期。

朱羿《"數字敦煌"邁出新步伐》,《中國社會科學報》2020 年 6 月 17 日。

(二)歷史地理

楊立凡《敦煌歸義軍接待天使儀禮初探》,《敦煌研究》2020 年第 4 期。

何美峰、陸離《敦煌歸義軍進奏院考》,《敦煌學輯刊》2020 年第 4 期。

屈直敏《敦煌伎術院考略》,《敦煌學輯刊》2020 年第 2 期。

鄭炳林、黃瑞娜《唐敦煌米欽道墓誌與嶲州都督張審素冤案》,《蘭州大學學報》2020 年第 1 期。

王使臻《敦煌文獻 P.3730V 書信與出土〈唐張淮澄墓誌〉的聯繫》,《西華師範大學學報》2020 年第 1 期。

陸離《關於敦煌本吐蕃〈大事紀年〉中所記唐蕃關係的幾個問題》,《歷史文獻研究》2020 年第 1 期。

于博《歸義軍時期政治身份的圖像表達：敦煌壁畫出行圖再議》，《美術學報》2020 年第 4 期。

胡可先、虞越溪《由〈悟真受牒及兩街大德贈答詩合鈔〉論歸義軍建立初期與唐中央的宗教交往》，《敦煌學輯刊》2020 年第 3 期。

鍾書林《敦煌遺書 P.4640 碑銘作品與敦煌都僧統悟真成長路》，《銅仁學院學報》2020 年第 1 期。

黃京《敦煌文獻〈贊六宅王坐化詩〉寫作時間與相關史事初探》，《歷史文獻研究》2020 年第 1 期。

羅世平《誰主沉浮：敦煌莫高窟〈維摩變〉的圖式與語境》，《長江學術》2020 年第 1 期。

鄧濤《清朝興復敦煌的現實及歷史原因——兼論敦煌在清朝新疆經略中的作用》，《敦煌研究》2020 年第 5 期。

黃瑞娜、馬振穎《唐敦煌縣令宋素墓誌再考——敦煌相關金石整理研究之二》，《敦煌學輯刊》2020 年第 2 期。

鞏垚《關於西漢金山國建國時間問題的研究》，《新西部》2020 年第 5 期。

高佳莉《敦煌漢簡中的卑爰疐及相關問題研究》，《蘭州文理學院學報》2020 年第 3 期。

宋澤玲《敦煌歸義軍政權押衙研究》，西北師範大學 2020 年碩士學位論文。

陳菊霞《敦煌莫高窟第 217 窟營建家族新探》，《故宮博物院院刊》2020 年第 8 期。

程嘉靜《唐末五代宋初慕容家族對玉門地區的管控——以敦煌文獻和壁畫爲中心》，《敦煌學輯刊》2020 年第 2 期。

努力牙‧克熱木、楊富學、葛啓航《高昌回鶻取伊州及與沙州歸義軍政權之關係》，《敦煌研究》2020 年第 2 期。

趙世金、馬振穎《新刊〈康太和墓誌〉考釋——兼論敦煌文書 P.3885 中的唐蕃之戰》，《西夏研究》2020 年第 1 期。

魏迎春、鄭炳林《唐河西節度使西遷和吐蕃對敦煌西域的佔領》，《敦煌學輯刊》2020 年第 1 期。

馬智全《漢代敦煌郡庫與西域戍卒兵物管理》，《敦煌研究》2020 年第 1 期。

劉嘯虎《唐代前期軍中肉食供給初探——以敦煌吐魯番軍事文書爲中心》，《敦煌研究》2020 年第 3 期。

龔劍《敦煌塑像、壁畫中的唐朝武備》，《東方收藏》2020 年第 3 期。

李并成《敦煌文獻中所見唐五代時期的水利官吏》，《歷史地理研究》2020 年第 1 期。

李并成《釋"平水"》,《西北師大學報》2020 年第 3 期。

周明帥《敦煌、吐魯番文書所見"舍"之記載差異及其用途探微》,《中國史研究》2020 年第 1 期。

袁亞潔《〈懸泉漢簡(壹)〉中出入符初探》,《敦煌研究》2020 年第 5 期。

鄔文玲《敦煌漢簡中的一件買賣契約》,《文物》2020 年第 12 期。

陳繼宏《吐蕃統治時期敦煌畜牧業管窺》,《敦煌學輯刊》2020 年第 4 期。

陳光文《清代敦煌農業問題研究》,《敦煌學輯刊》2020 年第 1 期。

馬智全《漢代敦煌苜蓿種植與絲綢之路物種傳播》,《甘肅廣播電視大學學報》2020 年第 4 期。

賈小軍《漢代酒泉郡驛置道里新考》,《敦煌研究》2020 年第 1 期。

王建新、王茜《"敦煌、祁連間"究竟在何處?》,《西域研究》2020 年第 4 期。

杜海《魏晉南北朝時期晉昌郡建置沿革》,《敦煌學輯刊》2020 年第 4 期。

陳光文《蒙元時期敦煌的地理特點與驛站交通》,《敦煌學輯刊》2020 年第 4 期。

鄭炳林、黃瑞娜《敦煌寫本〈都僧統康賢照和尚邈真讚并序〉與石城鎮粟特部落徙居敦煌考論》,《敦煌學輯刊》2020 年第 3 期。

劉振剛《雜花生樹,群鶯亂飛:唐代敦煌郡的水環境》,《中國地方志》2020 年第 3 期。

郭勝利《敦煌抗糧事件與清末西北邊政之探討》,《中國邊疆學》2020 年第 2 期。

張德芳《漢簡中的敦煌郡》,《甘肅日報》2020 年 7 月 1 日。

趙洋《道路梗澀與奏報難通——S.2589〈中和四年肅州康漢君等狀〉所見的信息傳遞》,《敦煌吐魯番研究(第 19 卷)》,上海:上海古籍出版社,2020 年 7 月。

(三) 社會與文化

黃正建《蒙書與童蒙書——敦煌寫本蒙書研究芻議》,《敦煌研究》2020 年第 1 期。

王三慶《敦煌辭典類書研究:從〈語對〉到〈文場秀句〉》,《廈門大學學報》2020 年第 4 期。

金瀅坤《論蒙書的起源及其與家訓、類書的關係——以敦煌蒙書爲中心》,《人文雜誌》2020 年第 12 期。

鄭阿財《〈開蒙要訓〉的語文教育與知識積累》,《浙江師範大學學報》2020 年第 1 期。

任占鵬《姓氏教材〈敦煌百家姓〉與晚唐五代的敦煌社會》,《敦煌吐魯番研究（第 19 卷）》,上海：上海古籍出版社,2020 年 7 月。

蒙天霞《從敦煌習字蒙書看唐代敦煌童蒙書法教育》,《大學書法》2020 年第 6 期。

陳偉華、王静《唐代書法教育研究——以敦煌私學爲例》,《思維與智慧》2020 年第 18 期。

楊爲剛《禮制與情欲：唐代婚禮的儀式書寫與文學表達》,《中華文史論叢》2020 年第 3 期。

巨虹《敦煌放妻書反映唐宋社會生活》,《中國社會科學報》2020 年 2 月 18 日。

楊梅《從敦煌放妻書淺窺》,《今古文創》2020 年第 15 期。

陳冬雪、巴圖《從敦煌"放妻書"淺議唐代和離制度》,《青年文學家》2020 年第 12 期。

李思家《敦煌祭亡文文本結構研究》,《隴東學院學報》2020 年第 3 期。

冉怡《敦煌寫本 P.2633 綜合研究》,《六盤水師範學院學報》2020 年第 5 期。

李并成《敦煌資料所見漢唐野生動物保護》,《中國社會科學報》2020 年 3 月 16 日。

李并成《敦煌資料中所見講究衛生愛護環境的習俗》,《中國歷史地理論叢》2020 年第 2 期。

朱國立《唐宋敦煌節日研究的價值與意義》,《敦煌學輯刊》2020 年第 4 期。

劉玉梅《敦煌寫本 P.2641 研究綜述》,《寧夏師範學院學報》2020 年第 12 期。

楊森《敦煌壁畫僧人所坐榻形高座和椅形高座》,《敦煌研究》2020 年第 2 期。

邵曉峰、李匯龍《敦煌壁畫與中國本土傢俱圖式的拓展》,《南京藝術學院學報》2020 年第 2 期。

游自勇《敦煌寫本〈百怪圖〉續綴》,《敦煌吐魯番研究（第 19 卷）》,上海：上海古籍出版社,2020 年 7 月。

李匯龍、邵曉峰《天津藝術博物館藏敦煌文獻〈妙法蓮華經〉中的傢俱》,《美術學報》2020 年第 1 期。

邵曉峰、李匯龍《敦煌壁畫與高型坐具圖式的融入——以胡床、凳、墩爲例》,《美術大觀》2020 年第 4 期。

鄭明軍《唐五代宋初敦煌日常用油研究》,西北師範大學 2020 年碩士學位論文。

楊立凡、王晶波《敦煌邈真讚的文化源流及社會倫理價值》,《敦煌學輯刊》2020 年第 4 期。

高國藩《敦煌古跡旅遊景點與〈周易〉》,《西夏研究》2020 年第 1 期。

（四）宗教

朱義德《道宣律學在長安、敦煌和吐魯番三地的傳播——從 P.2041 題記談起》,《敦煌研究》2020 年第 1 期。

楊寶玉《後唐時期途經敦煌的赴印求法僧及相關史事》,《敦煌研究》2020 年第 5 期。

余欣《聖域製造與守護：敦煌安傘旋城儀式中幢傘的功能》,《歷史研究》2020 年第 5 期。

劉林魁《唐五代佛教論議考述》,《唐史論叢》2020 年第 1 期。

崔星《晚唐五代敦煌地區佛教供養與藝術表現》,《圖書與情報》2020 年第 2 期。

湛如《唐代長安西明寺與仁王會——以敦煌寫本 P.3808 長興四年中興殿應聖節講經文爲綫索》,《世界宗教研究》2020 年第 4 期。

楊寶玉《晚唐敦煌著名文士張球崇佛活動考索》,《河北師範大學學報》2020 年第 3 期。

李海霞《唐中後期五代宋初敦煌佛教世俗化問題探究》,蘭州大學 2020 年碩士學位論文。

汪若青《敦煌唐代咸亨至儀鳳年間的宮廷寫經》,上海師範大學 2020 年碩士學位論文。

許瀟《英藏敦煌文獻 S.2313 研究——兼論唐代毗曇學的發展及其特點》,《宗教研究》2020 年第 1 期。

董大學《般若與禪：敦煌寫本〈金剛經〉注疏研究——以北敦 15403 號背與〈晉魏隋唐殘墨〉第 36 號爲中心》,《敦煌研究》2020 年第 5 期。

王娟《敦煌本〈十王經〉文本系統再考察——以經中長行爲中心》,《世界宗教研究》2020 年第 1 期。

范瑜容《敦煌本〈善道禪師勸善文〉探賾》,《中國佛學》2020 年第 2 期。

吳建偉《上海圖書館藏 183（827457）A 號敦煌文獻定名小考》,《中國典籍與文化》2020 年第 1 期。

張遠《敦煌遺書〈法句經〉略考》,《世界宗教文化》2020 年第 5 期。

袁貝貝、李萬譽《日本杏雨書屋藏敦煌寫本〈修禪要訣〉考論》,《敦煌研究》2020 年第 3 期。

張焕玲、趙望秦《敦煌遺書斯二九二六〈佛説校量數珠功德經題記〉的史料學價值考述》,《唐史論叢》2020 年第 1 期。

［日］平井俊榮、李銘佳《智顗〈金剛般若經疏〉疑偽研究——以與吉藏〈金剛般若疏〉的比較研究爲中心》,《佛學研究》2020 年第 1 期。

張開媛《從敦煌寫經看唐代〈金剛經〉的版本與流傳》,《邯鄲學院學報》2020年第 2 期。

王子鑫、張涌泉《敦煌寫本〈佛說諸經雜緣喻因由記〉校注》,《敦煌吐魯番研究(第 19 卷)》,上海:上海古籍出版社,2020 年 7 月。

何劍平《〈妙法蓮華經講經文(四)〉校注》,《中國俗文化研究》2020 年第 1 期。

昌如《敦煌文獻 S.3441"明眾生入法界"探析》,《佛學研究》2020 年第 1 期。

方曉迪《敦煌〈觀無量壽經〉及其注疏寫本考》,浙江師範大學 2020 年碩士學位論文。

馬德、都惜青《敦煌本"八味藥"芻識》,《敦煌研究》2020 年第 3 期。

簡佩琦《敦煌維摩詰經變之研究進程與方法》,《絲綢之路研究集刊》(第 5 輯),北京:商務印書館,2020 年 11 月。

張涌泉、方曉迪《敦煌本〈觀無量壽經〉及其注疏殘卷綴合研究》,《中國典籍與文化》2020 年第 2 期。

張涌泉、沈秋之《敦煌本〈七階禮〉殘卷綴合研究》,《敦煌學輯刊》2020 年第 3 期。

馮國棟、秦龍泉《敦煌本〈妙法蓮華經〉缺題殘卷綴合釋例》,《敦煌學輯刊》2020 年第 3 期。

劉顯《敦煌本〈大智度論〉殘卷綴合八則》,《社科縱橫》2020 年第 3 期。

劉顯《敦煌寫本〈大智度論〉殘卷綴合五則》,《歷史文獻研究》2020 年第 1 期。

王曉燕《Q.M.62558+S.3878〈維摩經義記〉考辨》,《敦煌吐魯番研究(第 19 卷)》,上海:上海古籍出版社,2020 年 7 月。

明成滿《唐五代時期敦煌寺院經濟管理的民主色彩》,《敦煌研究》2020 年第 4 期。

王祥偉《敦煌寺院經濟文書考證十一則》,《敦煌研究》2020 年第 2 期。

徐秀玲《吐蕃時期敦煌寺院的賦役探析》,《安徽廣播電視大學學報》2020 年第 3 期。

徐秀玲《唐宋之際敦煌寺院的三園淺析》,《蘭臺世界》2020 年第 1 期。

徐秀玲《唐宋之際敦煌寺院園子的薪酬研究》,《現代交際》2020 年第 16 期。

徐秀玲《晚唐五代宋初敦煌寺院的小食》,《現代交際》2020 年第 12 期。

徐秀玲《唐宋之際敦煌寺院中的矜放》,《泰山學院學報》2020 年第 2 期。

武紹衛《中古時期敦煌漢傳佛教僧團的宗教意識》,《敦煌吐魯番研究(第 19 卷)》,上海:上海古籍出版社,2020 年 7 月。

李海霞《莫高窟第 196 窟窟主何法師考略》,《河西學院學報》2020 年第 1 期。

裴長春、沈壽程《古代僧人的知識結構——以敦煌僧人習字文書 P.2129V〈僧善惠習字文書〉爲例》,《殷都學刊》2020 年第 3 期。

魏睿驁《10 世紀前期歸義軍諸都僧統交替年代三題》,《敦煌學輯刊》2020 年第 3 期。

劉永明、程思尹《敦煌道經〈洞淵神咒經〉再考》,《敦煌學輯刊》2020 年第 2 期。

曹淩《敦煌本〈元陽經〉研究——佛道經典比勘研究之一例》,《文史》2020 年第 2 期。

劉屹《敦煌本"靈寶經目録"新見問題釋疑——以"第五篇目"與"未出一卷"爲中心》,《宗教學研究》2020 年第 4 期。

伏俊璉、龔心怡《敦煌本〈老子變化經〉研究綜述》,《寧夏師範學院學報》2020 年第 6 期。

郜同麟《英藏敦煌道教文獻拾補》,《敦煌吐魯番研究(第 19 卷)》,上海:上海古籍出版社,2020 年 7 月。

劉志《唐玄宗與〈一切道經〉——以敦煌道教寫經爲例》,《世界宗教文化》2020 年第 4 期。

李國《榆林窟道教遊人題記芻議》,《敦煌研究》2020 年第 3 期。

路旻《敦煌歸義軍時期道教廚供研究》,《宗教學研究》2020 年第 2 期。

李博雅、李國《瓜州榆林窟道教遺存讖論》,《敦煌學輯刊》2020 年第 2 期。

丁夢《從敦煌寫卷 P.2354 看道教投龍儀式的内涵》,《今古文創》2020 年第 14 期。

張小貴、劉振《敦煌祆廟淵源考》,《敦煌研究》2020 年第 3 期。

高彦《古代河西走廊鹽神再考》,《河西學院學報》2020 年第 6 期。

焦樹峰《從〈佛説咒魅經〉看古代敦煌地區巫蠱盛行的原因》,《檔案》2020 年第 6 期。

(五) 語言文字

韓丹、許建平《敦煌寫本 P.2833〈文選音〉重字反切考》,《敦煌研究》2020 年第 2 期。

黎新第《唐五代西北方音全濁清化程度再探討——四種敦煌寫本别字異文所見》,《語言科學》2020 年第 4 期。

鄧强《晚唐五代西北方音的輕脣音聲母再論——基於〈敦煌變文校注〉〈英藏敦煌社會歷史文獻釋録〉的量化考察》,《語文研究》2020 年第 1 期。

鄧强《〈英藏敦煌社會歷史文獻釋録〉在唐五代西北方音研究中的重要價值——以别字異文爲例》,《西華師範大學學報》2020 年第 3 期。

鄧文寬《敦煌本〈字寶〉中的活俚語(平聲)》,《敦煌學輯刊》2020 年第 3 期。

鄧文寬《敦煌小説中的活俚語》,《敦煌吐魯番研究(第 19 卷)》,上海：上海古籍出版社,2020 年 7 月。

周萍萍《中日學者對敦煌唐寫本〈切韻〉的整理與研究》,《青海師範大學學報》2020 年第 2 期。

張茜茜、丁治民《再論敦煌韻書殘卷 P 二〇一七之性質》,《勵耘語言學刊》2020 年第 1 期。

張涌泉《敦煌文獻字詞例釋》,《漢語史學報》2020 年第 1 期。

劉丹、張涌泉《説“草捌(八)”》,《中國語文》2020 年第 1 期。

張小艷《敦煌變文疑難字詞校釋》,《中國語文》2020 年第 6 期。

余堅《敦煌社邑文書疑難字詞辨釋》,《漢語史學報》2020 年第 1 期。

胡伊麗、王一帆《敦煌寫本〈略出籯金〉俗字個案補錄研究》,《漢字文化》2020 年第 21 期。

姬慧《語義演變視角下敦煌文獻詞語“枝羅”再析》,《敦煌學輯刊》2020 年第 2 期。

姬慧《敦煌碑銘讚詞語詁訓》,《甘肅廣播電視大學學報》2020 年第 2 期。

劉火《敦煌“變文”數量詞的文化效應——從純語言學角度看外來文化對本土文化的積極影響》,《文史雜誌》2020 年第 5 期。

金雙平《敦煌寫本〈四分律〉與字書編纂》,《現代語文》2020 年第 9 期。

劉曉興《〈敦煌歌辭總編〉補疑八則》,《中國詩歌研究》2020 年第 1 期。

劉曉興《〈敦煌歌辭總編〉校議》,《勵耘語言學刊》2020 年第 1 期。

張瑩瑩《敦煌詩歌誤校舉例》,《中國詩歌研究》2020 年第 1 期。

邱震强、羅華英《〈長興四年中興殿應聖節講經文〉“年□□日”校詁》,《湘南學院學報》2020 年第 4 期。

彭慧、蘇子惠《〈大目乾連冥間救母變文〉校注拾遺》,《古籍整理研究學刊》2020 年第 2 期。

鄭阿財《敦煌蒙書的語言形式與熟語運用析論》,《廈門大學學報》2020 年第 4 期。

王洋河《敦煌歌辭疑難詞“一調”“垂前”校釋》,《漢語史研究集刊》2020 年第 2 期。

王洋河、房新《敦煌文獻疑難詞辨疑》,《天水師範學院學報》2020 年第 6 期。

趙學清、段佳寧《略論懸泉置漢簡的語言文字學價值》,《中國書法報》2020 年 6 月 16 日。

游世强《敦煌文獻文字考辨一則》,《漢語史學報》2020 年第 2 期。

彭慧《〈伍子胥變文〉校注拾遺》,《古籍整理研究學刊》2020 年第 5 期。

潘寧《〈廬山遠公話〉中的被動句研究》,《漢字文化》2020 年第 14 期。

武松静《敦煌本〈佛説善惡因果經〉俗字考一則》,《漢字文化》2020 年第
　17 期。

楊梅《〈敦煌俗字典〉俗造字例釋》,《文化産業》2020 年第 20 期。

余媛媛《法藏敦煌詩歌異文研究》,西北師範大學 2020 年碩士學位論文。

車勒格爾《敦煌變文成語研究》,内蒙古大學 2020 年碩士學位論文。

羅麗娜《敦煌歌辭文化詞語研究》,西北師範大學 2020 年碩士學位論文。

馬小瑞《敦煌曲子詞複音詞研究》,西北師範大學 2020 年碩士學位論文。

（六）文學

王樹平、包得義《敦煌變文〈四獸因緣〉考論》,《中華文化論壇》2020 年第
　3 期。

李玉林《敦煌〈降魔變文〉與〈西遊記〉中鬥法的比較》,《絲綢之路》2020 年第
　3 期。

王偉琴《試論敦煌本〈孟姜女變文〉的河隴地域特徵》,《中州學刊》2020 年第
　12 期。

馮和一《敦煌文獻"董仲尋母"與"目連救母"情節内涵比較》,《中北大學學
　報》2020 年第 4 期。

竺洪波《敦煌變文與〈西遊記〉的互文性考察——以〈降魔變文〉和〈唐太宗入
　冥記〉爲中心》,《平頂山學院學報》2020 年第 3 期。

楊勇《〈王昭君變文〉之新變及其影響》,《語文學刊》2020 年第 6 期。

喻忠傑《"説經"文體的發生及其遺傳因子溯源——日本藏〈佛説目連救母
　經〉再探》,《敦煌學輯刊》2020 年第 4 期。

喻忠傑《目連入戲:一類展演寫本的生成與流變》,《學術研究》2020 年第
　11 期。

潘曉爽《敦煌變文與河西寶卷比較研究》,上海師範大學 2020 年碩士學位
　論文。

胡冰《敦煌變文傳承的古韻今風》,《中國社會科學報》2020 年 12 月 30 日。

賈晉華《〈瑶池新詠集〉:8 至 9 世紀中國女詩人研究》,《江海學刊》2020 年第
　1 期。

龍成松《敦煌寫卷安雅〈王昭君〉考論》,《敦煌研究》2020 年第 2 期。

伏俊璉、龔心怡《敦煌佛教詩偈〈心海集〉孤本研究綜述》,《法音》2020 年第
　5 期。

郭殿忱《敦煌唐賢令狐楚事蹟考辨及其詩考異——以〈唐詩品匯〉爲中心》,
　《河西學院學報》2020 年第 4 期。

陶新昊、冷江山《敦煌詩歌寫本唐人組詩的文獻價值》,《西華師範大學學報》2020 年第 1 期。

殷國明《關於敦煌文化與唐代詩歌的藝術姻緣——從飛天到霓裳的交接與嬗變説起》,《新疆大學學報》2020 年第 6 期。

李文艷《李白〈將進酒〉考索——基於敦煌唐寫本與傳世文獻的比較》,《文史雜誌》2020 年第 5 期。

曹翔《敦煌寫卷王梵志詩中的"共用"修辭現象》,《天水師範學院學報》2020 年第 3 期。

馬玲玲《〈雲謠集〉内容分析研究》,《品位經典》2020 年第 9 期。

黃坤堯《〈雲謠集〉韻律探賾》,《詞學》2020 年第 2 期。

王柳芳《敦煌曲子詞與商業文化》,《甘肅廣播電視大學學報》2020 年第 5 期。

孟凡玉《敦煌驅儺詞"趁五句"民歌的地方屬性考索》,《中國音樂學》2020 年第 3 期。

韋正春《敦煌儺詞的寫本情境》,《遼東學院學報》2020 年第 5 期。

馮和一《法藏 P.3883、P.2653 對傳統化生復仇觀念的文學演繹》,《中國俗文化研究》2020 年第 1 期。

邵文彬《論敦煌寫本中的五臺山書寫》,《忻州師範學院學報》2020 年第 3 期。

孫偉鑫《略論敦煌俗賦人物形象塑造》,《湖南人文科技學院學報》2020 年第 3 期。

王惠、納姍《敦煌本〈韓朋賦〉寫卷綴合及敘錄》,《絲綢之路》2020 年第 3 期。

陳衛星《敦煌本〈搜神記〉"王景伯事"考論》,《重慶三峽學院學報》2020 年第 5 期。

米海萍《敦煌文獻〈韓朋賦〉中的民俗文化意象探析》,《青藏高原論壇》2020 年第 3 期。

（七）藝術

葉素《佛教的本土化:儒家思想對敦煌壁畫的影響》,《孔子研究》2020 年第 6 期。

王曦《論秩序感在敦煌壁畫中的體現》,《美術大觀》2020 年第 8 期。

尚菠雪《中國敦煌石窟寺壁畫與英國中世紀教堂壁畫的對比與分析》,《天津城建大學學報》2020 年第 6 期。

黃世晴《北魏敦煌壁畫文化探析》,《邊疆經濟與文化》2020 年第 7 期。

李慧國《張大千臨摹敦煌壁畫時間始末考論》,《内江師範學院學報》2020 年第 3 期。

沙武田《敦煌西夏石窟壁畫呈現多元文化》,《中國社會科學報》2020 年 8 月

17 日。

巫鴻《"石窟研究"美術史方法論提案——以敦煌莫高窟爲例》,《文藝研究》2020 年第 12 期。

劉宏梅、楊富學《敦煌西夏石窟研究的成就及面臨的問題》,《西夏研究》2020 年第 A1 期。

沙武田《讀圖的厚背景和被表像誤導的歷史圖像——重新認識敦煌西夏石窟藝術史之面貌及其内涵》,《絲綢之路研究集刊》(第 5 輯),北京:商務印書館,2020 年 11 月。

張長虹《意匠慘澹經營中——敦煌畫工創作空間的初步研究》,《絲綢之路研究集刊》(第 5 輯),北京:商務印書館,2020 年 11 月。

[日]濱田瑞美、馬歌陽《敦煌石窟壁畫的窟内配置與圖像研究》,《絲綢之路研究集刊》(第 5 輯),北京:商務印書館,2020 年 11 月。

馬麗《從長安到敦煌——盛唐藝術在敦煌莫高窟第 45 窟中的反映》,《絲綢之路研究集刊》(第 5 輯),北京:商務印書館,2020 年 11 月。

陳振旺、郭美娟、王愛婷《隋代中期莫高窟藻井圖案研究》,《敦煌研究》2020 年第 1 期。

汪雪、魏文斌《莫高窟第 322 窟"樂器樹"圖像研究》,《敦煌學輯刊》2020 年第 4 期。

張春佳《莫高窟唐代團花紋樣造型演變研究》,《敦煌研究》2020 年第 5 期。

夏琳瑜《從考古學角度看屍毗王本生圖像》,《中原文物》2020 年第 5 期。

宋若谷、沙武田《敦煌壁畫中女性外道表現手法發覆》,《敦煌研究》2020 年第 1 期。

馬莉《榆林 39 窟"儒童本生"中的菩薩及持"拂"天王身份考——兼論其"合併敘述"的構圖形式及内涵》,《南京藝術學院學報》2020 年第 4 期。

馬莉《莫高窟第 285 窟南壁故事畫扇狀持物圖像辨析——兼論佛教漢化進程中視覺圖像的明晰與含混》,《敦煌研究》2020 年第 5 期。

史忠平《莫高窟壁畫中的手持寶珠蓮花圖像研究》,《南京藝術學院學報》2020 年第 4 期。

樊雪崧《莫高窟第 419 窟薩埵太子本生圖補考》,《敦煌研究》2020 年第 1 期。

樊雪崧《莫高窟第 257 窟提婆達多圖像試論——敦煌"弊狗因緣"獻疑》,《敦煌研究》2020 年第 6 期。

鍾妍《莫高窟壁畫中的象輿圖像研究》,《中國美術研究》2020 年第 1 期。

馬莉《敦煌壁畫中佛教法器圖像研究的現狀及意義》,《中國社會科學報》2020 年 5 月 25 日。

蘭萌《試論敦煌莫高窟壁畫中的三角垂帳紋——兼論藻井的象徵含義》,《今古文創》2020 年第 41 期。

岳鋒《莫高窟壁畫中的蓮花圖像——從圖像學到符號學的視角探微》,《新疆藝術》2020 年第 2 期。

陳楊飛《敦煌藻井圖案的裝飾性探究》,《藝術品鑒》2020 年第 3 期。

李玄巧《敦煌壁畫色彩的特點》,《藝術品鑒》2020 年第 17 期。

劉曉青《敦煌壁畫中的手姿研究》,《藝術品鑒》2020 年第 17 期。

雒紅強《初唐時期敦煌壁畫的用色特點研究》,《藝術品鑒》2020 年第 35 期。

邵曉峰《敦煌壁畫中高座圖式的漢化與發展》,《民族藝術》2020 年第 1 期。

張雪怡《敦煌壁畫中的色彩特點》,《文化月刊》2020 年第 11 期。

王文潔《敦煌莫高窟唐代壁畫中幡的圖像研究》,《絲綢之路》2020 年第 1 期。

朱愛《敦煌壁畫中的載竿雜戲探微》,《絲綢之路》2020 年第 2 期。

趙蓉《敦煌莫高窟第 275 窟東壁殘畫內容試析》,《絲綢之路研究集刊》(第 5 輯),北京:商務印書館,2020 年 11 月。

趙鵬洋、蘇佳蕊《初探敦煌壁畫造型特色及繪畫風格》,《藝術評鑒》2020 年第 5 期。

孫雨桐《敦煌壁畫對張大千繪畫藝術風格的影響》,《藝術評鑒》2020 年第 13 期。

路紫媚、高陽《敦煌石窟中葡萄紋裝飾探析》,《藝術教育》2020 年第 8 期。

王軒亭《淺談西魏敦煌壁畫中自然神形象的裝飾性》,《藝術教育》2020 年第 8 期。

岳京京《敦煌壁畫飛天形象研究》,西北師範大學 2020 年碩士學位論文。

陳振旺、彭艷萍《中西文化交流視野下莫高窟三兔共耳紋來源再議》,《藝術百家》2020 年第 1 期。

袁頔《莫高窟第 76 窟八塔變相關問題再探》,《西夏研究》2020 年第 2 期。

常紅紅《西夏玄奘取經圖像之研究——以東千佛洞第 2 窟圖像爲中心》,《絲綢之路研究集刊》(第 5 輯),北京:商務印書館,2020 年 11 月。

顧淑彥《模仿與引導——敦煌石窟牢度叉鬥聖變和維摩詰經變關係探討》,《蘭州大學學報》2020 年第 6 期。

郭子叡、沙武田《樣式溯源與圖像思想——敦煌石窟彌勒經變老人入墓圖塔墓考》,《文博》2020 年第 3 期。

龍忠、陳麗娟《敦煌遺書 S.011 彌勒經變圖研究》,《中國美術研究》2020 年第 2 期。

宋艷玉、王宏彥《敦煌石窟福田經變的出現與消失——兼論與三階教的關係》,《美術大觀》2020 年第 10 期。

于向東《敦煌石窟經變組合與佛教體相用觀念的關聯——以莫高窟第 76 窟南北壁的觀音題材經變爲中心》,《絲綢之路研究集刊》(第 5 輯),北京:商務印書館,2020 年 11 月。

陳培麗《莫高窟北周第 428 窟降魔圖解析》,《敦煌學輯刊》2020 年第 4 期。

張聰、耿劍《敦煌石窟密教經變功德天與辯才天圖像初步研究》,《南京藝術學院學報》2020 年第 5 期。

方喜濤《莫高窟第 12 窟華嚴經變圖像解讀》,《敦煌研究》2020 年第 3 期。

趙燕林《莫高窟唐代〈維摩詰經變〉中的帝王像及其冕服研究》,《敦煌學輯刊》2020 年第 1 期。

李雯雯《敦煌法華經變中的初説法圖研究》,《美術學報》2020 年第 6 期。

邢耀龍、沙武田《敦煌西夏洞窟觀無量壽經變的新樣式——瓜州榆林窟第 3 窟淨土變的釋讀》,《絲綢之路研究集刊》(第 5 輯),北京:商務印書館,2020 年 11 月。

沙武田《敦煌壁畫中的罽賓人形象考》,《考古與文物》2020 年第 6 期。

沙武田《佛教供養與政治宣傳——敦煌莫高窟第 156 窟供養人畫像研究》,《中原文物》2020 年第 5 期。

張琳艷《敦煌壁畫中的形與像——供養人服飾與市井生活的寫照》,《演藝科技》2020 年第 9 期。

岳鍵、李國《關於莫高窟第 130 窟"謁誠□化功臣"的身份問題——兼及表層壁畫年代再討論》,《西夏學》2020 年第 2 期。

魏健鵬《元榮抄經與莫高窟第 249 窟的營建關係探析》,《敦煌學輯刊》2020 年第 1 期。

王瑞雷《西藏阿里卡孜河谷 10 世紀佛塔供養人題記與壁畫研究——兼論與吐蕃時期衛藏及敦煌早期的關聯》,《文藝研究》2020 年第 2 期。

于安記《從敦煌壁畫看"水墨山水"圖像之變》,《敦煌學輯刊》2020 年第 4 期。

馮安寧《重讀敦煌莫高窟第 209 窟山水與未生怨圖像》,《絲綢之路研究集刊》(第 5 輯),北京:商務印書館,2020 年 11 月。

趙熠錦《敦煌壁畫對當代山水畫設色技法的影響》,《戲劇之家》2020 年第 17 期。

葉慶慶《論早期敦煌壁畫山水元素對唐代山水畫的影響》,《今古文創》2020 年第 33 期。

高源《隋唐時期敦煌壁畫中的青緑山水研究》,曲阜師範大學 2020 年碩士學位論文。

葛承雍《"反彈琵琶"：敦煌壁畫舞姿藝術形象來源考》,《敦煌研究》2020 年第 1 期。

陳燕婷《南音歷史源流考釋漫談——從南音與敦煌史料之關聯談起》,《人民音樂》2020 年第 4 期。

溫和《從敦煌壁畫中的彎琴形象看鳳首箜篌的傳播》,《藝術評論》2020 年第 1 期。

朱曉峰《解讀敦煌樂舞——敦煌樂舞研究方法之討論》,《藝術評論》2020 年第 1 期。

周揚《隋唐琵琶源流考——以石窟寺所見琵琶圖像爲中心》,《敦煌研究》2020 年第 4 期。

童昕《從舞姿、氣質和道具看敦煌舞審美風格》,《藝術評鑒》2020 年第 13 期。

曹陽《新舊〈唐書〉與敦煌壁畫中唐代樂隊編制的對比分析》,《藝術評鑒》2020 年第 15 期。

劉李梅《淺析敦煌舞的審美特徵》,《藝術評鑒》2020 年第 20 期。

王曦《敦煌壁畫中部分樂器類型及象徵意義探析》,《藝術教育》2020 年第 10 期。

韋亦珺、何衛《芻議盛唐時期敦煌壁畫樂舞發展的特點》,《樂府新聲》2020 年第 4 期。

岳瑞玲《敦煌樂舞壁畫所見樂器——拍板的形式與意義》,西安音樂學院 2020 年碩士學位論文。

翟清華《漢唐時期粟特樂舞與西域及中原樂舞交流研究——以龜兹、敦煌石窟壁畫及聚落墓葬文物爲例(下)》,《新疆藝術》2020 年第 1 期。

鄭雨菲《敦煌壁畫中的腰鼓圖像研究》,西安音樂學院 2020 年碩士學位論文。

吳林烜《莫高窟第 61 窟樂舞壁畫研究》,西北師範大學 2020 年碩士學位論文。

沙武田《敦煌西夏藏傳佛教洞窟及其圖像屬性探析——以西夏官方佛教系統爲視角》,《中國藏學》2020 年第 3 期。

沙武田《唐、吐蕃、粟特在敦煌的互動——以莫高窟第 158 窟爲中心》,《敦煌研究》2020 年第 3 期。

沙武田《西夏佛教一面相——西夏時期淨土思想對敦煌石窟功德和功能的新詮釋》,《西夏學》2020 年第 2 期。

沙武田、李志軍《莫高窟第 353 窟西夏重修新樣三世佛的思想内涵》,《敦煌學輯刊》2020 年第 4 期。

沙武田《西夏儀式佛教的圖像——莫高窟第 61 窟熾盛光佛巡行圖的幾點思

考》,《四川文物》2020 年第 3 期。

劉祎《論"秀骨清像"在莫高窟北朝石窟中的影響》,《中國美術研究》2020 年第 1 期。

王曉茹《絲路交融：梨園戲手姿與敦煌手姿淵源考》,《戲劇藝術》2020 年第 1 期。

龐躍雷《莫高窟交腳彌勒造像的考察——以北涼時期爲中心》,《貴州大學學報》2020 年第 3 期。

馬德《從彌勒下生信仰看佛教的社會化——以敦煌石窟唐代彌勒大像相關歷史信息爲中心》,《天水師範學院學報》2020 年第 1 期。

馬德《敦煌莫高窟隋唐迦葉造像小議》,《絲綢之路研究集刊》(第 5 輯),北京：商務印書館,2020 年 11 月。

袁頲《由執扇彌勒與可汗之像看莫高窟第 237 窟重修相關問題》,《河西學院學報》2020 年第 1 期。

周曉萍《敦煌行僧取經伏虎圖像志研究》,《貴州大學學報》2020 年第 3 期。

毛秋瑾《敦煌本〈其書帖〉考》,《中國書法》2020 年第 9 期。

許雅婷《王羲之書法與西北地區書法的内在關係探究——以魏晉時期樓蘭、敦煌地區爲例》,《思維與智慧》2020 年第 14 期。

周侃《唐代寫本書手及其書寫價值——以敦煌唐代寫本書跡爲例》,《智慧中國》2020 年第 1 期。

王菡薇《敦煌南齊建武本〈金剛般若波羅蜜經〉書法特色及辨僞》,《中國書法報》2020 年 3 月 31 日。

楊天才《懸泉置漢簡及其當代意義》,《中國書法報》2020 年 6 月 16 日。

（八）考古與文物保護

鄧虎斌、方喜濤、張小剛、楊韜、謝延明、馬耀祖《瓜州東千佛洞第 5 窟佛臺遺跡考古清理簡報》,《敦煌研究》2020 年第 1 期。

王慧慧《莫高窟第 464 窟被盜史實及被盜壁畫的學術價值——莫高窟第 464 窟研究之一》,《敦煌研究》2020 年第 4 期。

劉永增《敦煌"西夏石窟"的年代問題》,《故宮博物院院刊》2020 年第 3 期。

楊富學《敦煌晚期石窟研究的若干思考》,《天水師範學院學報》2020 年第 1 期。

趙曉星《多重證據驗證敦煌西夏石窟分期》,《中國社會科學報》2020 年 8 月 17 日。

［日］山部能宜、趙莉《對敦煌石窟研究應用多光譜拍攝和電腦處理的可能性》,《絲綢之路研究集刊》(第 5 輯),北京：商務印書館,2020 年 11 月。

戴春陽《敦煌佛爺廟灣唐代模印塑像磚墓（五）——模印龍首犬身怪獸磚與有
　　關問題》，《敦煌研究》2020 年第 4 期。

趙燕林、趙曉星《莫高窟第 365 窟七佛榜題録釋》，《敦煌研究》2020 年第 6 期。

李國《敦煌莫高窟〈西藏降表〉題識考論》，《中國藏學》2020 年第 3 期。

李國、王海彬《敦煌石窟研究的新視角——以莫高窟儒、釋、道遊人題記爲中
　　心的考察》，《絲綢之路研究集刊》（第 5 輯），北京：商務印書館，2020 年
　　11 月。

公維章《瓜州榆林窟第 19 窟甬道西夏"大禮平定四年"題記考辨》，《西夏學》
　　2020 年第 1 期。

楊冰華《瓜州榆林窟〈惠聰窟記〉研究》，《文獻》2020 年第 5 期。

魏丹、梁旭澍《敦煌研究院藏漢代簡牘》，《敦煌研究》2020 年第 4 期。

姚磊《〈居延新簡〉誤綴拾遺》，《敦煌研究》2020 年第 5 期。

鄧天珍、張俊民《敦煌市博物館藏漢晉簡牘解要》，《敦煌學輯刊》2020 年第
　　2 期。

陳永、艾亞鵬、郭紅光《改進曲率驅動模型的敦煌壁畫修復演算法》，《計算機
　　輔助設計與圖形學學報》2020 年第 5 期。

楊韜、張亞旭、楊志強、趙林毅、水碧紋、趙鴻亮、王旭陽《甘肅瓜州東千佛洞壁
　　畫材質分析及保護修復思考》，《文博》2020 年第 6 期。

趙袖榮《敦煌壁畫複製的傳統守望與珂羅版技術創新》，《藝術評鑒》2020 年
　　第 19 期。

趙袖榮《流失海外敦煌壁畫珂羅版技術複製方法的建構》，《文物鑒定與鑒賞》
　　2020 年第 19 期。

鄭麗穎《奧登堡敦煌考察隊路綫細節探析——以主要隊員杜丁書信爲中心》，
　　《敦煌研究》2020 年第 2 期。

王冀青《陝甘總督升允阻止斯坦因敦煌考古始末》，《敦煌學輯刊》2020 年第
　　4 期。

（九）少數民族歷史語言

高蓮芳、貢保扎西《論敦煌西域出土古藏文契約文書的結構格式與語言風
　　格》，《西藏大學學報》2020 年第 2 期。

楊銘、貢保扎西《敦煌所出藏漢兩種雇工收麥契比較研究》，《西藏大學學報》
　　2020 年第 4 期。

貢保南傑《敦煌古藏文文契的類型及價值研究》，中央民族大學 2020 年碩士
　　學位論文。

林梅村《相逢在青藏高原——敦煌古藏文〈松贊干布本紀〉殘卷人物與葬地之

一》,《敦煌研究》2020 年第 6 期。

夏吾拉旦《交流與共生：敦煌藏文寫本 I.O.32〈無著世親傳略〉考釋》,《敦煌研究》2020 年第 6 期。

張延清《北京大學圖書館藏敦煌藏文〈牛角山授記〉譯解》,《中國藏學》2020 年第 3 期。

新巴·達娃扎西《新見四川大學博物館藏敦煌古藏文寫經〈十萬頌大聖般若波羅密多經〉考論》,《西藏研究》2020 年第 1 期。

桑吉東知《臺灣地區敦煌藏文文獻的收藏與研究之考察——兼論〈大乘無量壽宗要經〉寫本的分類》,《中國藏學》2020 年第 3 期。

牛宏、傅拉宇《敦煌藏文禪宗文書〈無所得一法論〉釋譯》,《西藏大學學報》2020 年第 3 期。

花走多傑《敦煌古藏文文獻 P.t.1283〈北方若干國君之王統敘記〉考略》,《長江叢刊》2020 年第 5 期。

楊春《法藏敦煌藏文寫卷 P.t.1042 定名考述》,《敦煌學輯刊》2020 年第 3 期。

謝後芳《P.t.1285 號"苯波爲各小邦王禳災的故事"譯釋》,《中國藏學》2020 年第 S1 期。

勞心《象雄世系和疆域問題綜析——兼從敦煌古藏文寫卷 P.t.126 Ⅱ論象雄初期位於藏東說》,《西部學刊》2020 年第 20 期。

羅藏扎西《敦煌藏文文獻 P.t.1283 研究》,中央民族大學 2020 年碩士學位論文。

王昭惠《敦煌藏文發願文 P.t.2 研究》,蘭州大學 2020 年碩士學位論文。

趙松山《敦煌古藏文寫卷 P.t.1134(1—195 行)研究》,蘭州大學 2020 年碩士學位論文。

崔星、王東《吐蕃大蟲皮制度芻議》,《敦煌學輯刊》2020 年第 1 期。

陸離《再論吐蕃告身制度和大蟲皮制度的兩個問題》,《西藏研究》2020 年第 4 期。

索南才旦《論吐蕃時期大蟲皮授予制度及實施情況》,《青海師範大學學報(藏文)》2020 年第 1 期。

朱麗雙《吐蕃統治時期沙州官員的官秩品階問題——P.t.1089 釋讀》,《中國藏學》2020 年第 4 期。

王文波《唐代敦煌地區著獅(虎)皮形象再探討——兼論吐蕃大蟲皮制度的來源及影響》,《中國美術研究》2020 年第 1 期。

才項南傑、桑傑措《敦煌校經僧貝央與吐蕃大倫巴桑希關係考》,《西藏大學學報》2020 年第 3 期。

瓊林、劉英華《敦煌吐蕃文書中的藏族古代沐浴和藥浴文化》，《西藏人文地理》2020 年第 3 期。

劉英華、范習加《從敦煌出土藏文文獻看漢地數術思想對藏文化的影響》，《中醫藥文化》2020 年第 6 期。

劉英華《敦煌吐蕃醫書所載畢吉傷藥方考——從敦煌藏文醫書所載畢吉療傷方看拜占庭醫藥的東傳》，《醫療社會史研究》2020 年第 1 期。

曼秀·仁青道吉《敦煌文獻 IOL TIB J380 中的"格薩爾王"一詞考辨》，《中國藏學(藏文)》2020 年第 2 期。

娘加《敦煌吐蕃文獻 P.t.996 中的貴德一帶地名考》，《青海師範大學學報(藏文)》2020 年第 1 期。

史金波《俄藏 5147 號文書 10 件西夏文貸糧契譯考》，《中國經濟史研究》2020 年第 3 期。

史金波《俄藏 5949—28 號乾祐子年貸糧雇畜抵押契考釋》，《西夏學》2020 年第 2 期。

田曉霈《西夏典借制度的幾個問題——以 Инв.No.5147②西夏文典畜契爲中心》，《敦煌研究》2020 年第 2 期。

張九玲《俄藏西夏文〈大寶積經〉卷九十八考補》，《寧夏師範學院學報》2020 年第 9 期。

孔祥輝《俄藏 Инв.No.6740 號〈天盛律令〉殘頁譯釋研究》，《西夏學》2020 年第 1 期。

阿依達爾·米爾卡馬力《中國國家圖書館藏一葉回鶻文〈增壹阿含經〉研究》，《敦煌研究》2020 年第 6 期。

阿依達爾·米爾卡馬力、薩仁高娃《國家圖書館藏三件回鶻文〈華嚴經〉殘葉研究》，《河西學院學報》2020 年第 6 期。

阿依達爾·米爾卡馬力《國家圖書館藏三件回鶻文〈阿含經〉殘葉研究》，《西域研究》2020 年第 4 期。

周曉萍《敦煌畫中的回鶻神祇——對 P.4518(24)紙本的再討論》，《蘭州大學學報》2020 年第 6 期。

王勃、呂釗《對敦煌石窟中沙州回鶻時期回鶻服飾的幾點探討》，《今古文創》2020 年第 47 期。

史金波《絲綢之路出土的少數民族文字文獻與東西方文化交流》，《敦煌研究》2020 年第 5 期。

何志文《從 P.t.1077 文書看吐蕃統治時期沙州地區民族關係》，《西北民族大學學報》2020 年第 6 期。

（十）古籍

呂冠南《敦煌〈孝經注〉殘卷的文獻價值》,《西南交通大學學報》2020 年第
4 期。

丁紅旗《再論伯 3573 號〈論語疏〉殘卷的性質》,《經學文獻研究集刊》2020 年
第 1 期。

許建平、王鶴《敦煌〈爾雅注〉寫本相關問題研究》,《敦煌學輯刊》2020 年第
3 期。

王涵《敦煌書鈔寫本 P.3890 文本形態考論》,《敦煌研究》2020 年第 1 期。

劉明《敦煌〈文選〉寫本物質性研究芻議——以敘録範式學術史梳理和物質性
要素積累爲視角》,《國學學刊》2020 年第 3 期。

高天霞《敦煌寫本〈籯金〉系類書的文獻校勘價值例說》,《河西學院學報》
2020 年第 4 期。

高天霞《從敦煌寫本看失傳類書〈籯金〉的編撰目的與編排體例》,《文獻》
2020 年第 1 期。

劉全波、曹丹《論〈兔園策府·議封禪〉産生的歷史背景》,《甘肅廣播電視大
學學報》2020 年第 4 期。

吳園《敦煌寫本〈事林〉〈事森〉整理與研究》,蘭州大學 2020 年碩士學位
論文。

荆宏《敦煌寫卷〈春秋穀梁傳〉異文研究》,大連大學 2020 年碩士學位論文。

（十一）科技

于業禮《敦煌〈新修本草〉殘卷概説》,《南京中醫藥大學學報》2020 年第 1 期。

李廷保、楊鵬斐《敦煌〈輔行訣臟腑用藥法要〉醫方中辨治脾胃病藥對探析》,
《中醫學報》2020 年第 10 期。

吳新鳳、季文達、章天明、陳旭、李應存《敦煌遺書脈象描述特點分析》,《中醫
雜誌》2020 年第 24 期。

周艷、魏玉婷、王覺、嚴興科《敦煌針灸醫學文獻中刺血療法的發展與應用》,
《中國中醫基礎醫學雜誌》2020 年第 11 期。

王明強《基於敦煌醫學視角下的文化交融與醫學融通》,《西部中醫藥》2020
年第 12 期。

趙雅琛、張承坤、沈澍農《敦煌文獻中"幹瘠"病考》,《中華中醫藥雜誌》2020
年第 9 期。

葛政、萬芳《敦煌卷子 P.2666 中的亡佚隋唐醫方考》,《西部中醫藥》2020 年第
12 期。

馬利芳、梁建慶、李金田、李娟、孫雪、藺興遥、安耀榮《敦煌醫方中本草應用與

"三才思想"的關係》,《中國民族民間醫藥》2020 年第 24 期。

于業禮《俄藏〈平脈略例〉寫本殘葉（Дx08644）新考——兼談敦煌醫學文獻中的非卷軸裝寫本》,《醫療社會史研究》2020 年第 1 期。

田永衍、趙志偉《敦煌本張仲景〈五藏論〉源流考》,《醫療社會史研究》2020 年第 1 期。

馬洪連、張俊民《敦煌祁家灣新出魏晉式盤研究》,《敦煌研究》2020 年第 2 期。

（十二）書評與學術動態

馮培紅《劉進寶〈敦煌文書與中古社會經濟〉》,《敦煌吐魯番研究（第 19 卷）》,上海：上海古籍出版社,2020 年 7 月。

蓋佳擇《古代維吾爾人與裕固族的佛教書寫——楊富學〈回鶻文佛教文獻研究〉讀後》,《河西學院學報》2020 年第 4 期。

陳正正、賀柳《多維視角下的敦煌字書整理與研究——評〈敦煌寫本〈俗務要名林〉語言文字研究〉》,《寧夏師範學院學報》2020 年第 12 期。

何和平《評張涌泉敦煌〈爾雅〉白文寫卷及其校記——一部惠及學林的佳作》,《漢字文化》2020 年第 15 期。

趙貞《與時俱進,精益求精——劉進寶〈敦煌學通論〉（增訂本）評介》,《敦煌研究》2020 年第 3 期。

趙大旺《幾經打磨的敦煌學精品著作——讀劉進寶〈敦煌學通論（增訂本）〉》,《敦煌學輯刊》2020 年第 4 期。

潘晟《讀〈敦煌學通論〉（增訂本）》,《中國史研究動態》2020 年第 1 期。

朱國濤《構築"絲綢之路書法史"的探索與實踐——評〈從長安到敦煌：古代絲綢之路書法圖典〉》,《藝術品》2020 年第 12 期。

程宗宇《文化自信：情懷、媒介、譜系與現代性——〈敦煌遊藝文化研究〉評介》,《文物鑒定與鑒賞》2020 年第 19 期。

周亞莉、楊柳《〈敦煌文化關鍵字〉評介》,《絲綢之路》2020 年第 4 期。

張涌泉《展示中國敦煌學研究成果的一部力作》,《中國社會科學報》2020 年 12 月 28 日。

榮新江《胡素馨〈衍相：七至十世紀中國和中亞佛教壁畫〉中譯本序》,《敦煌研究》2020 年第 3 期。

伏俊璉《劉傳啓〈敦煌歌辭語言研究〉序》,《地方文化研究輯刊》2020 年第 1 期。

鄭炳林《〈敦煌碑銘讚輯釋〉再版序》,《絲綢之路》2020 年第 3 期。

張涌泉《七十年來變文整理研究的回顧與展望》,《文化遺產》2020 年第 3 期。

伏俊璉《敦煌文學寫本研究的回顧與展望》,《西華師範大學學報》2020 年第
　　1 期。

李小榮《敦煌佛教邈真讚研究的回顧與展望》,《石河子大學學報》2020 年第
　　5 期。

羅將《二十年來敦煌契約文書研究述評與展望(2000—2020)》,《河西學院學
　　報》2020 年第 4 期。

鄭阿財《學科交融:以敦煌文獻爲基礎的"中國俗文學研究"》,《四川大學學
　　報》2020 年第 3 期。

鄭阿財《敦煌僧傳文學的發展與演變》,《敦煌吐魯番研究(第 19 卷)》,上海:
　　上海古籍出版社,2020 年 7 月。

苗懷明《日本敦煌説唱文學研究的歷程與特色探析》,《天中學刊》2020 年第
　　5 期。

楊瑾《新全球史視角下的"長安與敦煌"研究現狀與展望》,《石河子大學學
　　報》2020 年第 5 期。

劉婷《敦煌類書研究綜述》,《2020 敦煌學國際聯絡委員會通訊》,上海:上海
　　古籍出版社,2020 年 10 月。

王梓璿《P.2555〈唐人詩文選集〉中陷蕃詩研究綜述》,《2020 敦煌學國際聯絡
　　委員會通訊》,上海:上海古籍出版社,2020 年 10 月。

焦響樂《〈睒子本生故事畫〉研究綜述》,《2020 敦煌學國際聯絡委員會通訊》,
　　上海:上海古籍出版社,2020 年 10 月。

許柳泓《21 世紀以來敦煌歌辭研究回顧》,《天水師範學院學報》2020 年第
　　6 期。

祁曉慶、楊富學《西北地區絲綢之路與中外關係研究四十年》,《石河子大學學
　　報》2020 年第 6 期。

張全婷《歸義軍節度使張淮深研究綜述》,《隴東學院學報》2020 年第 6 期。

楊婕《20 世紀上半葉敦煌西千佛洞考察史述評》,《敦煌研究》2020 年第 4 期。

鄭炳林《敦煌碑銘讚及其有關問題研究》,《中國社會科學報》2020 年 6 月
　　1 日。

張娓、朱羿《敦煌學研究步入新境地》,《中國社會科學報》2020 年 3 月 9 日。

孫寧《深化研究敦煌經濟文書》,《中國社會科學報》2020 年 4 月 20 日。

孫美娟《提升敦煌遺書研究境界》,《中國社會科學報》2020 年 7 月 24 日。

羅華慶、李國《從雪域高原到絲路重鎮:"6—9 世紀絲綢之路上的文化交流國
　　際學術研討會"綜述》,《敦煌研究》2020 年第 1 期。

孔令梅《"2020 敦煌研究發展研討會"綜述》,《敦煌研究》2020 年第 6 期。

李學東《“中國中古制度與社會”國際學術研討會綜述》,《2020 敦煌學國際聯絡委員會通訊》,上海:上海古籍出版社,2020 年 10 月。

榮新江《耿昇先生對敦煌學的獨特貢獻》,《敦煌吐魯番研究(第 19 卷)》,上海:上海古籍出版社,2020 年 7 月。

柴劍虹《慶龍飛鴻——嚴慶龍先生關涉編撰〈敦煌學大辭典〉事宜的來函選錄》,《敦煌學輯刊》2020 年第 3 期。

汪毅《張大千:大寫的敦煌人》,《文史雜誌》2020 年第 5 期。

方鴻琴《李雲鶴:“面壁”敦煌六十載,壁畫修復一生情》,《文化月刊》2020 年第 10 期。

呂德庭《新見傅斯年〈巴黎燉煌寫本集讀記〉考述》,《敦煌研究》2020 年第 4 期。

趙大旺《葉恭綽與中國近代敦煌學》,《中華文史論叢》2020 年第 2 期。

尹秋月《張錫厚敦煌研究述評》,《佳木斯大學社會科學學報》2020 年第 1 期。

喬玉蕊、陳友誼《荒川正晴教授的敦煌學研究簡述》,《2020 敦煌學國際聯絡委員會通訊》,上海:上海古籍出版社,2020 年 10 月。

王素《唐蘭先生關於敦煌簡紙古籍的幾篇論文——讀〈唐蘭全集〉零拾》,《敦煌吐魯番研究(第 19 卷)》,上海:上海古籍出版社,2020 年 7 月。

程希《任中敏致波多野太郎遺劄三通輯釋》,《敦煌研究》2020 年第 2 期。

2020 年吐魯番學研究論著目録

薛曉瀾　杜修慶　常詩曼（上海師範大學）

　　本年度中國大陸地區共出版吐魯番學專著及相關圖文集（含再版與譯著）近 40 部，公開發表的相關研究論文達 400 餘篇。現將研究論著目録編製如下，編排次序爲：一、專著；二、論文。論文又細分爲概説、歷史地理、社會文化、宗教、語言文字、文學、藝術、考古與文物保護、少數民族歷史語言、古籍、科技、書評與學術動態等十二類專題。

一、專　著

張安福《唐蕃古道：重走文成公主西行路》，廣州：廣東人民出版社，2020 年 1 月。

天水市博物館編《絲綢之路與文明記憶》，北京：文物出版社，2020 年 4 月。

孟凡人《北庭與高昌研究》，北京：商務印書館，2020 年 5 月。

陳大爲《法顯西行》，廣州：廣東人民出版社，2020 年 5 月。

木再帕爾《回鶻語與粟特語、吐火羅語之間的接觸》，北京：中國社會科學出版社，2020 年 6 月。

榮新江《三升齋隨筆》，南京：鳳凰出版社，2020 年 6 月。

孟憲實《老營房手記》，南京：鳳凰出版社，2020 年 6 月。

孟憲實、王振芬《旅順博物館藏新疆出土漢文文書研究》，北京：中華書局，2020 年 6 月。

王樂《絲綢之路織染繡服飾研究・新疆段卷》，上海：東華大學出版社，2020 年 6 月。

徐崢、金琳編《錦程——中國絲綢與絲綢之路（英文版）》，杭州：浙江大學出版社，2020 年 6 月。

《幸福拉薩文庫》編委會《文成公主傳：迢迢千里吐魯番漫漫雪域四十年》，拉薩：西藏人民出版社，2020 年 6 月。

馮雅頌、馮玉雷等編《絲綢之路上的文化藝術》，上海：上海科學技術文獻出版社，2020 年 6 月。

華濤《西域歷史研究（八至十世紀）》，北京：商務印書館，2020 年 7 月。

李宗俊《敦煌吐魯番文書與唐代西北史研究》，北京：中國社會科學出版社，2020 年 7 月。

郝春文主編《敦煌吐魯番研究（第 19 卷）》，上海：上海古籍出版社，2020 年
　　7 月。

［德］卡恩德雷爾著，陳婷婷譯《絲路探險：1902—1914 年德國考察隊吐魯番
　　行記》，上海：上海古籍出版社，2020 年 9 月。

［美］白桂思著，付馬譯《絲綢之路上的帝國：青銅時代至今的中央歐亞史》，
　　北京：中信出版社，2020 年 9 月。

陳愛峰《高昌回鶻時期吐魯番觀音圖像研究》，上海：上海古籍出版社，2020
　　年 9 月。

張顯成《吐魯番出土文書字形全譜》，成都：四川辭書出版社，2020 年
　　10 月。

王春法《中華寶典——中國國家博物館館藏法帖書系（第五輯）· 吐魯番文書
　　（一）》（墨蹟本），合肥：安徽美術出版社，2020 年 10 月。

王春法《中華寶典——中國國家博物館館藏法帖書系（第五輯）· 吐魯番文書
　　（二）》（墨蹟本），合肥：安徽美術出版社，2020 年 10 月。

趙莉、榮新江《龜兹石窟題記》，上海：中西書局，2020 年 10 月。

劉戈《回鶻文契約文字結構與年代研究：于闐采花》，北京：中華書局，2020 年
　　11 月。

張銘心《吐魯番出土墓誌匯考》，桂林：廣西師範大學出版社，2020 年 11 月。

趙晶編《法律文化研究第十三輯：敦煌、吐魯番漢文法律文獻專題》，北京：社
　　會科學文獻出版社，2020 年 12 月。

［日］前田耕作著，凌文樺譯《玄奘與絲綢之路：東西文化交流的傳奇之旅》，
　　北京：北京燕山出版社，2020 年 12 月。

高洪雷《絲綢之路——從蓬萊到羅馬》，北京：人民文學出版社，2020 年
　　12 月。

［英］彼得 · 霍普柯克著，張湘憶譯《劫掠絲綢之路》，北京：九州出版社，2020
　　年 12 月。

丁方《絲綢之路文明啓示録》，南京：鳳凰美術出版社，2020 年 12 月。

上海市歷史博物館、上海革命歷史博物館編《東織西造　錦繡生活——中西
　　絲路文物展論文集》，上海：上海人民出版社，2020 年 12 月。

孟凡玉編《絲綢之路樂舞藝術研究資料匯編 · 木卡姆卷》，北京：中央民族大
　　學出版社，2020 年 12 月。

甘肅省博物館編《絲綢之路文物故事　甘肅省博物館卷》，上海：讀者出版社，
　　2020 年 12 月。

二、論　文

（一）概説

孟憲實《張騫的"不得要領"與絲綢之路的開通》,《西域研究》2020 年 4 期。

徐朗《"絲綢之路"概念的提出與拓展》,《西域研究》2020 年 1 期。

刘再聪《"絲綢之路"得名依據及"絲綢之路學"体系構建》,《西北師大學報》2020 年 6 期。

祁曉慶、楊富學《西北地區絲綢之路與中外關係研究四十年》,《石河子大學學報》2020 年 6 期。

張成渝、張乃翥《龍門地區出土文物與絲綢之路上的人文交流》,《石河子大學學報》2020 年 6 期。

何玉紅《走向以"人"爲中心的絲綢之路研究》,《西北師大學報》2020 年 6 期。

［俄］謝爾蓋·奧登堡著,楊軍濤校,趙莉譯《1898 年 Д.А.克列緬茨的吐魯番探險考察》,《吐魯番研究》2020 年 1 期。

草原絲綢之路與中蒙俄經濟走廊建設研究課題組,劉春子《草原絲綢之路對亞歐大陸歷史進程的影響研究概論（一）——草原絲綢之路上的沿綫政權》,《赤峰學院學報》2020 年 3 期。

草原絲綢之路與中蒙俄經濟走廊建設研究課題組,康建國《草原絲綢之路對亞歐大陸歷史進程的影響研究概論（二）——草原絲綢之路上的民族遷徙》,《赤峰學院學報》2020 年 5 期。

陳愛峰《世界文化遺産：高昌故城》,《新疆藝術》2020 年 1 期。

（二）歷史地理

謝振華《樓蘭簡紙文書西晉紀年中斷始末》,《中國邊疆史地研究》2020 年 1 期。

李大龍《如何詮釋邊疆——從僮僕都尉和西域都護説起》,《西南民族大學學報》2020 年 7 期。

陳雙印《漢匈利用質子在西域的争奪及其影響》,《敦煌學輯刊》2020 年 2 期。

李曉斌、王興宇《東漢王朝對西北邊疆治理策略研究》,《思想戰綫》2020 年 5 期。

劉宇辰《西漢前期漢匈間和親政治的衰落——對文帝十四年前後漢匈關係階段性變化的分析》,《西域研究》2020 年 4 期。

李斯《"立功絶域"：漢代西域使者及其英雄時代》,《中國社會科學報》2020 年 7 期。

榮新江《唐貞觀初年張弼出使西域與絲路交通》,《北京大學學報》2020 年

1 期。

孟獻志《李淵稱臣突厥的"名實"之辨——基於歷史語境的考察》,《烟臺大學學報》2020 年 3 期。

馮培紅、殷盼盼《唐代"安門物事變"史實考辨》,《敦煌研究》2020 年 6 期。

田海峰《唐代于闐經略研究》,《唐史論叢》2020 年 1 期。

王慶昱《魚行贇墓誌與唐初經營西域史事考》,《石河子大學學報》2020 年 3 期。

黃子珍《唐蕃和親、戰爭與會盟——以"唐代涉蕃詩"爲中心》,《絲綢之路》2020 年 2 期。

王珍《西域都護府：開創中央王朝有效管理西域的先河》,《中國民族報》2020 年 12 月 29 日第 5 版。

張唐彪《兩漢西域都護信息"督查"職能考》,《喀什大學學報》2020 年 5 期。

吳葉平《隋唐時期内地和突厥移民及其影響》,《文化產業》2020 年 18 期。

劉興成《李淵與東突厥首次和親始末考》,《西北民族論叢》2020 年 1 期。

馬艾泓、張金銑《從平定薛延陀看唐太宗經略邊疆的方式》,《唐都學刊》2020 年 3 期。

阿迪力·阿布力孜《姜行本紀功碑：唐朝加强對西域管理的歷史見證》,《中國民族報》2020 年 5 期。

凌福星《唐"六胡州"行政建制演變與粟特漢化研究》,《四川文理學院學報》2020 年 4 期。

王啓明《清代西北邊疆廳的歷史嬗變——以吐魯番爲例》,《中國邊疆史地研究》2020 年 2 期。

趙毅《清政府對新疆土爾扈特部高層的安置及相關問題》,《新疆大學學報》2020 年 4 期。

馬俊傑《西涼秀才策試制度研究——以〈建初四年（408）秀才對策文〉爲中心》,《西域研究》2020 年 2 期。

趙曉芳、郭振《唐前期西州鄰保組織與基層社會研究——以吐魯番出土文書與磚誌爲中心》,《敦煌學輯刊》2020 年 2 期。

梁振濤《百姓與部落：唐代北庭地區的人群管理》,《文史》2020 年 4 期。

肖龍祥《吐魯番所出〈唐景龍三至四年西州高昌縣處分田畝案卷〉復原研究（上）》,《吐魯番學研究》2020 年 1 期。

肖龍祥《吐魯番所出〈唐景龍三至四年西州高昌縣處分田畝案卷〉復原研究（下）》,《吐魯番學研究》2020 年 2 期。

潘威《清前中期伊犁錫伯營水利營建與旗屯社會》,《西北民族論叢》2020 年

1 期。

潘威《清代民國時期伊犁錫伯旗屯水利社會的形成與瓦解》,《西域研究》2020
年 3 期。

阿迪力·阿布力孜《吐魯番出土的唐代官員任命書》,《中國民族報》2020 年
5 期。

陸離《論薩毗地區的吐蕃勢力及其與歸義軍政權的關係》,《西藏大學學報》
2020 年 1 期。

羅新《西魏暉華公主墓誌所見的吐谷渾與柔然名號》,《中山大學學報》2020
年 5 期。

殷盼盼《從河西張掖到西域高昌:麴氏高昌國和氏研究》,《西域研究》2020 年
1 期。

王雙懷、屈蓉蓉《土地租佃契約所見晉唐時期吐魯番農時初探》,《陝西師範大
學學報》2020 年 3 期。

裴成國《唐西州契約的基礎研究》,《西域研究》2020 年 1 期。

韓樹偉《西北出土契約文書所見習慣法比較研究》,蘭州大學 2020 年博士學
位論文。

丁君濤《絲綢之路吐蕃文契約與漢文契比較研究》,《雲南民族大學學報》2020
年 1 期。

丁君濤《從察合台文契約看清末南疆土地買賣》,《黑河學院學報》2020 年
2 期。

江小夏《改元更張:吐魯番契券與初唐政治變遷》,《殷都學刊》2020 年 1 期。

趙澎、李華、王宗磊《唐初隴右地區商貿問題考釋二則——以前人研究和吐魯
番出土文書爲中心》,《文教資料》2020 年 12 期。

李明、馮金忠《吐魯番出土契約文書所見唐代房屋租賃——以 65TAM40:28
號文書〈唐杜歡賃舍契爲〉中心》,《文物春秋》2020 年 1 期。

李明《隋唐時期房屋租賃問題研究》,河北師範大學 2020 年碩士學位論文。

李秋鴿《隋唐五代商業契約文書研究》,遼寧大學 2020 年碩士學位論文。

楊富學、安語梵《唐與回鶻絹馬互市實質解詁》,《石河子大學學報》2020 年
4 期。

齊小艷《粟特仿中國"開元通寶"錢幣研究》,《歐亞學刊》(新 10 輯),北京:商
務印書館,2020 年。

荊磊、王龍、蔣洪恩《吐魯番晉唐時期的農業活動研究——以吐峪溝石窟作物
遺存爲例》,《農業考古》2020 年 1 期。

趙美瑩、王龍、党志豪、蔣洪恩《唐西州時期吐魯番的桃樹栽培——從出土文

書及實物證據談起》,《中國科學院大學學報》2020 年 3 期。

王三三《帕提亞東征與絲路中段的曲折拓展》,《西域研究》2020 年 4 期。

田海峰《貞觀二十一年唐伐龜茲一役探因——兼論高宗朝初的西域經略對策》,《青海師範大學學報》2020 年 4 期。

白立超《唐太宗攻滅東突厥》,《文史天地》2020 年 4 期。

龍語者《唐騎兵閃擊東突厥》,《文史天地》2020 年 10 期。

劉子凡《從西北援軍到京西北藩鎮——新見〈唐康忠信墓誌〉研究》,《河北師範大學學報》2020 年 5 期。

劉芳《唐代兵制的轉變對西域屯田的影響》,《文物鑒定與鑒賞》2020 年 9 期。

杜鎮《唐大曆三年〈監碩方軍使楊憲庭墓誌〉所見唐蕃關係》,《石河子大學學報》2020 年 2 期。

張慧芬《〈唐開元年間西州交河縣帖鹽城爲令入鄉巡貌事〉文書貌閱律令用語研究》,《西域研究》2020 年 1 期。

趙毅《基層社會的治理與互動:基於清末吐魯番坎兒井民事糾紛的考察》,《西北民族論叢》2020 年 1 期。

熱罕古麗・吾布力《淺談清代吐魯番的司法實踐》,《法制與社會》2020 年 7 期。

古力阿伊木・亞克甫、許佳璿《清代南疆民間契約習慣法與社會治理秩序——以察合台文契約文書爲例》,《法制博覽》2020 年 31 期。

穆渭生《唐朝對西北"絲路"絲綢貿易管控政策探究——唐代國家對外貿易法規之解讀》,《地域文化研究》2020 年 1 期。

楊長玉《唐蕃接觸中的河西九曲》,《中國史研究》2020 年 3 期。

姚大力《河西走廊的幾個古地名》,《西北民族研究》2020 年 3 期。

鄭炳林、朱建軍《漢唐時期南山亦即吐谷渾賀真城地望考》,《西北民族研究》2020 年 4 期。

妥超群《吐蕃"瑪沖"(rMa Khrom)、"廓域"(Kog Yul)地望考辨》,《中國邊疆史地研究》2020 年 1 期。

米婷婷、王素《隋封高昌王麴伯雅弁國公索隱——兼談梁元帝〈職貢圖〉的影響》,《西域研究》2020 年 2 期。

朱玉麒《吐魯番丁谷山文獻疏證》,《吐魯番學研究》2020 年 1 期。

劉子凡《北庭西海縣新考》,《新疆大學學報》2020 年 1 期。

田海峰《唐代輪臺與西海置地新考》,《文博》2020 年 1 期。

王義康《唐代文獻所記怛羅斯歸屬考》,《青海民族研究》2020 年 1 期。

王義康《佛教漢文文獻所見唐朝疆域變遷》,《中國邊疆史地研究》2020 年

1 期。

王蕾《漢唐時期的玉門關與東遷》,《西域研究》2020 年 2 期。

王蕾《漢唐時期陽關的盛衰與絲路交通》,《西北大學學報》2020 年 6 期。

石雲濤《唐詩中的絲綢之路回鶻道》,《河北學刊》2020 年 5 期。

袁志鵬、陳學勤《唐代三受降城的歷史地位與作用論述》,《文教資料》2020 年 34 期。

牛建州《唐"三受降城"的修築與地理變遷考述》,《陰山學刊》2020 年 6 期。

侯甬堅《屯田區概念與西域屯墾史研究》,《西域研究》2020 年 3 期。

李并成《塔里木盆地克里雅河下游古綠洲沙漠化考》,《中國邊疆史地研究》2020 年 4 期。

張莉《近 250 年新疆呼圖壁河中下游河道演變及其影響因素分析》,《西域研究》2020 年 3 期。

張國才、柴多茂《漢唐時期絲路重鎮涼州與中亞古國粟特文化交流研究》,《發展》2020 年 2 期。

(三) 社會文化

榮新江《中古入華胡人墓誌的書寫》,《文獻》2020 年 3 期。

李鴻賓《唐朝胡漢互動與交融的三條綫索——以墓誌資料爲中心》,《民族研究》2020 年 1 期。

曾金壽《龜兹文明孕育下的人文藝術》,《交響——西安音樂學院學報》2020 年 4 期。

張先革、李朝虹、潘志平《西遼對中華文化在西域傳播的作用》,《新疆大學學報》2020 年 2 期。

金弘翔《魏晉南北朝時期衣物疏地域傳統的形成與交流——兼談高昌衣物疏的淵源》,《西域研究》2020 年 1 期。

朱智立《亦論吐魯番晉唐墓出土衣物疏所見之"倨明"》,《吐魯番學研究》2020 年 2 期。

馮敏《北朝隋唐時期入華粟特人的葬俗變化與中華文化認同》,《渤海大學學報》2020 年 1 期。

王曉岩《論魏晉南北朝時期中原與西域文化交流》,《文物鑒定與鑒賞》2020 年 10 期。

葉俊士《新疆尼雅遺址出土漢文簡牘所見漢文化西傳》,《新疆藝術(漢文)》2020 年 5 期。

傅紹磊、鄭興華《唐詩中的粟特文化》,《文教資料》2020 年 14 期。

吳正浩《中古時期的"生靈座"及其在西域的傳播》,《西域研究》2020 年 4 期。

陳春曉《中古于闐玉石的西傳》,《西域研究》2020 年 2 期。

陳菊霞、王禎《于闐國王李聖天供養人服飾研究》,《吐魯番學研究》2020 年 2 期。

冉萬里《文明交流視野下的古樓蘭及其周邊——漢晉時期樓蘭遺物中所見文化因素分析》,《考古學研究》(十一),北京:科學出版社,2020 年。

[匈]可茉(Dr. Krisztina Hoppál)著,盧亞輝譯《東亞古代跨文化交流研究:羅馬帝國的中土絲綢》,《考古學研究》(十一),北京:科學出版社,2020 年。

王衛平《從旅順博物館藏新疆出土文物略看波斯文化在新疆地區的流布與影響》,《旅順博物館學苑·2020》,沈陽:萬卷出版公司,2020 年。

陳軒《漢代對外物質文化交流研究的西方視角》,《絲綢之路研究集刊》(5 輯),北京:商務印書館,2020 年。

李忠洋《唐與西域書籍活動的渠道形態》,《江蘇第二師範學院學報》2020 年 3 期。

王瑞蕾《唐朝酒文化中的西域元素》,《衡水學院學報》2020 年 4 期。

雷君《唐代長安人生活中的西域元素》,《文物天地》2020 年 7 期。

陸彥雪《唐瑞獸葡萄鏡紋飾母題的由來》,《地域文化研究》2020 年 4 期。

趙哲《濃妝淡抹總相宜——從阿斯塔那出土文物看唐代西域女子裝扮》,《新疆藝術(漢文)》2020 年 5 期。

胡雲博《唐代中原與西域鞋履造型互動影響研究》,陝西科技大學 2020 年碩士學位論文。

曹中俊《絲綢之路河南道出土文物蘊含的粟特文化因素研究》,西北師範大學 2020 年碩士學位論文。

譚欣《伊斯蘭玻璃於絲綢之路的傳輸與影響(8—16 世紀)》,暨南大學 2020 年碩士學位論文。

呂恩國《吐魯番洋海墓地出土遊牧民器物研究》,《吐魯番學研究》2020 年 1 期。

張永兵《吐魯番洋海墓地出土木梳研究》,《吐魯番學研究》2020 年 1 期。

祖力皮亞·買買提《吐魯番洋海墓地出土鞣革及裘皮製品調查研究》,《吐魯番學研究》2020 年 1 期。

帕麗旦木·沙丁《吐魯番洋海墓地出土木器及用途研究》,《吐魯番學研究》2020 年 1 期。

裴成國《高昌國末年以降磚誌書寫中的"高昌人"》,《中國邊疆史地研究》2020 年 1 期。

王啓濤《吐魯番文獻所見竺(竹)姓輯考》,《民族研究》2020 年 4 期。

肖超宇《〈西域番國志〉所見明代西域多民族社會》,《貴州民族研究》2020 年
　10 期。

陳浩《從碑銘中 bark 一詞看突厥人"敬鬼神"之俗》,《西域研究》2020 年 4 期。

劉維玉《鄯善魯克沁墓地出土墓表考釋》,《吐魯番學研究》2020 年 1 期。

王列成《吐魯番地區先秦兩漢時期的薩滿墓葬研究》,《中國民族博覽》2020
　年 10 期。

高璐、王鈺潔《明詩中的河西風貌與明人的河西認知》,《河西學院學報》2020
　年 3 期。

鄭旭東、楊富學《西安新出〈唐故回鶻白夫人墓誌〉疏證》,《敦煌研究》2020 年
　4 期。

王慶昱、楊富學《洛陽新獲墓誌考見安西大都護郭虔瓘家世與西域行跡》,《西
　域研究》2020 年 1 期。

雷聞《涼州與長安之間——新見〈唐故左羽林軍大將軍康太和墓誌〉考釋》,
　《河北師範大學學報》2020 年 5 期。

魏迎春、馬振穎《新見武威粟特安氏家族唐〈李弼墓誌〉考釋》,《蘭州大學學
　報》2020 年 1 期。

楊曉敏《南北·胡漢·文武——唐宋時期代北安氏家族變遷考論》,《宋史研
　究論叢》2020 年 1 期。

（四）宗教

［德］西蒙娜·克里斯蒂娜·拉施曼著,宋博文譯《回鶻文〈金光明經〉的新發
　現》,《河西學院學報》2020 年 1 期。

宋博文《回鶻文〈金光明經〉所反映的唯識宗概念》,蘭州大學 2020 年碩士學
　位論文。

［日］中村健太郎著,王領、哈斯巴特爾譯《從回鶻文佛經到蒙古文佛經
　（上）》,《吐魯番學研究》2020 年 2 期。

張夢妍《關於新出梵本〈八大靈塔禮拜讚頌〉的研究》,《西域研究》2020 年
　4 期。

沈琛《吐蕃與于闐佛教交流史考述》,《西域研究》2020 年 3 期。

王旭送《唐代西州佛教管理研究二題》,《唐史論叢》2020 年 1 期。

李浩《新見唐代安優婆姨塔銘漢文部分釋讀》,《文獻》2020 年 3 期。

楊波《龜兹石窟"彌勒下生"信仰試探》,《吐魯番學研究》2020 年 1 期。

周曉萍《敦煌畫中的回鶻神祇——對 P. 4518(24)紙本的再討論》,《蘭州大學
　學報》2020 年 6 期。

阿迪力·阿布力孜《新疆古代的道教文化遺存》,《中國民族報》2020 年 3 月

17 日第八版。

程思尹《佛道格局視野下明清河西道教的發展及影響——以張掖、永登爲中心的考察》,《青海民族研究》2020 年 4 期。

葛承雍《聖火藝術與拜火文化——北周祆教墓葬中以史君墓爲核心》,《考古學研究》(十一),北京:科學出版社,2020 年。

張小貴《入華祆教火壇雜考》,《考古學研究》(十一),北京:科學出版社,2020 年。

阿迪力·阿布力孜《新疆歷史上的景教》,《中國民族報》2020 年 3 月 24 日第八版。

胡曉丹《摩尼教占卜書中的東方傳統——吐魯番中古波斯語寫本 M556 再研究》,《北京大學學報》2020 年 1 期。

　　(五)語言文字

張涌泉《量詞"斗""石"大寫考探》,《華夏文化論壇》2020 年 1 期。

張涌泉《數詞"百"大寫作"伯"發覆》,《四川大學學報》2020 年 3 期。

李研《吐魯番出土衣物疏中的"兔豪(毫)""狐毛"性質考釋》,《西域研究》2020 年 3 期。

鄭天楠《吐魯番文獻韻書殘卷 TID1015 校釋》,《漢字文化》2020 年 13 期。

李放《〈吐魯番出土文書(一)〉假借字研究》,喀什大學 2020 年碩士學位論文。

曹利華《絲路背景下漢語的印度語借詞與民族交往——以"迭""氍毹"爲例》,《興義民族師範學院學報》2020 年 5 期。

曹利華《吐魯番出土文書中表完結的動詞"了"及阿爾泰語動因》,《語文學刊》2020 年 4 期。

邢亞楠《隋至唐初突厥語中的漢語借詞現象及歷史成因》,《新鄉學院學報》2020 年 7 期。

　　(六)文學

胡可先《唐詩與交河》,《古典文學知識》2020 年 1 期。

楊曉靄《隴右唐詩之路:緑洲絲綢之路的"不朽遺存"》,《西北民族大學學報》2020 年 6 期。

石雲濤《龜兹在唐朝西域經營中的地位——唐詩中的"安西"》,《黑河學院學報》2020 年 12 期。

方剛、謝倩文《唐詩中"玉門關"的意象及其對於"河西走廊"傳播的影響》,《文化與傳播》2020 年 3 期。

張國才、柴多茂《唐代歌詠涼州詩歌中的粟特人形象》,《發展》2020 年 10 期。

高建新《"唐詩之路"與岑參的西域之行》,《唐都學刊》2020 年 2 期。

孫美萍《岑參詩歌中的西域風光與戰事紀實》,《開封文化藝術職業學院學報》
2020 年 7 期。

曾祥洪、萬素花、郭鵬飛《淺析唐代詩歌中的西域文化》,《漢字文化》2020 年
16 期。

田永勝《漢唐絲綢之路樂府詩地理空間研究》,北方民族大學 2020 年碩士學
位論文。

張麗《唐代秦隴南道詩歌中的絲路書寫》,北京外國語大學 2020 年碩士學位
論文。

馬志超《河隴文化與唐詩關係研究》,内蒙古民族大學 2020 年碩士學位論文。

(七) 藝術

趙麗婭《龜兹石窟佛像的藝術風格及其特點》,《敦煌學輯刊》2020 年 1 期。

張保珍《克孜爾石窟半跏思惟像探賾》,《中國美術研究》2020 年 4 期。

李永康《高昌地區佛教雕塑遺存及價值》,《中國美術》2020 年 2 期。

何志國《克孜爾石窟"中心柱"及源流獻疑》,《民族藝術》2020 年 6 期。

林立《古代高昌佛塔及佛寺中心塔柱研究》,《西域研究》2020 年 3 期。

魏文斌、周曉萍《焉耆七個星毗盧遮那佛法界身圖像研究》,《敦煌學輯刊》
2020 年 1 期。

滿盈盈《克孜爾石窟降魔圖像源流考》,《敦煌學輯刊》2020 年 2 期。

房文琪《路上絲綢之路的東西文化交流對古龜兹佛教石窟紋飾的影響——以
克孜爾千佛洞爲例》,《中國民族博覽》2020 年 10 期。

楊波《龜兹石窟"因緣佛傳"圖像的敘事藝術——人物、空間及隱藏的細節》,
《藝術設計研究》2020 年 2 期。

楊波《隱晦的情節——龜兹石窟"説法圖"敘事技巧試探》,《新疆藝術(漢
文)》2020 年 4 期。

任平山《尋跡耶捨——克孜爾石窟第 4 窟後室圖像構成》,《中國美術》2020
年 2 期。

馮民生《絲綢之路與中西美術交流——以克孜爾石窟壁畫爲例》,《民族藝術
研究》2020 年 4 期。

羅雯《克孜爾石窟第 118 窟:見證中西藝術交流》,《藝術市場》2020 年 12 期。

王小雄《勝金口石窟 10 號寺院第 7 窟壁畫中葡萄樹淺析》,《吐魯番學研究》
2020 年 2 期。

劉芊《古龜兹國石窟壁畫樹木圖像地域藝術特色的形成與發展》,《藝術探索》
2020 年 2 期。

陳越《佛像旁的綬帶鳥——龜兹地區石窟中"綬帶鳥"圖像新含義試析》,《中國美術》2020 年 2 期。

詹勇《龜兹石窟壁畫鐵綫描探究》,《藝術百家》2020 年 3 期。

台來提·烏布力《庫木吐喇新 1 窟、新 2 窟壁畫的藝術解析》,《文物鑒定與鑒賞》2020 年 9 期。

洪寶《7—8 世紀庫木吐喇石窟的漢風壁畫研究》,《美與時代(中)》2020 年 5 期。

高明君、孟慶凱《絲路宗教藝術的交流融合　摩尼教壁畫遺存淺析》,《中國宗教》2020 年 4 期。

馬振林《柏孜克里克石窟高昌回鶻時期供養人圖像研究》,新疆藝術學院 2020 年碩士學位論文。

吕曉楠《柏孜克里克石窟西方浄土經變圖像研究》,新疆藝術學院 2020 年碩士學位論文。

趙宸《柏孜克里克壁畫中的"花"形象研究》,《藝術與設計(理論)》2020 年 8 期。

張鋭《克孜爾石窟壁畫中的龍形象研究》,《藝術品鑒》2020 年 23 期。

陳愛峰、陳玉珍、松井太《大桃兒溝第 9 窟八十四大成就者圖像補考》,《敦煌研究》2020 年 5 期。

楊波《"帝釋窟説法"與"帝釋請般遮"——克孜爾第 92 窟主室正壁上方和前壁圖像及相關問題探討》,《西域研究》2020 年 4 期。

劉江《文殊山萬佛洞與北庭西大寺〈彌勒上生經變〉的比較研究》,《西夏學》2020 年 1 期。

苗利輝《龜兹石窟中的佛陀、聲聞、緣覺和菩薩造像及其反映的思想》,《敦煌學輯刊》2020 年 1 期。

滿盈盈《龜兹王身份的神聖構建——以克孜爾第 205 窟爲例的分析》,《宗教學研究》2020 年 3 期。

陳悦新《唐宋時期高昌回鶻的佛衣樣式》,《西域研究》2020 年 1 期。

高愚民《吐魯番阿斯塔那墓葬出土天王俑及武士俑淺析》,《新疆藝術(漢文)》2020 年 5 期。

[日]烏丸知子《基於粟特地區田野調查的甘肅慶城縣穆泰墓出土胡人俑服飾邊緣研究》,《藝術設計研究》2020 年 3 期。

趙維平《胡樂調的傳入及對我國的影響》,《中國音樂學》2020 年 4 期。

李嘉寶、韓璐《唐詩中西域民族音樂文化研究》,《貴州民族研究》2020 年 3 期。

姜利媛《北朝至隋唐時期粟特音樂探究》,天津音樂學院 2020 年碩士學位
　　論文。

趙烷汝《隋唐時期西域龜兹樂研究》,天津音樂學院 2020 年碩士學位論文。

韓琰《古代絲綢之路上的西域音樂對中原音樂文化的交流——以漢唐時期的
　　琵琶及其彈撥樂器組合形態的演變爲例》,《藝術品鑒》2020 年 2 期。

胡東輝《龜兹篳篥考略》,《天津音樂學院學報》2020 年 3 期。

張亞飛《胡琴琵琶與羌笛:從岑參邊塞詩創作看盛唐西域樂舞》,《北方文學》
　　2020 年 11 期。

劉曉偉《胡旋:從粟特樂舞到宮廷燕樂》,《藝術評論》2020 年 1 期。

韋亦珺、何衛《龜兹舍利盒上的樂舞——"蘇幕遮"樂舞圖像學探究》,《北京
　　舞蹈學院學報》2020 年 3 期。

汪琳《蘇幕遮的舞蹈生態學解析——以龜兹舍利盒〈樂舞圖〉爲例》,《藝術評
　　鑒》2020 年 16 期。

陳靚《佛教傳播過程中的龜兹樂舞》,《大衆文藝》2020 年 9 期。

付泓《中原樂舞在發展中對龜兹樂舞的借鑒研究》,《北方音樂》2020 年
　　17 期。

孫斯琪《多元文化視域下龜兹樂舞文化的交融研究》,新疆藝術學院 2020 年
　　碩士學位論文。

李鑫《龜兹壁畫舞蹈研究——以克孜爾 135 號窟爲例》,《戲劇之家》2020 年
　　17 期。

翟清華《漢唐時期粟特樂舞與西域及中原樂舞交流研究——以龜兹、敦煌石
　　窟壁畫及聚落墓葬文物爲例(下)》,《新疆藝術(漢文)》2020 年 1 期。

劉楊莘彧《龜兹壁畫中的樂舞形象研究》,青島科技大學 2020 年碩士學位
　　論文。

韓文慧《從歷代詩詞看柘枝舞融入中華文明的歷史軌跡》,《文學教育(上)》
　　2020 年 7 期。

李逸凡《中國古代文學中的漢唐宮廷樂舞考察研究》,《藝術評鑒》2020 年
　　24 期。

史睿《旅順博物館藏新疆出土寫經的分期與實例》,《中國書法》2020 年
　　10 期。

郝洪濤《基於吐魯番出土文獻的高昌書體演變研究》,喀什大學 2020 年碩士
　　學位論文。

沙武田《絲綢之路絹帛圖像考——以敦煌畫和唐墓駱駝俑爲中心》,《考古學
　　研究》(十一),北京:科學出版社,2020 年。

王東《人首鳥身祭司的形象來源與圖像組合》,《考古學研究》(十一),北京:
　科學出版社,2020 年。

孫武軍《伊斯蘭化前中亞所見人首鳥身形象述論》,《考古學研究》(十一),北
　京:科學出版社,2020 年。

楊曉明《高昌伏羲女媧圖縱觀》,《中國文物報》2020 年 8 月 11 日第 7 版。

易善炳《唐朝西域繪畫與中原繪畫交流考略》,《齊魯藝苑》2020 年 4 期。

歐陽暉《龜茲回鶻時期的故事畫及其歷史淵源》,《絲綢之路》2020 年 3 期。

劉國强《試論傳統水墨畫在西域山水畫中的表意》,《藝術家》2020 年 7 期。

康平《千刻不落　萬剪不斷——論吐魯番出土剪紙》,《文物鑒定與鑒賞》2020
　年 1 期。

張倩《漢唐時期新疆服飾中的中華文化元素探析——以新疆出土紡織物爲
　例》,《新疆藝術(漢文)》2020 年 3 期。

郭俊楠《西域金銀器對隋唐邢窰陶瓷藝術的影響研究》,景德鎮陶瓷大學 2020
　年碩士學位論文。

吳凡《唐代回鶻花蕾冠的初步探究》,《西部皮革》2020 年 15 期。

陳浩楠《龜茲地域文化資源的意象再現——以克孜爾石窟博物館設計爲例》,
　蘭州大學 2020 年碩士學位論文。

(八) 考古與文物保護

胡興軍、艾濤等《新疆沙灣寧家河水庫墓地發掘簡報》,《文物》2020 年 4 期。

唐雲鵬、付一豪等《新疆伊吾闊臘遺址 2017~2018 年調查簡報》,《文物》2020
　年 4 期。

田小紅、馮志東等《新疆庫車龜茲故城窮特音墩遺址 2017 年發掘簡報》,《文
　物》2020 年 8 期。

李延祥、于建軍等《新疆若羌黑山嶺古代綠松石礦業遺址調查簡報》,《文物》
　2020 年 8 期。

閆雪梅、魯禮鵬等《新疆阜康白楊河上游墓群發掘簡報》,《文物》2020 年
　12 期。

任萌、馬健等《新疆巴里坤海子沿遺址 2017 年發掘簡報》,《文物》2020 年
　12 期。

田小紅、馮志東等《新疆奇臺縣石城子遺址 2018 年發掘簡報》,《考古》2020
　年 12 期。

王龍、舍秀紅等《吐魯番伯西哈石窟發掘簡報》,《吐魯番學研究》2020 年
　1 期。

賈偉加《克孜爾石窟第 77 窟調查簡報》,《吐魯番學研究》2020 年 1 期。

舍秀紅、張海龍《吐魯番勝金口石窟西岸佛塔發掘簡報》,《吐魯番學研究》2020 年 2 期。

李裕群、夏立棟等《新疆鄯善吐峪溝西區中部高臺窟院發掘報告》,《考古學報》2020 年 3 期。

［俄］謝爾蓋・奧登堡著,楊軍濤、李新東譯《1909—1910 年庫車地區探險考察簡報》,《敦煌吐魯番研究（第 19 卷）》,上海：上海古籍出版社,2020 年。

寧強《龜茲史前文明初探》,《敦煌學輯刊》2020 年 1 期。

袁曉、羅佳明等《新疆尼勒克縣吉仁臺溝口遺址 2019 年發掘收穫與初步認識》,《西域研究》2020 年 1 期。

任冠、魏堅等《唐朝墩古城浴場遺址的發現與初步研究》,《西域研究》2020 年 2 期。

王尹辰、馬鵬程等《早期鐵器時代新疆東天山地區與歐亞草原的基因交流》,《西域研究》2020 年 3 期。

巫新華《新疆于田縣流水青銅時代墓地考古發掘與文化情況簡述》,《新疆藝術》2020 年 2 期。

張延清《從考古發現看青海道與絲綢之路》,《敦煌學輯刊》2020 年 2 期。

夏立棟《〈貞元六年造窟功德記〉與唐西州寧戎窟寺》,《敦煌研究》2020 年 2 期。

高春蓮《勝金口石窟 5 號寺院遺址調查研究》,《吐魯番學研究》2020 年 2 期。

路瑩《勝金口石窟 2 號寺院遺址調查研究》,《吐魯番學研究》2020 年 2 期。

李亞棟《勝金口石窟 7 號寺院遺址調查研究》,《吐魯番學研究》2020 年 2 期。

陳玉珍《勝金口石窟 9 號寺院遺址調查研究》,《吐魯番學研究》2020 年 2 期。

張保卿《邊陲的華彩：宋金時期西北邊境地區磚室墓的壁面佈局和設計》,《考古學研究》（十一）,北京：科學出版社,2020 年。

馬曉玲《中國境內粟特人家族墓地的考古學觀察》,《考古學研究》（十一）,北京：科學出版社,2020 年。

閆雪梅《赤岸守捉考》,《絲綢之路研究集刊》（5 輯）,北京：商務印書館,2020 年。

牛健哲《2019～2020 年新疆維吾爾自治區庫車市烏什吐爾遺址的新發現》,《文物天地》2020 年 11 期。

中國社會科學院考古研究所、青海省文物考古研究所《絲綢之路青海道考古新發現》,《中國文物報》2020 年 11 月 20 日第 8 版。

賈笑冰《新疆溫泉縣古代墓葬的初步分析》,《北方文物》2020 年 6 期。

劉念、崔劍鋒等《新疆營盤墓地出土人面紋玻璃珠來源新探》,《文物》2020 年

8 期。

尚玉平、歐陽盼等《新疆尼雅墓地出土紡織品文物的數字化信息採集——以95MNIM8：15"五星出東方利中國"織錦護臂爲例》,《文物》2020 年 5 期。

王棟、温睿等《新疆吐魯番勝金店墓地出土仿綠松石玻璃珠研究》,《文物》2020 年 8 期。

肖琪琪、胡興軍等《新疆洛浦縣比孜里墓地出土食物遺存的科技分析》,《第四紀研究》2020 年 8 期。

趙莉、翁子揚等《對流失海外的克孜爾石窟壁畫的數字化復原探索》,《浙江大學學報》2020 年 6 期。

賈偉加《數字化復製技術在文化遺産保護上的應用——以新疆龜兹克孜爾石窟壁畫爲例》,《印刷雜誌》2020 年 5 期。

馬江麗《北方絲綢之路佛教石窟壁畫的分析研究》,《文物保護與考古科學》2020 年 1 期。

郭雅琦《新疆吉仁臺溝口遺址出土古代盤羊的綫粒體全基因組分析》,吉林大學 2020 年碩士學位論文。

魏正中、趙蓉《伽藍遺痕——克孜爾石窟出土木製品與佛教儀式關係的考古學觀察》,《敦煌研究》2020 年 1 期。

宋殷《新疆尼雅遺址 95MNIM1：43 的纖維和染料分析所見中西交流》,《敦煌研究》2020 年 2 期。

馬麗平《1988 年托克遜縣克爾城鎮墓地採集器物》,《吐魯番學研究》2020 年 2 期。

汪瀚、陳剛《吐峪溝石窟東區 2015 年出土古紙的基本性能研究》,《吐魯番學研究》2020 年 2 期。

聶穎、朱泓等《小河墓地古代人群顱骨的人類學特徵》,《西域研究》2020 年 3 期。

朱之勇、張鑫榮等《新疆駱駝石遺址石製品研究》,《西域研究》2020 年 3 期。

冉萬里、吳昊澤等《蘇巴什佛寺遺址出土兩枚金屬製品功能探討》,《文物保護與考古科學》2020 年 5 期。

魏東、秦小光等《樓蘭地區漢晉時期墓地的考察與初步認識——兼析樓蘭孤臺墓地的顱骨形態學特徵》,《西域研究》2020 年 3 期。

王清、馬志坤等《新疆尼勒克縣吉仁臺溝口遺址石器功能分析：來自植物微體遺存的證據》,《第四紀研究》2020 年 2 期。

譚宇辰、王穎竹等《新疆阿敦喬魯墓地出土釉砂分析研究》,《考古與文物》2020 年 5 期。

高愚民、楊真真等《新疆和田達瑪溝佛寺遺址出土壁畫顔料分析》,《文物保護與考古科學》2020 年 5 期。

夏曄《旅順博物館藏新疆出土西域文書用紙檢測與分析》,《旅順博物館學苑·2020》,沈陽: 萬卷出版公司,2020 年。

王龍、荆磊等《吐魯番吐峪溝石窟寺園藝類植物遺存研究》,《農業考古》2020 年 6 期。

高愚民《吐魯番阿斯塔那墓葬出土雕塑文物概述》,《新疆地方志》2020 年 3 期。

楊向奎、張蒙《乾隆西域紀功碑撰文立碑時間考辨》,《古籍整理研究學刊》2020 年 5 期。

趙莉《美國收藏克孜爾石窟壁畫調查與復原研究(一)》,《藝術設計研究》2020 年 2 期。

趙莉《美國收藏克孜爾石窟壁畫調查與復原研究(二)》,《藝術設計研究》2020 年 2 期。

趙莉《美國收藏克孜爾石窟壁畫調查與復原研究(三)》,《藝術設計研究》2020 年 2 期。

趙莉《法國巴黎集美博物館藏克孜爾石窟壁畫調查與原位考證》,《中原文物》2020 年 2 期。

安邦《南疆龜兹地區佛教寺院建築和石窟壁畫的現狀和保護》,《大觀》2020 年 2 期。

王昕《新疆阿斯塔那古墓群出土紙質文物保護探討》,《造紙裝備及材料》2020 年 4 期。

曹中俊《絲綢之路河南道出土文物藴含的粟特文化因素研究》,西北師範大學 2020 年碩士學位論文。

馬曉敏《絲綢之路新疆出土漢唐織繡工藝文化研究》,伊犁師範大學 2020 年碩士學位論文。

吕瀅《新疆和田比孜里墓地出土人類遺骸研究》,吉林大學 2020 年碩士學位論文。

張珂《新疆史前至唐代墓葬出土首飾資料的整理與初步研究》,中央民族大學 2020 年碩士學位論文。

李婷婷《甘新地區漢唐墓葬出土人物俑研究》,西北師範大學 2020 年碩士學位論文。

黄建華、楊璐等《新疆巴里坤石人子溝遺址出土木質弓幹的現場保護及分析研究》,《文博》2020 年 3 期。

萬潔《新疆伊犁地區出土銅鍑保護修復實錄》,《文物鑒定與鑒賞》2020 年
　3 期。

南希、柳凱等《新疆尼雅 95MNIM3 號墓出土絲綿錦袍病害機理研究》,《文物
　鑒定與鑒賞》2020 年 5 期。

楊華《新疆吐魯番地區出土紙質文書保護修復實錄》,《文物鑒定與鑒賞》2020
　年 13 期。

張美芳《西域文書修復風險分析及防範措施》,《檔案學研究》2020 年 4 期。

肉克亞古麗·馬合木提、胡振卉《吐魯番安樂古城遺址的保護》,《中國文物
　報》2020 年 1 月 10 日第 8 版。

陸繼財《新疆惠遠老城遺址病害特徵及成因分析》,《石窟寺研究》(10 輯),北
　京:科學出版社,2020 年。

(九)少數民族歷史語言

烏雲畢力格《絲路沿綫的民族交融:占星家與烏珠穆沁部》,《歷史研究》2020
　年 1 期。

周偉洲《吐谷渾暉華公主墓誌與北朝北方民族關係》,《民族研究》2020 年
　2 期。

白玉冬《12—13 世紀粟特——回鶻商人與草原遊牧民的互動》,《民族研究》
　2020 年 3 期。

楊富學、米小强《靴扣:貴霜王朝建立者源自大月氏新證》,《敦煌研究》2020
　年 5 期。

齊小艷《大月氏——貴霜時期索格底亞那之希臘化遺物》,《敦煌研究》2020
　年 5 期。

敖特根、馬静等《惠斯陶勒蓋碑文與回鶻的崛起》,《敦煌學輯刊》2020 年
　3 期。

畢波《粟特人在焉耆》,《西域研究》2020 年 1 期。

锺焓《10~13 世紀作爲"秦——契丹"組成部分的天山北路與吐魯番之地——
　以非漢文史料的記載爲中心》,《西域研究》2020 年 3 期。

張爽《論 5—6 世紀柔然遊牧帝國與歐亞絲路貿易的關係》,《中國社會經濟史
　研究》2020 年 2 期。

朱麗雙《10 世紀于闐的對外物質交流》,《西域研究》2020 年 1 期。

王希隆、楊代成《清前期哈密、吐魯番維吾爾人遷居河西西部述論》,《民族研
　究》2020 年 1 期。

毛陽光《河南安陽新出〈安師墓誌〉所見北朝末至隋唐之際鄴城的粟特人》,
　《考古學研究》(十一),北京:科學出版社,2020 年。

朱蕭静《黠戛斯"爲回鶻所隔"考》,《暨南史學》2020 年 1 期。

張國才、柴多茂《武威粟特康氏與涼州薩寶之職再探——以出土墓誌〈康阿達墓誌銘〉爲中心》,《社科縱横》2020 年 6 期。

張婧《佉盧文書所見鄯善國流民安置政策》,《蘭臺世界》2020 年 2 期。

張婧《佉盧文書所見鄯善王施政特點》,《蘭臺世界》2020 年 4 期。

杜丹《〈西域番國志〉中哈烈國風俗形成的背景研究》,《今古文創》2020 年 20 期。

郭晨佳《入華粟特人飲食審美研究》,西安建築科技大學 2020 年碩士學位論文。

楊富學、葛啓航《回鶻文 xj 222－0661.09 文書若干問題新探》,《文獻》2020 年 5 期。

吐送江・依明《吐峪溝石窟佛教遺址新發現回鶻文題記釋讀》,《敦煌研究》2020 年 5 期。

朱國祥《回鶻文〈慈悲道場懺法〉中的吐火羅語借詞對音研究》,《民族語文》2020 年 4 期。

[德]茨默著,朱虎譯《突厥地名劄記》,《中山大學學報》2020 年 5 期。

畢波、辛威廉《新發現安優婆夷雙語塔銘之粟特文銘文初釋》,《文獻》2020 年 3 期。

吉田豊著,王丁譯《布古特碑粟特語部分再考》,《中山大學學報》2020 年 2 期。

段晴《于闐王國之名新考》,《西域研究》2020 年 1 期。

向筱路《于闐國名對音補論》,《西域研究》2020 年 1 期。

薩爾吉《西域發現的非漢語文書的整理與研究——以梵語藏語文獻爲中心》,《敦煌吐魯番研究(第 19 卷)》,上海:上海古籍出版社,2020 年。

南小民《〈辭源〉:"吐蕃音轉爲土伯特",對否?——論突厥語系裏的"吐蕃"音譯名稱》,《辭書研究》2020 年 3 期。

邢亞南《隋至唐初突厥語中的漢語借詞現象及歷史成因》,《新鄉學院學報》2020 年 7 期。

奧斯曼・阿卜杜克熱木《從醫學文獻〈身體治療手册〉看語言接觸的層級性》,《齊齊哈爾大學學報》2020 年 6 期。

楊超《論〈金光明經〉回鶻文寫本的語料研究價值》,《藝術家》2020 年 12 期。

木再帕爾《粟特語及其對回鶻語的影響》,《懷化學院學報》2020 年 1 期。

木再帕爾《維吾爾語中保留的粟特語借詞》,《河西學院學報》2020 年 3 期。

曹利華《吐魯番出土文書中表完結的動詞"了"及阿爾泰語動因》,《語文學刊》2020 年 4 期。

（十）古籍

韓續《徐乃昌藏本〈龜兹劉平國刻石〉文獻價值考論》,《中國典籍與文化》
　　2020 年 1 期。

李紅揚《〈大谷文書集成〉未命名典籍殘片整理劄記》,《西域研究》2020 年
　　1 期。

杜思龍、查新芳《〈哈密事蹟〉文獻考述》,《文化學刊》2020 年 2 期。

李穎《高昌墓誌與〈詩經〉》,《意林文匯》2020 年 3 期。

（十一）科技

陳建立《新疆早期鐵器的製作技術及年代學研究》,《考古學研究》(十一),北
　　京:科學出版社,2020 年。

羅彥慧《良方與奇術:元代絲綢之路上的醫藥文化交流》,《醫療社會史研究》
　　2020 年 1 期。

付德明《蘇合香丸與絲路醫藥文化交流》,《醫療社會史研究》2020 年 1 期。

鄧永紅、徐東良、藺朝穎《柏孜克里克石窟第 15 窟回廊壁畫工藝的初步分
　　析》,《文物天地》2020 年 1 期。

羅彥慧《〈南村輟耕録〉中的西域醫藥文化考述》,《回族研究》2020 年 2 期。

葛政《亡佚隋唐醫方書考略》,中國中醫科學院 2020 年碩士學位論文。

郭幼爲、王微《漢唐藥物學史研究的新議題和新趨向——從中外文化交流的
　　角度出發》,《醫療社會史研究》2020 年 1 期。

郭幼爲《近二十年漢唐藥物學史研究述評》,《中醫藥文化》2020 年 2 期。

廣東印刷編輯部《回鶻文木活字:世界上最早的活字印刷實物》,《廣東印刷》
　　2020 年 5 期。

（十二）書評與學術動態

吳華峰《絲路文獻研究的"預流"之作——讀〈瀚海零縑——西域文獻研究一
　　集〉》,《西域研究》2020 年 3 期。

李宜蓬《内遷與變遷的索隱與通變——評〈元代畏兀兒内遷文學家族變遷研
　　究——以偰氏、廉氏家族爲中心〉》,《西域研究》2020 年 4 期。

胡曉丹《書評〈活靈讚美詩:柏林吐魯番收集品中的中古波斯語和帕提亞語文
　　獻〉(*The Hymns to the Living Soul. Middle Persian and Parthian Texts in the
　　Turfan Collection*)》,《敦煌吐魯番研究(第 19 卷)》,上海:上海古籍出版
　　社,2020 年。

何亦凡《吐魯番晉唐墓地——交河溝西、木納爾、巴達木發掘報告》,《敦煌吐
　　魯番研究(第 19 卷)》,上海:上海古籍出版社,2020 年。

徐維焱《里程碑與新起點——〈絲綢之路新探索〉書評》,《吐魯番學研究》
2020 年 1 期。

趙凌飛《中央歐亞視閾下的絲路民族與唐帝國——森安孝夫〈絲綢之路與唐
帝國〉述評》,《唐都學刊》2020 年 6 期。

陶然《秦漢西域史研究的匈奴視角——王子今教授〈匈奴經營西域研究〉讀
後》,《南都學壇》2020 年 6 期。

魏堅《直掛雲帆濟滄海——評〈新疆洋海墓地〉》,《吐魯番學研究》2020 年
1 期。

張良仁《一把打開吐魯番史前史的鑰匙——評〈新疆洋海墓地〉》,《吐魯番學
研究》2020 年 1 期。

王龍、陳慧敏、黄玉清《〈新疆洋海墓地〉之人骨研究篇評介》,《吐魯番學研
究》2020 年 1 期。

丁俊《〈絲綢之路與新疆出土文獻〉評介》,《吐魯番學研究》2020 年 1 期。

鄭燕燕《絲路研究的廣度與深度——〈絲綢之路新探索:考古、文獻與學術
史〉評介》,《智慧中國》2020 年 9 期。

和談《元代民族融合的力作——評〈元代畏兀兒内遷文學家族變遷研究——
以偰氏、廉氏家族爲中心〉》,《延安大學學報》2020 年 5 期。

劉向斌、張碩《重温史籍探究文學家族的流變——評〈元代畏兀兒内遷文學家
族變遷研究——以偰氏、廉氏家族爲中心〉》,《陝西理工大學學報》2020 年
4 期。

馮建勇《中國邊疆史地研究的通變與勵進》,《歷史研究》2020 年 1 期。

馮培紅《廿年虞弘夫婦合葬墓研究回顧與展望——以虞弘族屬與魚國地望爲
中心》,《西域研究》2020 年 2 期。

田海峰《新疆克亞克庫都克烽燧遺址考古百年》,《大衆考古》2020 年 2 期。

毛雨辰《近年來河西走廊在絲綢之路上的歷史地位研究綜述——以漢、唐及
明時期爲例》,《河西學院學報》2020 年 6 期。

劉春子《草原絲綢之路對亞歐大陸歷史進程的影響研究概論(一)——草原絲
綢之路上的沿綫政權》,《赤峰學院學報》2020 年 3 期。

康建國《草原絲綢之路對亞歐大陸歷史進程的影響研究概論(二)——草原絲
綢之路上的民族遷徙》,《赤峰學院學報》2020 年 5 期。

陳陵娣、陳倩《義浄〈大唐西域求法高僧傳〉國内外研究綜述》,《德州學院學
報》2020 年 5 期。

王聰延《20 世紀 70 年代以來國内新疆漢文化相關問題研究綜述》,《兵團黨校
學報》2020 年 5 期。

毛雨辰《近年來河西走廊在絲綢之路上的歷史地位研究綜述——以漢、唐及明時期爲例》,《河西學院學報》2020 年 6 期。

霍巍、祝銘《20 世紀以來吐蕃金銀器的發現與研究》,《西藏大學學報》2020 年 2 期。

鄭麗穎《奧登堡考察隊新疆所獲文獻外流過程探析——以考察隊成員杜丁的書信爲中心》,《敦煌學輯刊》2020 年 1 期。

馬建春、楊璿《法文譯史巨擘耿昇先生西域史譯著的貢獻》,《暨南史學》2020 年 1 期。

徐桂彬《斯文赫定對新疆的地理認識》,西北師範大學 2020 年碩士學位論文。

榮新江《賈應逸〈新疆佛教遺存的考察與研究〉序》,《吐魯番學研究》2020 年 1 期。

榮新江《〈絲綢之路與中外關係史諸相〉序》,《絲綢之路》2020 年 3 期。

楊富學《〈絲綢之路歷史文化研究書系〉總序》,《絲綢之路》2020 年 3 期。

閆珠君《楊富學著〈北國石刻與華夷史跡〉出版》,《敦煌研究》2020 年 3 期。

趙紅《吐魯番俗字典》,《南京師範大學文學院學報》2020 年 2 期。

文求堂《〈吐魯番俗字典〉出版》,《敦煌研究》2020 年 2 期。

李亞棟《黃樓〈吐魯番出土官府帳簿文書研究〉出版》,《吐魯番學研究》2020 年 1 期。

閆珠君《〈敦煌西域古藏文社會歷史文獻〉(增訂本)出版》,《敦煌研究》2020 年 3 期。

何山《〈西域文化與敦煌藝術〉(修訂本)》,《藝術品鑒》2020 年 13 期。

王啓濤《吐魯番學研究推出新成果》,《中國社會科學報》2020 年 2 月 18 日第 3 版。

2020 年日本敦煌學研究論著目錄

林生海（安徽師範大學）

一、論 文

1. 政治・地理

會田大輔，『帝王略論』と唐初の政治狀況，アジア遊學（242），65－76，2020－1

岩尾一史，多民族國家としての古代チベット帝國，歷史と地理（730），1－12，2020－2

金子修一，遣唐使・遣渤海使の報告に見る唐の情勢（1）『日本書紀』，國史學（230），1－19，2020－2

佐藤貴保，榆林窟第 29 窟供養人像に見る西夏の河西回廊支配，比較文化研究（30），23－43，2020－3

森部豊，中國「中古史」研究と「東ユーラシア世界」，唐代史研究（23），5－13，2020－8

新見まどか，僖宗期における唐代藩鎮體制の崩壞：黃巢の乱と李克用の乱，史學雜誌 129（9），1329－1363，2020－9

古勝隆一，衰世の菩薩戒弟子皇帝：南朝陳における王權と佛教，東方學報 95，51－79，2020－12

新見まどか，唐末五代變革期の幽州盧龍軍節度使：沙陀・契丹との關係から，東洋史研究 79（3），443－472，2020－12

松本保宣，五代後唐期の中興殿と延英殿：五代聽政制度初探，立命館東洋史學（43），1－52，2020

関尾史郎，“涼州諸國王”と蜀地方（特集シルクロード：仏教東漸の道（3）），東洋學術研究 59（2），76－84，2020

2. 社會・經濟

山本孝子，唐宋時代の門状，玄幸子編著，中國周辺地域における非典籍出土資料の研究　続，関西大學東西學術研究所，2020－1

山崎覚士，中國五代の都市と郷村と塩，唐宋変革研究通訊（11），97－107，2020－3

戸川貴行，華北における中國雅楽の成立：五～六世紀を中心に，史學雜誌

129(4),407-435,2020-4

南澤良彦,明堂に見る伝統と革新：南北朝における漢學,アジア遊學(249),105-122,2020-6

中村裕一,『荊楚歳時記』の内容と著者,汲古(77),24-28,2020-6

海野洋平,敦煌童蒙教材「牛羊千口」再論：伝本「上大人」・敦煌本「上大夫」の逕庭をめぐる一考察,集刊東洋學(123),63-83,2020-6

渡邉義浩,『隋書』経籍志の史學論,東洋研究(217),1-23,2020-11

葭森健介,「士庶」考：漢六朝の知識人と庶民の関係について,名古屋大學東洋史研究報告(44),47-66,2020

3. 法律・制度

江川式部,唐の礼官と礼學,アジア遊學(242),77-94,2020-1

周霞,井上靖『敦煌』における〈科挙〉の描寫をめぐって：宮崎市定『科挙』と荒木敏一の論文との比較,岡大國文論稿(48),13-28,2020-3

渡辺信一郎,中國古代帝國の構造的特質(中國古代帝國の世界史的特質：東西比較研究を通して考える),歴史科學(241),48-51,2020-5

吉永匡史,阿斯塔那五〇九号墓出土過所関係文書小考,小口雅史編,古代東アジア史料論,同成社,2020-6

岡野誠,唐代律令中の「格」字の意義：獄官令第22条の分析を中心として,法律論叢93(1),65-118,2020-7

大津透,日唐古文書學比較研究の一視點,大津透編,日本古代律令制と中國文明,山川出版社,2020-11

辻正博,唐令の復原と典拠史料,大津透編,日本古代律令制と中國文明,山川出版社,2020-11

4. 語言・文學

片山章雄,ユーラシア(ン)Eurasia(n)の語・意味と歴史研究上の使用,東海史學(54),67-72,2020-3

西田愛,今枝由郎,熊谷誠慈,敦煌出土チベット文『輪廻形態説示』：古代チベットにおける初期仏教伝道文學作品,通信(43),1-18,2020-3

辛嶋静志,「変」「変相」「変文」の意味,小口雅史編,古代東アジア史料論,同成社,2020-6

荒見泰史,頌讃の文學(仏教の東漸と西漸：儀礼とそのことば),アジア遊學(251),23-48,2020-8

李剛、吾買爾・卡得爾,吐魯番伯西哈石窟殘存回鶻文題記小考,内陸アジア言語の研究35,2020-10

Peter Zieme, Notes on the interpretation of the Toyok inscription of the West Uyghur Kingdom, 内陸アジア言語の研究 35, 2020‐10

荒川慎太郎, 西夏文字における「點」の出現環境と機能, 日本言語學會大會予稿集第 161 回, 2020‐11

荒川慎太郎, 西夏の年号：西夏文字と西夏語の表現を中心に, 日本語學 39(4), 66‐75, 2020

5. 宗教・思想

高田時雄, 敦煌遺書に見る西天取經の事蹟, 玄幸子編著, 中國周辺地域における非典籍出土資料の研究 続, 関西大學東西學術研究所, 2020‐1

奈良県立大學ユーラシア研究センター事務局編, ゾロアスター教と大乗仏教, EunarasiaQ15, 2‐11, 2020‐2

三浦國雄, 道教の死体観, アジア遊學(245), 7‐23, 2020‐3

大屋正順,「浄土法身讚」・「大乗浄土讚」の諸本について, 表現學(6), 18‐30, 2020‐3

史経鵬, 山口弘江訳, 南北朝敦煌遺書『涅槃経』注疏に対する基礎的研究, 東アジア仏教研究(18), 3‐19, 2020‐5

荒見泰史, 仏教の東漸と西漸, アジア遊學(251), 4‐22, 2020‐8

荒見泰史, 信仰における図像と継承：敦煌に見られる山と天界の図像を中心として, アジア遊學(251), 96‐128, 2020‐8

白須浄眞, 五臺山騎獅文殊尊像群の東漸と西漸：五臺山・比叡山・敦煌の尊像群から, アジア遊學(251), 129‐176, 2020‐8

髙井龍,『賢愚経』の伝播, アジア遊學(251), 177‐191, 2020‐8

程正, 俄藏敦煌文獻中に發見された禪籍について(31), 駒沢大學禅研究所年報(32), 104‐87, 2020‐12

石井公成, 法蔵『梵網経菩薩戒本疏』の再検討：唐代の仏教統制との関係を中心にして(池田練太郎教授松本史朗教授退任記念號), 駒沢大學仏教學部論集(51), 57‐71, 2020‐12

菊地章太, 世変経成立年代考補遺(山崎甲一博士記念号), 東洋學研究(57), 272‐262, 2020

山口正晃, 仏名経の研究, 大手前比較文化學會會報(21), 23‐30, 2020

6. 考古・美術

フランツグルネ, 吉田豊訳, カフィル・カラ出土の木彫パネル：サマルカンド市民(naf)の集合畫, 東方學 139, 70‐90, 2020‐1

田林啓, 潼関税村隋代壁畫墓の研究：壁畫・石棺綫刻畫と輿服制との関係

からの考察,美術史 69(2),188－204,2020－3

中國文明の宗教芸術にみるビーズ：敦煌莫高窟の菩薩装身具,池谷和信編,
　ビーズでたどるホモ・サピエンス史：美の起源に迫る,昭和堂,2020－3

古川攝一,吉田豊,地蔵菩薩像(マニ像),國華 125(10),31、33－35,2020－5

倉本尚德,北朝造像銘：その起源と展開,歴史と地理(732),33－41,2020－5

黒田彰,韓朋溯源：呉氏蔵韓朋畫象石について,京都語文(28),139－214,
　2020－11

フィリップ・ブルーム著,高志緑訳,大足石刻における儀礼の時空,東アジ
　ア4(アジア仏教美術論集),中央公論美術出版,2020－12

ティム・Hバレット著,石井清純訳,劉晏(716－780)の「三教不斉論」につい
　て：敦煌寫本の問題點の考察(ワインスタイン教授追悼記念号東アジア
　仏教研究のあけぼの),駒沢大學禅研究所年報(特別号),335－347,
　2020－12

小山満,法華経の東漸：図像を中心に(特集シルクロード：仏教東漸の道
　(2)),東洋學術研究 59(1),251－279,2020

濱田瑞美,敦煌の千手観音にみる頂上化仏手の図像について,横浜美術大
　學教育・研究紀要 10,33－44,2020

檜山智美,敦煌莫高窟第二八五窟西壁壁畫に見られる星宿図像と石窟全体
　の構想について,仏教芸術(5),11－29,2020

　　7. 文書・譯注

程正,「惟心觀一卷」(S212)の基礎的研究(3)資料篇,駒沢大學仏教學部研
　究紀要(78),186－174,2020－3

吉田豊,9世紀東アジアの中世イラン語碑文2件：西安出土のパフラビー
　語・漢文墓誌とカラバルガスン碑文の翻訳と研究,京都大學文學部研究
　紀要(59),97－269,2020－3

加納和雄,中世チベットの僧院における梵文寫本の蔵書例：チュン・リウォ
　チェとポカン,印度學佛教學研究 68(2),913－907,2020－3

井口千雪、大賀晶子、川上萌実、小松謙、孫琳浄、玉置奈保子、田村彩子、藤田
　優子、宮本陽佳訳,「金剛醜女因縁」訳注(1),和漢語文研究(18),115－
　164,2020－11

小松謙、井口千雪、大賀晶子、川上萌実、孫琳浄、玉置奈保子、田村彩子、藤田
　優子、宮本陽佳訳,「大目乾連冥間救母變文」訳注(5),京都府立大學學術
　報告.人文(72),67－112,2020－12

臼田淳三,敦煌秘笈羽736『佛説法句経疏』解説と釈文,杏雨(23),155－

164,2020

8. 動向・調査

玄幸子,今西ノートからみるロンドンでの内藤湖南敦煌遺書調査,玄幸子
編著,中國周辺地域における非典籍出土資料の研究続,関西大學東西學
術研究所,2020－1

吉田一彦,エローラ石窟、敦煌石窟をたずねて：二〇一九年の調査から,人
間文化研究所年報(15),50－55,2020－3

玄幸子,石濱文庫収蔵書簡に見る仏英調査旅行関連資料について,関西大
學東西學術研究所紀要(53),117－128,2020－4

倉本尚德,海外學會參加報告(中亞和東亞地區的佛教金石雕造、保存與研
讀)參加報告,唐代史研究(23),176－184,2020－8

関尾史郎,"高台學"ふたたび,東方(473),8－12,2020－8

妹尾達彦,海外學會參加報告"漢伝仏教與亜洲城市生活"國際學術研討會參
加記(2019 年 8 月 17 日—18 日 Singapore),唐代史研究(23),169－175,
2020－8

9. 書評・介紹

前島佳孝,西村陽子著『唐代沙陀突厥史の研究』,中央大學アジア史研究
(44),73－83,2020－3

小松謙、本井牧子,福田素子著『債鬼転生：討債鬼故事に見る中國の親と
子』,未名(38),33－55,2020－3

窪添慶文,現状と展望北朝墓誌について,中國：社會と文化(35),169－179,
2020－7

吉野秋二,榎本淳一著『日唐賤人制度の比較研究』,唐代史研究(23),140－
148,2020－8

稲田奈津子,榎本淳一著『日唐賤人制度の比較研究』,史學雜誌 129(9),
1393－1402,2020－9

10. 學者・其他

氣賀澤保規,内藤湖南ノート(1)東洋史家・内藤湖南、世界におけるその評
価,湖南(40),89－92,2020－3

榎本泰子,「敦煌」をめぐる日中関係,妹尾達彦編著,アフロ・ユーラシア大
陸の都市と社會,中央大學出版部,2020－3

石田勇作,追悼土肥義和先生との思い出,唐代史研究(23),185－188,
2020－8

氣賀澤保規,新発見「李訓墓誌」と吉備真備：「井真成墓誌」につづく遣唐留

學生史料,東方(474),2－8,2020－9

小助川貞次,敦煌本漢籍書誌目録(スタイン本・書類),富山大學人文學部
　紀要(73),91－116,2020

二、著　書

玄幸子(編著),中國周辺地域における非典籍出土資料の研究　続,関西大
　學東西學術研究所,2020－1

三谷真澄(編),大谷光瑞の構想と居住空間,法藏館,2020－2

小島道裕、田中大喜、荒木和憲(編),國立歴史民俗博物館(監修),古文書の
　樣式と國際比較,勉誠出版,2020－2

末森薫,敦煌莫高窟と千仏図：規則性がつくる宗教空間,法藏館,2020－2

佐野誠子,怪を志す,名古屋大學出版會,2020－2

李子捷,『究竟一乘宝性論』と東アジア仏教：五—七世紀の如來蔵・真如・
　種姓説の研究,國書刊行會,2020－2

松原正毅(編),中央アジアの歴史と現在,勉誠出版,2020－3

伊藤敏雄、関尾史郎(編),後漢・魏晉簡牘の世界,汲古書院,2020－3

東アジアにおける皇帝権力と國際秩序：金子修一先生古稀記念論文集,金
　子修一先生古稀記念論文集編集委員會,2020－3

古庄浩明,玄奘とシルクロード,和出版,2020－3

仏教芸術學會(編),仏教芸術,中央公論美術出版,2020－3

向井佑介,中國初期仏塔の研究,臨川書店,2020－3

ウズベキスタン共和國科學アカデミー芸術學研究所、立正大學ウズベキス
　タン學術調査隊(編),カラ・テペテルメズの仏教遺跡,六一書房,
　2020－3

氣賀澤保規(編),濱田德海旧蔵敦煌文書コレクション目録,東洋文庫,
　2020－3

妹尾達彦(編著),アフロ・ユーラシア大陸の都市と社會,中央大學出版部,
　2020－3

佐川英治、杉山清彦(編著),中國と東部ユーラシアの歴史,放送大學教育振
　興會,2020－3

山田勝久,シルクロード悠久の天地,笠間書院,2020－4

山根清志,唐王朝の身分制支配と「百姓」,汲古書院,2020－6

王媛,『教訓抄』に語られる中國音楽説話の研究,三元社,2020－6

小口雅史(編),古代東アジア史料論,同成社,2020－6

田中公明,敦煌出土忿怒五十八尊儀軌,渡辺出版,2020‑6

土肥義和,燉煌文書の研究,汲古書院,2020‑7

鈴木靖民,古代の日本と東アジア,勉誠出版,2020‑7

森安孝夫,シルクロード世界史,講談社,2020‑9

荒見泰史(編),仏教の東漸と西漸,勉誠出版,2020‑9

関尾史郎(編),河西魏晉・〈五胡〉墓出土鎮墓瓶銘(鎮墓文)集成,汲古書院,2020‑10

ピーター・フランコパン,須川綾子(訳),シルクロード全史,河出書房新社,2020‑11

林美希,唐代前期北衙禁軍研究,汲古書院,2020‑12

矢越葉子,日本古代の文書行政:正倉院文書の形成と復原,八木書店,2020‑12

京都仏教各宗學校聯合會(編),新編大藏経:成立と変遷,法藏館,2020‑12

氣賀澤保規(編著),隋唐洛陽と東アジア:洛陽學の新地平,法藏館,2020‑12

《2019 年日本敦煌學研究論著目録》増補

小助川貞次,敦煌本春秋経伝集解(S.85)について,訓點語と訓點資料 142,1‑17,2019‑3

周霞,井上靖「敦煌」と藤枝晃「沙州帰義軍節度使始末」:「節度使」の描寫をめぐって,岡山大學大學院社會文化科學研究科紀要(47),1‑19,2019‑3

小助川貞次,敦煌本漢籍における加點の問題について,訓點語と訓點資料 143,86‑78,2019‑9

小口雅史,歴史断想「越境」する断片たちをなんと呼ぶか:敦煌・吐魯番文書研究餘話,法政史學(92),186‑182,2019‑9

大屋正順,『釈浄土群疑論』の敦煌寫本について:S 二六六三・羽〇二一・羽〇七八の書風の比較を中心として,印度學佛教學研究 68(1),174‑179,2019‑12

易丹韻,初唐における法界仏像の「世界図」に関する一考察:敦煌莫高窟第三三二窟の法界仏像をめぐって,仏教芸術(3),1‑2、13‑36,2019

易丹韻,南北朝・隋唐時代における法界仏像の図像形成に関する研究,鹿島美術財団年報(37)(別冊),147‑158,2019

易丹韻,天上と地上を繋ぐ山の表現中國内地の五世紀後期から七世紀までの須弥山図(天空と大地),美術史研究 57,117‑124,2019

大木彰,非図書資料としての大谷探検隊将來資料,大學図書館研究 113,2019

藤田拓海,『切韻』残卷 S2071（切三）所増の又音反切について,中國語學 266,98－116,2019

榮新江,李曼寧、魏藝訳,西域総合研究班シルクロード寫本の路,龍谷大學 世界仏教文化研究論叢 58,1－16,2019

長尾光惠,唐代初期仏教における薬師信仰と弥陀信仰の交渉について,佛 教文化學會紀要 28,19－46,2019

中國敦煌吐魯番學會第七屆
理事會和領導機構名單

2020 年 11 月 8 日,中國敦煌吐魯番學會在敦煌研究院舉行了會員代表大會和新一屆理事會,選舉出了新一屆理事會和學會領導機構,名單如下:

一、中國敦煌吐魯番學會第七屆理事會理事名單
(會員代表大會以無記名投票方式選出)

共 154 人(以姓名拼音爲序)

敖特根、白玉冬、才　讓、陳愛峰、陳大爲、陳菊霞、陳麗萍、陳　明、陳　楠、陳于柱、陳振旺、崔紅芬、党燕妮、董大學、董華鋒、董永强、竇懷永、杜立暉、段玉泉、范晶晶、費　泳、馮培紅、伏俊璉、府憲展、高啓安、高　榮、郜同麟、郭俊葉、韓　鋒、郝春文、何劍平、黑維强、侯　沖、侯世新、黃　樓、黃維忠、黃　征、黃正建、金少華、金瀅坤、勘措吉、孔令梅、雷　聞、李并成、李　方、李金梅、李錦繡、李　軍、李　翎、李　肖、李小榮、李宗俊、林　春、林仁昱、林世田、劉安志、劉　波、劉建軍、劉進寶、劉全波、劉　顯、劉　屹、劉再聰、劉子凡、陸　離、吕　博、吕瑞鋒、馬　德、毛秋瑾、孟嗣徽、孟憲實、米德昉、敏春芳、聶志軍、裴成國、榮新江、薩爾吉、薩仁高娃、沙武田、沈睿文、施新榮、史　睿、束錫紅、孫繼民、孫曉峰、孫學雷、孫英剛、湯士華、田永衍、吐送江・依明、汪　娟、王　東、王光輝、王惠民、王冀青、王　樂、王秀林、王　素、王媛媛、王振芬、王志鵬、魏文斌、魏迎春、武海龍、夏　炎、徐　俊、許建平、楊寶玉、楊富學、楊　銘、楊秀清、楊學勇、姚崇新、游自勇、余　欣、于志勇、曾　良、曾曉紅、湛　如、張春佳、張德芳、張惠明、張景峰、張　磊、張榮强、張善慶、張鐵山、張先堂、張小剛、張小貴、張小艷、張新朋、張延清、張永强、張　勇、張涌泉、張元林、張　總、趙　豐、趙家棟、趙　晶、趙　莉、趙青山、趙聲良、趙曉星、趙鑫曄、趙　貞、鄭阿財、鄭炳林、鄭賢章、鍾書林、周尚兵、周　暘、朱玉麒

二、名譽會長與名譽理事名單
(中國敦煌吐魯番學會第七屆理事會第一次全體會議確定)

名譽會長:樊錦詩、郝春文

海外名譽理事 4 人:

高田時雄、太史文（Stephen F. Teiser）、波波娃（Irina Fedorovna Popova）、吳芳思（Frances Wood）

三、學會領導機構成員名單
（中國敦煌吐魯番學會第七屆理事會第一次
全體會議以無記名投票方式選出）

會長：榮新江

副會長：（以姓名拼音爲序）

　　　劉安志、劉進寶、劉　屹、于志勇、張小艷、張元林、鄭炳林

秘書長：游自勇

常務理事37人（以姓名拼音爲序）

白玉冬、伏俊璉、郝春文、何劍平、侯世新、黃　征、黃正建、雷　聞、李　軍、李　肖、劉安志、劉　波、劉進寶、劉　屹、孟憲實、榮新江、沙武田、王　素、許建平、楊富學、楊秀清、姚崇新、游自勇、余　欣、于志勇、湛　如、張善慶、張先堂、張小剛、張小艷、張涌泉、張元林、趙　莉、趙曉星、趙　貞、鄭炳林、朱玉麒

副秘書長和秘書名單（中國敦煌吐魯番學會第七屆常務理事會第一次全體會議確定）

副秘書長：史　睿

秘　　書：陳大爲、王　樂、魏迎春、謝金伶、趙　洋

四、中國敦煌吐魯番學會第七屆顧問委員會名單

共39人（以姓名拼音爲序）

包銘新、柴劍虹、常沙娜、程喜霖、程毅中、鄧文寬、董玉祥、竇俠父、高金榮、胡　戟、黃文昆、霍旭初、賈應逸、姜伯勤、李重申、李偉國、李永寧、李正宇、林悟殊、陸慶夫、盧向前、齊陳駿、施萍婷、史金波、王邦維、王炳華、王克孝、吳麗娛、吳夢麟、項　楚、顏廷亮、楊際平、袁　賓、趙承澤、張　弓、張廣達、張金泉、張乃翥、朱　雷

中國敦煌吐魯番學會新入會成員名單

經中國敦煌吐魯番學會 2018 年度常務理事會(7 月 15 日)、2020 年度常務理事會(11 月 6 日)討論,決定接收以下人員爲新進會員,名單如下:

白玉冬(蘭州大學敦煌學研究所)

包文勝(内蒙古大學蒙古歷史學系)

党燕妮(敦煌研究院編輯部)

丁　俊(山西大學歷史文化學院)

董華鋒(四川大學歷史文化學院)

段玉泉(寧夏大學西夏學研究院)

段真子(中國人民大學圖書館)

樊雪崧(敦煌研究院)

范晶晶(北京大學外國語學院)

顧　穎(上海藝術研究所)

韓　鋒(曲阜師範大學歷史文化學院)

韓　香(陝西師範大學中國西部邊疆研究院)

何亦凡(中國人民大學國學院)

黄　衛(江蘇鳳凰美術出版社)

姬　慧(榆林學院文學院)

季愛民(東北師範大學歷史文化學院)

計曉雲(浙江大學古籍研究所)

勘措吉(敦煌研究院)

李　茹(敦煌研究院文獻研究所)

李應存(甘肅中醫藥大學)

梁松濤(河北大學)

林仁昱(中興大學)

劉郝霞(四川大學)

劉建軍(雲岡石窟研究院)

劉　韜(首都師範大學美術學院)

羅慕君(浙江工業大學)

羅　帥(浙江大學歷史學系)

吕　博(武漢大學歷史學院)

呂冠軍（故宮博物院）

馬麗婭（南京師範大學教師教育學院）

米德昉（大足石刻研究院）

敏春芳（蘭州大學文學院）

裴成國（西北大學歷史學院）

秦樺林（浙江大學歷史系）

沈睿文（北京大學考古文博學院）

沈曉萍（無錫市前洲中學）

石建剛（西北工業大學）

孫曉峰（麥積山石窟藝術研究所）

孫英剛（浙江大學歷史系）

台來提・烏布力（新疆龜茲研究院）

邰惠莉（敦煌研究院）

田永衍（河西學院）

吐送江・依明（蘭州大學敦煌學研究所）

萬瑪項傑（敦煌研究院）

王慧慧（敦煌研究院）

王建軍（敦煌研究院）

王　樂（東華大學服裝與藝術設計學院）

王勝澤（寧夏大學美術學院）

王使臻（西華師範大學歷史文化學院）

王秀林（中央民族大學文學院）

徐　浩（河南財經政法大學）

楊冰華（內蒙古師範大學）

殷　博（敦煌研究院）

尤小羽（德國波恩大學）

余柯君（復旦大學歷史學系）

于志勇（新疆博物館）

張春佳（北京服裝學院服裝藝術與工程學院）

張建宇（中國人民大學藝術學院）

張世奇（新疆博物館）

趙大旺（浙江大學人文學院）

趙青山（蘭州大學敦煌學研究所）

趙燕林（敦煌研究院）

鄭賢章（湖南師範大學文學院）

周　慧（江西科技師範大學美術學院）

朱建軍（甘肅簡牘博物館）

朱麗雙（蘭州大學敦煌學研究所）

朱若溪（温州醫科大學）

朱生雲（敦煌研究院）

朱曉峰（敦煌研究院）

朱　瑶（山西師範大學）

　　如有欲加入本會者，請發郵件至 dunhuangturfan@ 163.com 索要申請表。申請者需在正式刊物上至少發表兩篇與敦煌吐魯番研究相關的文章，或出版專著一部，並由本會兩位正式會員作爲介紹人。入會申請經學會常務理事會或理事會審議通過後，名單將公佈於每年的《敦煌學國際聯絡委員會通訊》上，敬請留意。會費標準是每年人民幣五十圓整，一次性繳納三年。會費繳納請與秘書處陳大爲教授聯繫，郵箱 chendw@ shnu.edu.cn。

中國敦煌吐魯番學會

2020 年 11 月 12 日

《敦煌學國際聯絡委員會通訊》稿約

　　一、本刊由"敦煌學國際聯絡委員會""中國敦煌吐魯番學會"和"首都師範大學古文獻研究中心"共同主辦,策劃:高田時雄、柴劍虹;主編:郝春文。本刊的内容以國際敦煌學學術信息爲主,刊發的文章的文種包括中文(規範繁體字)、日文和英文,每年出版一期。截稿日期爲當年 3 月底。

　　二、本刊的主要欄目有:每年的各國敦煌學研究綜述、歷年敦煌學研究的專題綜述、新書訊、各國召開敦煌學學術會議的有關信息、書評或新書出版信息、項目動態及熱點問題争鳴、對國際敦煌學發展的建議、重要的學術論文提要等,歡迎就以上内容投稿。來稿請寄:上海市桂林路 100 號:上海師範大學人文學院陳大爲,郵政編碼:200234,電子郵箱:chendw@ shnu.edu.cn。

　　三、來稿請附作者姓名、性别、工作單位和職稱、詳細位址和郵政編碼以及電子郵箱,歡迎通過電子郵件用電子文本投稿。

圖書在版編目(CIP)數據

2021敦煌學國際聯絡委員會通訊／郝春文主編. —
上海：上海古籍出版社,2021.8
ISBN 978-7-5732-0033-4

Ⅰ.①2…　Ⅱ.①郝…　Ⅲ.①敦煌學—叢刊　Ⅳ.
①K870.6-55

中國版本圖書館 CIP 數據核字(2021)第 138519 號

2021敦煌學國際聯絡委員會通訊

郝春文　主編

上海古籍出版社出版發行

(上海瑞金二路 272 號　郵政編碼 200020)

(1)網址：www.guji.com.cn

(2)E-mail：guji1@guji.com.cn

(3)易文網網址：www.ewen.co

上海惠敦印務科技有限公司印刷

開本 787×1092　1/16　印張 14.25　插頁 4　字數 249,000

2021 年 8 月第 1 版　2021 年 8 月第 1 次印刷

ISBN 978-7-5732-0033-4

K·3029　定價：88.00 元

如有質量問題,請與承印公司聯繫